合作社商人法律制度研究

On the Legal Issues of Commercial Cooperative

郑景元　著

清華大学出版社
北 京

内容简介

本书基于商法视角，首次提出了合作社商人学说，并在结构上采取逻辑递进方式进行章节安排，具有研究成果与形式上的双重创新。本书内容翔实、资料完备、论证充分、结构严密，具有极强的理论性，可作为高校、农村等学术研究的参考用书，也可作为商事法律实务部门进行业务操作的参考读物。

图书在版编目（CIP）数据

合作社商人法律制度研究/郑景元著. —北京：清华大学出版社，2019
ISBN 978-7-302-52406-9

Ⅰ. ①合… Ⅱ. ①郑… Ⅲ. ①合作社法－研究－中国 ②商法－研究－中国 Ⅳ. ①D922.44 ②D923.994

中国版本图书馆 CIP 数据核字（2019）第 042133 号

责任编辑：朱玉霞
封面设计：傅瑞学
责任校对：宋玉莲
责任印制：刘海龙

出版发行：清华大学出版社
网　　址：http://www.tup.com.cn，http://www.wqbook.com
地　　址：北京清华大学学研大厦 A 座　　**邮　　编**：100084
社 总 机：010-62770175　　**邮　　购**：010-62786544
投稿与读者服务：010-62776969，c-service@tup.tsinghua.edu.cn
质量反馈：010-62772015，zhiliang@tup.tsinghua.edu.cn
印 装 者：三河市国英印务有限公司
经　　销：全国新华书店
开　　本：165mm×238mm　**印　张**：15.25　**插　页**：1　**字　数**：257 千字
版　　次：2019 年 4 月第 1 版　**印　次**：2019 年 4 月第 1 次印刷
定　　价：69.00 元

产品编号：074347-01

国家社科基金后期资助项目

出版说明

后期资助项目是国家社科基金设立的一类重要项目，旨在鼓励广大社科研究者潜心治学，支持基础研究多出优秀成果。它是经过严格评审，从接近完成的科研成果中遴选立项的。为扩大后期资助项目的影响，更好地推动学术发展，促进成果转化，全国哲学社会科学工作办公室按照“统一设计、统一标识、统一版式、形成系列”的总体要求，组织出版国家社科基金后期资助项目成果。

全国哲学社会科学工作办公室

目　录

引　言

合作社是法人,这是没有争议的。但论及合作社类别的归属,则还需深入探讨。《民法总则》将《民法通则》的企业法人、事业单位法人、社会团体法人、机关法人的分类置换为营利法人、非营利法人与特别法人的分类。营利法人与非营利法人分类标准为其设立与存续是否以营利为目的,也即,法人经营常态下是否向出资人分配利润,法人终结时是否向出资人返还剩余财产。合作社归于特别法人,而何谓特别,尚待研究。按照大陆法系法人仅作社团法人与财团法人之划分。我国农民专业合作社法没有如公司法那样将合作社直接规定为企业法人,而只是一种登记法人。这为法律属性定位留下争议余地。对此,本书采用"广义企业说"。这虽然与民法上的企业法人有别,但似乎距离其他法人类型最远;从大陆法系类型化上看,合作社无疑归于社团法人。

商人概念在法学内外有不同含义。在商业语境下,商人泛指专门从事商品买卖或商业行为的个体。据此,商业上的商人具有专业性,有别于工业、农业、教育与军事等行业,并且这种个体仅限于自然人。而在商事法学上,商人有着特殊限定,一般是指谋求营利的营业组织。在此界定下,商法学上的商人具有专业性、营利性、法定性与组织性等特性,而排斥了任意性与自然人等非法定现象。我国商法上的商人组织有个人独资企业、合伙企业与公司等三种类型,合作社逃遁到商人形式之外,而仅被看作为一种商事主体。然而,商人并不等于商事主体。商事主体可以单方为非商人,也就是说,商事主体包含商人与非商人,一般主体只要参与商行为,即可称为商事主体,但不是商人。如某人去商场购物,他与商场之间就形成了商事法律关系,从而成为商事主体。

合作社是不是商人?由于我国尚不存在直接规定商人的一般性规则,学界在合作社是不是商人上存在不同见解是可以理解的。从制度层面看,大陆法系中采民商合一体制的,大多认定合作社的商人地位;即使采民商分立体制者,也实际上确认合作社的商人地位。同时,从合作社以经营为业,即以农商为职业的特点而言,将合作社视为商人是符合法律逻辑的。

而且，确定合作社商人地位意味着在商法领域合作社由“业余选手”演化为“职业选手”。这既有益于合作社组织的商事保护，也有利于对其进行商法规制。

法人独立性问题是关乎着合作社商人构造及其与第三人的法律关系，在全部小微企业法律问题研究中居于前置性地位。独立性是合作社商人构造之核心要素。我国合作社商人存在着内、外不独立之误读。法人独立性存在着广、狭义两种含义。我国现行合作社商人理论与立法采取了狭义法人概念。该法人具有组织独立、财产独立与责任独立等特性。经由法人独立性的理性塑造，合作社既能作为弱势群体而得到政府扶持，又能摆脱内部控制，从而以一个独立商人身份参与适度的市场竞争。

无论立法还是理论，合作社商人目的均是一个亟待解决的法律问题。现行立法对合作社商人目的之规定不尽相同；学界围绕合作社商人目的提出了诸如营利法人、非营利法人与中间法人等一元目的学说，观点不尽一致，且存在着方向性与方法性瑕疵。为此，通过对一元目的论问题之理论与实践超越，我国合作社商人目的才能定位于公私合作商人而选择二元目的。反应在立法上，“综合立法 + 分业立法模式”比较符合我国立法现状，是一种较为合理的路径选择。

过去学界一直认为，商事营利是企业组织为求得投资溢价并将其分配于成员的法律行为。然而该说难以容忍传统商人目的之膨胀，也与现代商人服务宗旨相抵牾。为此，这就倒逼着现代商事营利机制的横空出世。该机制有赖于从目的到手段、从投资人到利益相关人、从传统商人到现代商人等三个方面加以保障，并从内部架构、外部边界乃至制度功能等方面进行透视。就区域上来说，法治需要诸如平等价值、交易行为与现代性等三个方面支撑。以江苏为例，江南特殊的水文化的宽容特征、富庶安定的交易习惯以及“唯才是举”的科举文化等为区域法治发展提供了极为丰富的背景资源。为此，本书认为，基于外部性，区域法治必须着力于商事环境的整合、契约文化的塑造与现代性的培育等三个方面。而这些方面均有益于合作社商人的制度激励。

合作社社员资格的研究关涉到主体职业、区域、类型与属性等四个方面。社员资格是社员权变动的前置条件，但社员具备社员资格并不当然地实现社员权。社员资格具有专属性，其唯一取得方式就是社员的普通入社。合作社可以章程或者协议方式规制社员的退社，但域外通常将社员退社限制在 5 年之内。国家无涉论认为，因社员权而引发合作社的产生，如早期英国罗虚代尔公平先锋社的社员积极行为；因国家无涉论而引发的合作社决定论认为,国家权力的有限渗透,使合作社得以存续与强大。而国家论则认为,国家权力的绝对强大使得合作社去主体化,社员受制于政治国家,社员成为国家权力下的政治主体(国家主人);每个社员均为“国家主人”,社员权利流变为政治权力,社员私权也因此被淹没。社员与合作社之间的关系借由法定而加以确定化,进而成为彼此独立的“他者”。

合作社商人的资本安排可从社股财产与盈余分配两个方面加以建构:一方面,合作社商人通过对社员出资、社员资格以及社股财产的静态限制,使其不至于缺少资本,又不易受制于资本;通过对社股转让与退股的动态限制,合作社商人可以保持质的稳定性,社员也可以得到公平报偿。另一方面,合作社商人通过对自身盈余分配的有序调适,可有效协调与保护合作社、社员乃至债权人等利益相关人,以实现盈余分配中的程序正义。在社股财产与盈余分配之间,前者为后者提供了物质前提,而后者成为了前者运行的逻辑结果。可以说,二者在构建合作社商人资本安排中相辅相成,缺一不可。正因为如此,作为第三人,我们才愿意选择合作社商人做交易;作为社员,合作社商人也才能为我们提供特别的互助服务。

一般来说,结构由部件组成,而每个部件通过某种方式可同构生成为一定结构。为此,部件之间因不同组合而形成为彼此同构关系。在商法上,同构关系既要满足部件结体的合法性,又要践行多元互动的法律效果。基于此,合作社商人化过程不仅是组织从非商人到商人的转化过程,也是成员从消极同构到积极同构的磨合过程,更是商法从传统到现代的过渡过程。据此,本书借由同构关系试图在三个方面展开:在商人化进程中,合作社内部形成为交易、分配与权力的三元结构,进而推进了商事营利性理论的新发展;在完成商人化之后,合作社通过与公司的横向竞争,催生了商人主体间的新融合;具有全程性的是,合作社与政府之间始终存在纵向调整关系,但在商人后,二者主要呈现为以民主商谈为核心内容的公私合作样态。除此之外,合作社在商人化进程中还可能遭遇到现代性问题、源于商谈民主的权利问题以及由权利驱使而转型的商人社会问题。当然,合作社商人化的事实需要有效性法律加以规范和重构。事实上,我国合作社法存在着层级低、变动大、公法性等问题,这与商人化进程存在着内在紧张关系。而域外合作社立法先行、利益交换与民主治理等公私合作经验颇受启示,为此,我国可以通过提升立法层级,制定《合作社法》,确立合作社商人的私法范式;通过利益交换机制创设合作制、股份合作制等多种商人形式。在功能上,上述私法范式应对合作社商人予以赋权,对公权机关加以限权,并在此基础上探寻公私合作新路径。

合作社商人应受反垄断法规制还是适用除外，应作具体分析。原则上而言，合作社商人作为市场弱者，相关产业政策应向其倾斜并予以保护。然而，当某些政策向其倾斜时，作为特殊行业的合作社商人如果无一例外地适用除外规定，那么必然会引起经济效率低下的现象。为此，这种除外规定的普适性越来越低，即该行业或相关企业只有在具备一定条件的情况下，且经过动态的认证才可以被反垄断适用除外。其中，授予豁免权需经过一般的审查程序，如若符合条件则继续豁免，反之，反垄断豁免将被终止。就我国而言，反垄断执法机构审查合作社商人的集中行为、滥用市场支配地位行为、默契配合以及行政垄断行为，如若与垄断成立要件相吻合，那么其行为需经过反垄断法处理。但由于合作社商人具有特殊设立要件，同时，合作社商人所具有的政治、经济、社会多方面的制度价值、加之合作社商人在解决市场与政府双失灵问题上与反垄断法具有异曲同工之妙，因此，合作社商人经营行为经过认定而不符合垄断行为之要件，则可采取反垄断法适用除外。当然，任何制度的适用都必须谨慎，合作社商人是否应该适用除外，这有赖于对识别方法的合理使用。

合作社商人自治意味着合作社商人行动的自我安排及其行为结果的自我负担。合作社商人自治的有效实现得益于营利观念的扩展，解决其"想"的问题；而营业则是为了解决合作社商人自治的"能"的问题。营业对合作社商人自治的有效实现具有内在亲和性。合作社商人自治的有效实现有赖于营业资格的制度支持、有待于营业实践的积极扩张。社员互助是合作社商人自治有效实现的行为要求。农地三权分置是在保持农地集体所有权、农户承包经营权不变情形下，将经营权从其中分离出来。这涉及合作社的私法转型、商人中心主义的确立以及合作社商人的制度选择等三个方面。由商法思维及在其支配下所重构的商法体系，与基层经济民主这些商情元素一起来共同消解合作社商人自治的生存困境，进而支持其有效实现。

总之，商人主体研究重在塑造商人人格，调整商人内外关系。合作社的独立奠定了商事可能性的法律基石，而合作社的自治则达到了商事可能性的概率顶层。在其间，合作社经历了商人的目的选择、法律定位、人的变动、物的赋予、纵横同构以及反垄断豁免等环节。本书通过上述环节证成，使得合作社商人化概率渐次递增，商人化趋势日益明晰，以期达到合作社商人从独立到自治的法学研究目标。

第一章　合作社独立的商事可能性[1]
——商人塑造的低位要求

所谓独立,意为主体自立或主体间关系上的不依附、不隶属,亦即,依己之力做事; 而所谓可能性,即指事物发生的概率及在此基础上的发展方向。因此,可能性与现实性是相对的。如果没有可能性就没有现实性,但可能性缺乏必要的外部条件就不能变为现实。而可能性具备多少量化条件才能变为现实,则是一个需要认真对待的问题。据此,本书所指商事可能性,即指在商法范畴内合作社商人得以独立地实现条件及在其具备后的发展趋势。

“想”独立是“能”独立的前提,“经济企业单位应当把迫切要求摆脱国家过多干预而产生的自豪感表示出来。”[2]就工业化国家与地区而言,由于农业自身具有自然过程与经济过程的紧密关系,在借由殖民化推行资本主义工业化过程中,其并未被根除,并渐渐生成三种不同且异质性很强的类型: 一是美国、加拿大等前殖民地国家的大农场农业,呈现出公司化与产业化的农业政策; 二是欧盟等前宗主国的中小农场农业; 三是日韩等未被殖民化的东亚传统小农经济国家的农户经济,因人地关系紧张,国家借由综合性的合作社来有效介入,以维持“三农”的稳定。[3] 中国于1956年提出农业现代化目标,借由学习苏联,建构了较为完整的意识形态化的话

---

〔1〕 大陆法系传统民法将法人分为公法人与私法人,而私法人又分为社团法人与财团法人。合作社属于私法人之社团法人。值得说明的是,本书曾在拙著《农村信用社法律问题研究》(知识产权出版社,2011年版,第11页以下)中对“农村信用社的法律性质”进行了较为详细地探讨。依《商业银行法》的规定,设立农村商业银行的注册资本最低限额为5000万元人民币,且为实缴资本。这显然超越了《中小企业划型标准规定》,故而农村信用社并不属于小微企业。因此,按照现行规则,农村信用社不属于小微企业。但是,在金融业里,农村信用社从规模上看仍然算是“小微”。农村信用社毕竟属于合作社商人范畴,故而,本书仍依该著,并在私法人的基础上展开包括农村信用社在内的合作社商人研究。

〔2〕 [德]路德维希·艾哈德:《来自竞争的繁荣》,祝世康、穆家骥译,106页,北京,商务印书馆,1983。

〔3〕 钟真,孔祥智等主编:《转型中的奶农合作社研究》,3~4页,北京,中国农业出版社,2014。

语体系与政策体系，并从“三农”中践行工农业产品交换，进而完成工业的原始积累。[4] 这显然是不同于西方通过殖民来完成原始积累的。为此，这种后发的差异性决定了我国既存在着经验借鉴，又必须借由合作社发展农业的独特的政策安排。

我国《关于进一步支持小型微型企业健康发展的意见》旨在推动小微企业科技创新发展、加大小微企业开拓市场力度、帮助小微企业提高经营管理水平。[5] 而依据《中小企业划型标准规定》，我国各类合作社大多归属于小微企业。[6] 二者有差异，也有共性。从区分意义上看，二者依然泾渭分明，如小微企业并非都是法人，而合作社都是法人。小微企业遍布各行各业，合作社并非如此普遍。合作社面临的问题也不是全部小微企业都有的；但从共性看，二者也存在着一定的关联，如合作社具有小微、人合等特性，在增加就业、促进经济增长、科技创新与社会稳定等方面发挥着巨大功能。为此，小微企业的政策利好完全能够惠及于合作社。而政策利好仍然需要合作社的有效行动。反观当下，合作社商人独立问题却成了亟待克服的法律问题，尤其在组织构造、组织与政府关系等方面。[7] 有学者以监事会为切入点，认为，在实践中，合作社商人功能之所以没有得到有效发挥，是因其监督机制失灵所致。[8] 而该监事机制失范的背后即涉及合作

---

〔4〕 钟真，孔祥智等：《转型中的奶农合作社研究》，4 页，北京，中国农业出版社，2014。

〔5〕 《关于进一步支持小型微型企业健康发展的意见》[国发(2012)14 号]。

〔6〕 所谓小微企业，是小型企业、微型企业、家庭作坊式企业以及个体工商户的统称，当下主要指那些所有权和经营权高度统一，产品(服务)种类单一，规模和产值较小，从业人员较少的经济组织。中华人民共和国成立以来，我国小微企业名称先后经历了“农村副业”、“社队企业”、“乡镇企业”和小微企业等四次变更，直至 2011 年 7 月 4 日，工信部等四部门联合发布《中小企业划型标准规定》才予以明确。根据该规定，在农、林、牧、渔业划分上，年营业收入在 50 万元以上的为小型企业，营业收入在 50 万元以下的为微型企业；在工业划分上，从业人员在 20 人以上的，且年营业收入 300 万元以上的为小型企业；从业人员在 20 人以下或营业收入在 300 万元以下的为微型企业。合作社商人是社员自愿设立，通过共同所有和民主治理的企业来满足共同的经济与社会需求的自治组织，主要包括生产合作社(如农民专业合作社、手工业生产合作社、建筑合作社等)、流通合作社(如供销合作社、运输合作社、消费合作社、购买合作社等)、信用合作社(如农村信用合作社、城市信用合作社等)、服务合作社(如劳务合作社、医疗合作社、保险合作社等)。本书所谈合作社商人，均指上述某种类型。

〔7〕 合作社商人独立的三个困境：一是政府、企业等外在力量太强大；二是内在构造太弱势，如大股东控股；三是内外结构功能具有太多的同质性。从某种意义上说，只有差异性大才能克服替代性问题。遗憾的是，我国合作社商人内外呈现太多同质性。这种同质性有客观意义上的，也有主观意义上的。客观上，合作社商人与公司、合伙等其他商人间存在内部治理与外部业务、经营方式、范围等方面的一致性，彼此难以区分，使得合作社商人单独作为一种企业形式不必要；主观上，合作社商人主动接受政府权力约束所带来的公权福利，或者被动接受权力，其生存依赖于权力意志。

〔8〕 雷兴虎，刘观来：《论我国农民专业合作社监事会制度的立法完善》，载《湖北警官学院学报》，2012(5)。

社商人受到来自于内部社员与外部政府等干预,进而扭曲了合作社商人的法人独立性,引发诸多法律风险。[9] 应该说,合作社独立失范风险更具有爆炸性。为此,我们有必要质疑:合作社作为一种法律组织体,是否存在着妨碍其独立性的制度设计缺陷?政府权威与民间合作社之间是否应该保持着某种合理的张力?这种张力如果太松,则合作社将会裸身进入市场,处于竞争劣势;如果太近,就又回归到政府权威的笼罩下。因此,这种张力必须保持在合理的限度内。这种限度可能涉及合作社的内在独立性问题与这种独立性所要求的法人形式问题。如果合作社去独立性,必然会限于传统上的权力附属品与民事特供品。[10] 因此,我们如果打算拯救合作社,实施政府扶持政策,就必须解决好"合作社之独立"这个前置性的法律问题。

第一节 独立性乃合作社商人构造之核心要素

合作社商人具有独立法律人格,这在我国乃至域外均没有太大争议。[11] 然而本书以为,该观点有似是而非之虞。实际上,世界主要国家与地区虽然基于不同立法背景与法律设计将合作社规定为法人,但其内涵却大相径庭。

从英美法系看,美国各州一般将合作社作为普通公司进行登记设立,故而具有法人地位无疑。然而,美国合作社在不同法律上却具有不同主体地位,特别在税法中的企业并不同于普通法中的企业。合作社只有满足法定标准才能以合伙企业形式享受着税收优惠待遇,[12] 而社员社股并不能

〔9〕 管斌:《商业银行法律风险的产生及其规制——以英国北岩银行危机为分析蓝本》,载《法商研究》,2012(5)。

〔10〕 特指在"效率优先、兼顾公平"原则下,农村支援城市,发展城市建设。

〔11〕 欧阳仁根,陈岷等主编:《合作社主体法律制度研究》,35 页,北京,人民出版社,2008;李洁:《论农村信用合作社的法律地位》,载《学术论坛》,2007(7);何黎清、邓声菊:《一些国家和地区关于合作社立法的异性规定》,载《农村经济》,2006(3);王静:《农民专业合作社的法律地位分析》,载《农村经济》,2005(9);米新丽:《论农业合作社的法律性质》,载《法学论坛》,2005(1)。

〔12〕 同一企业在税法中的法律地位与在公司企业法中的地位并不相同。凡属于公司企业的,都必须缴纳企业所得税。有限合伙、有限责任公司与独资企业被当作普通合伙企业享受所得税的免税优惠还是被视为是公司企业而必须缴纳公司企业所得税,这关键看其是否符合公司企业标准,而非名称。对此,美国税收法典第 7701(a)节采用了所谓的"公司相似标准(corporate resemblance test)",具体如下:(1)成员是否对企业承担直接责任;(2)企业是否实行集中管理;(3)成员在企业中的利益是否可以自由转让;(4)企业是否可以无限期存在。参见侯作前:《论非法人组织的税法地位》,载《当代法学》,2005(6)。

自由地、无条件地转让。这说明合作社在美国并非税法中的法人，而是公司企业法中的法人。[13] 因为在当下美国，公司具备法人地位、股东对公司债务承担有限责任是公司的两个基本特征。而所谓股东有限责任，即公司财产与股东财产的分离，除公司人格否定法理条件下，股东与债权人之间并不发生直接的追索关系。[14] 由此看，在英美法系，虽然合作社在不同法律上具有不同的法律地位，但这种区分仅表示国家对合作社的税收减免态度，并未动摇合作社的独立法人地位。事实上，合作社无论作为税法上的法人还是普通法中的法人，独立性均为其核心要件。

从大陆法系来看，法人独立性有着比较细致的区分，存在着广义与狭义两种不同含义。

实行广义法人概念的日本与我国台湾地区并不将企业法人与其成员在承担责任上建立起必然联系，[15] 社员可以选择有限责任、保证责任与无限责任等几种责任形式。由此看，采取广义法人的合作社法旨在规制法人民事权利能力与行为能力的独立性，其责任仅在关、停、并、转等法人人格消灭的条件下才具有意义。

狭义法人概念是对广义法人概念的另类评估与尝试，典型的当属德国与苏联。1896 年《德国民法典》第一次出现法人字样，但并未对其内涵作出界定；而 1922 年《苏俄民法典》不仅提出了法人概念，还明确规制了有别于股东的法人责任形式。[16] 作为一种法人类型，德国《合作社法》第 17 条第 1 款规定："已立案之合作社具有独立的权利与义务；得行购置财产及其他与土地有关之权利，亦可在法院提出控诉或被控告。"[17] 由此看，该界定将法人资格与其成员承担有限责任统一起来，并由学者将其归结为法人的五大特征：依法设立、组织独立、财产独立、责任独立与名义独立。[18]

---

〔13〕 在美国税法上，合作社商人被视为管道实体，即允许其不缴纳法人所得税，但可享受合伙企业或者自然人的税收减免待遇。欧阳仁根、陈岷等：《合作社主体法律制度研究》，37 页，北京，人民出版社，2008。

〔14〕 程文进：《美国公司法人地位及股东有限责任原则确立的历史考察》，载《济南大学学报》，2000(1)。

〔15〕 日本《中小企业等合作社法》第 4 条与我国台湾地区"合作社法"第 2 条均规定："合作社为法人"。

〔16〕 该法第 13 条规定："一切享有取得财产的权利和能够承担义务，并且能在法院起诉和应诉的机关、社会团体和其他组织，都是法人"。参见《苏俄民法典》，1923 年 1 月 1 日施行。

〔17〕 《德国合作社法》(1994 年修订案)，纪恒昭译，中华民国合作事业协会，1999。

〔18〕 王利明：《民法》，76 页，北京，中国人民大学出版社，2001；[苏]格里巴诺夫等主编：《苏联民法》(上)，129 ~ 131 页，中国社会科学院法学研究所民法经济法研究室译，北京，法律出版社，1987；江平、赵旭东主编：《法人制度论》，1 ~ 40 页，北京，中国政法大学出版社，1994。

与德国、苏联相同，依据《民法通则》第36、37条之规定，我国立法对法人也采取了狭义概念，并将组织独立、财产独立与责任独立作为法人构造的核心要素。[19]

值得说明的是，企业经营是企业存续之常态，而法人资格消灭则是一种概率较小的非常态。法律如何规制则取决于交易安全与效率之间的利益取舍。

第二节　合作社商人的独立困境

我国民法采取狭义法人概念。在此体系下，立法不仅规制农村信用社、农民专业合作社等合作社的行为能力，还特别强调其法律责任。[20] 就组织体本身来说，多数合作社规模较小，组织化进程缓慢，社会化功能远远没有发挥出来。这种结构与功能的双重尴尬使得合作社陷入了独立性困境：一是来自外部政府方面的干预性危机；二是来自内部社员因受公司企业营利性诱致而戳穿合作社面纱选择外部性交易。[21] 由此看，狭义法人概念有其存在的余地。然而，这种责任中心主义下的法人制度必然生发出商事行为与责任之间的紧张关系。合作社因为责任考量而可能在正常经营中谨小慎微。随着社会发展，合作社商人化进程必然需要外观主义、效率与快速原则加以保驾护航。

---

〔19〕 值得说明的是，我国《民法通则》所规定的法人独立责任在我国并非适用于所有场合。如国家机关和国家机关工作人员违法行使职权侵犯公民、法人和其他组织的合法权益造成损害的，即由国家负责赔偿。

〔20〕《农村信用合作社管理规定》第2条第2款规定："农村信用合作社是独立的企业法人，以其全部资产对合作社的债务承担责任，依法享有民事权利，承担民事责任；其财产、合法权益和依法开展的业务活动受国家法律保护，任何单位和个人不得侵犯和干涉。"《农民专业合作社法》第2条规定："农民专业合作社是在农村家庭承包经营基础上，同类农产品的生产经营者或者同类农业生产经营服务的提供者、利用者，自愿联合、民主治理的互助性经济组织"。值得注意的是，有学者认为，该管理规定虽然属于部委规章性质，在中国目前的法律体系中的位阶较低，但其制定机关为拥有金融管理权限的中央银行，因此在不与国家法律、行政法规冲突的情形，具有相当于行政法规的效力。当然可以作为登记机关对信用合作社进行企业法人登记的法律根据。梁慧星：《合作社的法人地位》，梁慧星主编：《民商法论丛》（第26卷），金桥文化出版有限公司（香港）2003年版。本书认为，《农村信用合作社管理规定》作为一种权宜规定，在农村合作金融法未出台前，可作为对合作社进行企业法人登记与规范的法律依据。

〔21〕 钟真，孔祥智等主编：《转型中的奶农合作社研究》，110页，北京，中国农业出版社，2014。

一、合作社商人不具有外部独立性[22]

自由商人与市场经济制度之间具有内在同构关系。它在其他制度下，或多或少不过是执行外来意志的工具而已，在计划经济下更会沦落为官员的地位。[23] 为此，基于市场失灵的不可避免性，现代政府广泛运用各种强有力的干预手段，以至于崇尚自由主义的英、美等国都纷纷进入了所谓的“规制国家”。[24] 这种“规制国家”策略也许在特定条件下会产生一定的现实效果，但形形色色的集体主义者之所以向市场经济进攻，是因为其目的在于破坏企业的作用。如果在商人阵地上，追求集体协议的力量占了上风，那么，在生产领域内，还有什么理由来维护私人所有，商人还有什么权利来作出经济上的决定呢？应该说，这个问题提到政治上来谈的时候到了，而且来得要比商人们料想的还要早得多。[25] 为此，基于政治的不可避免性，合作社商人的外部独立性经常厕身于公权泥淖之中。这具体表现为“大法人”管“小法人”的现象：首先，联社之间所出现的“大法人”管“小法人”的现象。自我国合作社管理体制改革以来，省联社作为省政府管理全省合作社的载体，始终负责对所辖区域合作社的管理、指导、协调与服务。而实践中，省联社对县联社的“管理与服务”却具有很强的行政领导色彩，形成了支配与服从的纵向关系。其次，基于上述联社之间的纵向支配关系，联社与其社员合作社之间也呈现出了“大法人”管“小法人”的现象。由于合作社与其联社之间一直存在着产权不明、权责不清情况，再加上行政干预因素，形成了二者之间的逆向控制关系。如我国现实中推行的农户小额信用贷款的条件一般是由上级联社统一规定的，社员合作社并无自主权力，而只能遵照执行。

二、合作社商人不具有内部独立性

随着私人独立诉求的勃兴，多数国家逐渐形成了建立在法治基础上的规制模型，其中自我规制成为一种正在兴起，并与规制国家相呼应的规制

---

〔22〕 葛淑玮：《合作社研究综述》，载《商业经济》，2009（3）；王新安：《农信社深化改革思考》，载《金融时报》，2002-12-23。

〔23〕 ［德］路德维希·艾哈德：《来自竞争的繁荣》，祝世康、穆家骥译，135 页，北京，商务印书馆，1983。

〔24〕 K. Yeung, “The Regulatory State”, in The Oxford Handbook of Regulation, eds by R. Baldwin, Oxford University, 2012, p. 65.

〔25〕 ［德］路德维希·艾哈德：《来自竞争的繁荣》，祝世康、穆家骥译，135～136 页，北京，商务印书馆，1983。

方式。在本质上,自我规制是私人主体通过设定标准独立运转于政府的监管之外的。[26] 然而,值得检讨的是,这种自我规制必须以其内在独立性为前提。就合作社商人来说,其内部去独立性主要表现如下:(1)《民法通则》第 74 条提及集体组织一词,《民法总则》在特别法人项下也规定农村集体经济组织。其中,组织财产归集体所有。这在学界争议近乎白热化,大有撕破面皮之势。具有支配地位的民法学者基于民事理论,认为,集体所有应该进行重述,首先解读为共有制样态,再由共有制作为一种原则或者理念,再建构成为私法上的共有关系。[27] 依此逻辑,我们可以得知,集体组织作为一种组织,并无自己的独立财产,该财产仅为集体组织成员共有。我国立法并没有将合作社视为集体组织,也没有否定合作社的法人地位,但实践中那些与公权相关联的农村信用社、土地合作社等应该归属于集体组织。既然属于集体组织,这类合作社也就存在法人地位之担忧。因此,若基于上述推理,民法与农村信用社管理规定就存在着明显冲突。当然,有些学者采取怀柔态度,试图对社会现实作出灵活性把握,主张,合作社有多种组织形式,有法人形式、合伙形式、分社形式等。[28] (2)由制度本身所生发的法人独立性问题。所谓制度本身,是指作为制度所涉主体、行为、责任等表述,是构成所涉内容不可或缺的元素,该元素若变动,该制度将发生异化。然而,这种本身缺陷很可能会带来相应的难以缓和的制度设计瑕疵。如现代合作社法规定社员入社自愿、退社自由就是制度本身的本真样态。这是合作社立法根本而不得变动的,否则,合作社法将失去其本来样子。然而,社员自由退股是否意味着社员对其出资仍然享有所有权?如果社员仍然享有社股财产的所有权,就会形成双重所有权问题;如果社员不享有财产所有权,根据民法“一物一权”原则,就必须在合作社所有权与社员所有权之间作出取舍。(3)我国《农村信用合作社管理规定》第 2 条规定农村信用合作社以其全部资产对外债务承担责任。应该说,公司人格理论很充分地支持了公司财产与股东财产分离,没有争议,但恪守合作社社员所有权说则必然导致合作社法的歧义。这种歧义的命脉在于合作社商人对全部资产是享有完整的法人所有权还是不完整的法人财产权。除此外,另外一个制度本身问题就是立法对合作社收益的规制。我国《农

---

〔26〕 R. Baldwin, M. Cave, M. Lodge, Understanding Regulation, Oxford University, 2011, p. 137.

〔27〕 唐德瑄等主编:《股份合作制理论与立法的基本问题》,142 页,北京,中国检察出版社,2002。

〔28〕 谭启平:《论合作社的法律地位》,载《现代法学》,2005(4);李长健、冯果:《我国农民合作经济组织立法若干问题研究(上)》,载《法学评论》,2005(4)。

民专业合作社法》第4条规定合作社对其财产享有占有、使用与处分的权利而无“收益”的权利。[29] 这是否意味着法人财产权因受分割而影响到合作社的内部独立性呢?

第三节 合作社商人独立困境之超越

整体来说,无论外部还是内部,我国合作社商人均存在着制度性缺陷以及因这种制度缺陷所遭遇到的现实冲突。

一、关于合作社商人的外部独立性问题

合作社与其联社均为独立法人,二者在法律上并不存在所谓的“大法人”管“小法人”的情况,理由如下:(1)从历时角度看,早期英国罗虚代尔公平先锋社即确立了合作社独立于政治宗教之外的绝对中立原则。[30] 应该说,当时合作社为了免受来自公权的干预而提出中立原则,不失为一种制度发展之策略。但随着世界经济的快速发展,社会一体化下各个市场主体不可能排除外在影响而“独立自主”,合作社企图走出困境越来越不可能了,换言之,合作社独立原则正逐渐被相对化。这种相对中立态度具体表现为合作社有条件地与政治、宗教之间保持必要的距离。但凡存在合作业务并愿承担社员义务者都可以入社,不因社员的政治见解或宗教信仰而有差异,并进一步加以排斥或干涉。[31] 由此看,现行合作社确实受到了越来越多的社会因素的影响,但这种影响属于法律外部因素,而本书这里所指的法人外部独立性仅限于法律独立性,而非政治、经济等独立性问题,且这两种独立性并不矛盾,换句话说,一个法人组织可能在经济或者在政治上具有某种依附性,但在法律地位上却完全可以独立。如远在美国的肯德基总部与世界其他地方的肯德基分店之间就构成了一种主体间的法律人格独立关系,但各分店在经济、管理上必须接受总部控制,其人员培训,要与总部在经营场所设计上保持一体化,由此看,二者在经济、管理上是一种附属关系。现行规定看,我国合作社与其联社均为企业法人,但在法律人格上是彼此独立的。(2)从法律性质上看,联社属于互益法人。而互益法

---

〔29〕《中华人民共和国农民专业合作社法》,2007年7月1日施行。

〔30〕[法]查理·季特:《合作原理比较研究》,彭师勤译,248页,北京,中华书局,1941。

〔31〕林辉雄、陈景明等:《信用合作社经营管理新理念之研究》,7页,台北,“中央”存保公司,1995。

人存在的宗旨就是为了提供群体利益，其成员一般独享其利益。因此，在互益法人与其成员之间，前者是手段，后者是目的。[32] 基于此，在联社与其社员合作社之间，前者的意义仅在于根据市场变化情况和合作社的实际需要，为其提供市场政策信息及职工培训、教育服务等。由此看，现实中的“大法人”管“小法人”的现象确实属于联社职能异化之结果，具有违法性，因此应该予以纠正。这从另一个方面也可以说明，我们不能以一个违法现象来否定合作社商人地位的外部独立性，我们恰恰应该坚信这些现象正在接受合作社法的检视，从而以法律之力还原合作社的外部独立。这就像我们不能因为现实中存在着枉法裁判情形而去否定司法制度本身的公正性一样。

二、关于合作社商人的内部独立性问题

（一）关于合作社商人的法人财产由社员“集体所有”的问题。

此处“集体所有”如何解释？（1）合作社并非一种单纯的共有关系或者合同关系，而明显地带有团体属性。首先，从历史层面看，“集体所有”属于意识形态的产物。民法是国家的基本法律之一。我国在 20 世纪 50 年代就着手起草民法。从 1979 年到 1982 年起草了民法草案四稿。民法涉及公民人身财产诸多方面，调整范围极为宽泛。而当时“文化大革命”刚刚结束，极“左”的意识形态倾向依然盛行。作为一种路线选择，我国决定实行市场经济，但要同时制定一部完整的民法典所需要的专业条件与政治环境尚不具备，而只能作为权宜之计制定一部《民法通则》。因此，在私法与其所处的计划经济环境之间就出现了一定紧张关系。在这种紧张关系中，计划经济思维与行动借由意识形态方式强力地、持续地嵌入到私法文本中，最终出现了以公权思维阐释、建构私法规则与私法实践的“法制问题”。在这种历史背景下，我们不难理解，当时的集体所有制反而成为去私有制，实现公有制的制度安排。时过境迁，当下市场经济与民法私法属性之间的紧张关系得到了极大缓和，集体概念有望在民法规范层面得到正本清源式的清理与重构。基于此，学界才得以用民法中的“共有关系”概念来阐释历史上的“集体所有”提法。值得质疑的是，这种常规式的带有明显的路径依赖思维能否通行，仍然存疑。特别地，意识形态的转型与法律文本的修订之间是否同步，彼此关联度如何，均不得而知。因为历史上意识心态对私法渗透的全面与根深蒂固，重新在规范与事实间建立一种法律

---

〔32〕 陈晓军主编：《互益性法人法律制度研究》，36 页，北京，法律出版社，2007。

关系存在很大难度。比如,集体所有对公司法的渗透。我国早期《公司法》第 4 条规定:“公司中的国有资产所有权属于国家。”按此逻辑,我们能够以“共有关系”而否定公司法人地位吗?显然不能。基于同样逻辑,我们也不能以“共有关系”来替代合作社的法人组织。其次,从制度分析看,以共有关系或者合同关系来解释“集体所有”难有说服力。依据《民法通则》《民法总则》与《城镇集体所有制企业条例》,在性质上,集体所有权遵循成员财产与组织财产的严格分离。据此,集体组织所有并非农民共有,也不等于集体企业法人所有,进而形成一种极为抽象的劳动群众集体所有形态。[33] 依据民法理论,所有与共有操作本质区别:前者是组织享有所有权,并与其成员所有权严格分离;后者是由若干个人的所有权的结合而形成的一种关系,并没有凝聚而为组织体。[34] 之所以将集体所有权看作为共同共有,这是因为没有认真区分合作社商人与合伙,把在合作社商人中所产生的集体所有权与合伙中产生的共同所有混为一谈。我们一直认为,合作社商人是劳动者之间的结合,失去合作原则必然导致异化。在合伙关系中,合伙人之间通过协商而订立的合伙协议来展开商事行为。本质上,合伙是合伙人个人财产在使用方式上的结合,法律性质上属于一种关系,而非组织体。这与合作社商人作为一个人格实体大相径庭。因此,如果集体所有权被认为是一种共同共有,必然导致在理论上集体所有权为合伙所取代,在实践中取消集体所有权的命运。[35] 由此看,集体所有的主体是极为抽象的,这种抽象性无法简单由劳动者或集体组织成员来表述,也未必就是一种典型的法人组织体。[36] 而正是在这种逻辑下,学界从出现合作社可以采取合伙组织、分社等非法人形式的声音。这恰与以共有关系或者合同关系来阐释集体所有这个带有意识形态的历史概念相暗合。其结果是,这种极为抽象的所有形态使得集体所有权既不同于共有,也不同于企业法人,进而因为企业法人受到破产法调整而可能面临的破产危机。[37] 由此看,合作社并非一种单纯的共有关系或者合同关系,而明显地带有团体的属性。然而这种团体属性并不能用传统的“集体所有”的概念来概括。(2)社会经济现实要求合作社必须抛弃传统“集体所有”概念,而采取

---

〔33〕 王利明主编:《物权法论》,515 页,北京,中国政法大学出版社,2008。

〔34〕 马俊驹、宋刚:《合作制与集体所有权》,载《法学研究》,2001(6)。

〔35〕 马俊驹、宋刚:《合作制与集体所有权》,载《法学研究》,2001(6)。

〔36〕 王利明主编:《物权法论》,515 页,北京,中国政法大学出版社,2008。

〔37〕 余伟平:《对合作制性质的再认识——〈深化农村信用社改革试点方案〉的完善建议》,载《法学杂志》,2005(6)。

现代团体法人形式：一则，从法安定性要求看，集体所有的内在冲突是对现代企业制度理性架构的严重挑战，也是对第三人选择交易主体的严重障碍。第二，反观合作社组织本身，合作社若实行集体所有，无疑将现代企业制度支柱之产权观念与法人治理束之高阁，进而远离企业的规模发展与经营自由，极有可能回归到那种一大二公的计划经济体制之下。第三，当下世界经济格局启示世人：试图抛弃当代制度安排，而单纯追求灵便发展的合伙、分社形式，这已经与互联网、微信、QQ 等现代交流媒介相脱离，必然带来信用体系与交易形式的安全隐患，因此，我们不应"故地重游"而走回传统的集体所有老路上去，而应采取现代团体法人组织形式。

（二）合作社社员何以入社自愿、退社自由。

合作社遵循入社自愿、退社自由原则意味着其社员人数与股金总额均可变动。这里存在两个制度本身的设计问题：合作社人财变动可能与公司资本确定、不变及维持等三原则相抵牾，并随之而引发出合作社商人财产的独立性问题。

首先，资本确定原则。在公司设立中，公司资本总额必须明确记载于章程，并由股东全部认足或缴足，否则不能成立。[38] 合作社能否适用该原则，合作社法没有明确，但我国农村信用社管理规定要求注册资本 100 万以上，并由章程明确记载、社员全部认足。这似乎可以推知，合作社的股本总额也应该是确定的。

其次，资本不变原则，指公司资本总额一经确定，非依法定程序不得变动。当然，资本不变原则并非指资本绝对不能改变，而是指公司资本一经确定便不得任意变动。[39] 我国农村信用社管理规定社员经本社理事会同意后，可以退股。但年底财务决算之前退股的，不支付当年股息红利。[40] 这种有条件地退股制度安排在客观上保证了合作社商人资本的相对稳定性。有学者调查发现，我国合作社到目前为止尚未发现社员退股的先例。[41]

最后，资本维持原则。公司成立后应保持与其资本额相当的财产，以达到具体财产充实抽象资本的目的，从而预防公司及其管理人的资本侵权。[42] 我国农村信用社管理规定其注册资本可由公积金转增形成，并且

〔38〕 冯果：《公司法要论》，88 页以下，武汉，武汉大学出版社，2004。

〔39〕 冯果：《公司法要论》，88 页以下，武汉，武汉大学出版社，2004。

〔40〕 中国人民银行《农村信用合作社管理规定》，1997 年发布。

〔41〕 都本伟：《农村信用社法人治理研究》，91～92 页，北京，中国金融出版社，2009。

〔42〕 冯果：《公司法要论》，88 页以下，武汉，武汉大学出版社，2004。

应按国家有关规定，提取呆账准备金和坏账准备金。[43] 这些具体资本维持性规制在合作社中加以明确更有必要。因此，实践中，我国比照公司法也对社员抽逃出资行为予以处罚。从这个意义上说，社员个人的财产与合作社的财产界限还是分明的。

由上述分析可以看出，我国合作社的法人财产是独立的。而依据我国狭义法人原理，法人财产独立，其责任必然独立。因此，合作社只要财产独立，自然责任独立，自然是法人。[44]

（三）关于合作社商人财产权与社员收益权的关系问题。

法人财产权与社员收益权作为两种基础性权利，是当代合作社商人产权制度的两大支柱，是合作社取得独立人格为社员服务以及社员以最小风险成本取得最大利用效益所必需的。我国农村信用社管理规定并未规定法人财产权及其社员收益权，但依公司法，公司股东以其出资额享有受益权、[45] 重大决策权以及选择管理者的权利等，而并不享法人财产权。[46] 由此看，法人财产权即指法人对其财产享有占有、使用与处分的权利，而收益权则由其成员享有。据此来说，收益权属于所有者，而非法人。现代企业制度的核心在于企业法人人格存在三支柱予以支持，即，成员以其出资额为限对法人负责；成员承担有限责任；法人以其全部财产对其债权人负责；法人具有独立的人格（独立名义、意思、财产、责任）、成员财产与法人财产相分离。为此，成员不得随意抽取注入法人的资本，不得平调法人财产，成员对仅以出资额为限对法人债务承担责任。如果承认企业法人收益权，就应承认企业法人拥有产生收益权的股权，在实践上有可能引起向法人股的倒退（这违反了公司不得持有自己股份之原则）。既然在企业股权结构中已经没有法人股的合法地位，就没有法人收益权存在之余地。因此，法人财产权不应包括收益权。当然，这样的认识受到为国有企业公司化改制论证的约束，存在着很大的历史局限性。法人的收益权是法律意义上的，通过法人的治理结构，该种收益或者用于扩大再生产，或者用于向股东或社员分配，在理论上完全没有障碍。法人财产权与社员收益权是两种

---

〔43〕 中国人民银行《农村信用合作社管理规定》，1997 年发布。

〔44〕 马跃进：《合作社的法律属性研究》，114 页，北京，中国财政经济出版社，2008。

〔45〕 此处受益权与收益权在主体能动上存在很大区别，这可能涉及权利行使方式上差异。本书拟另行探讨，不赘述。

〔46〕 我国《公司法》，2006 年施行。

不同性质的权利。[47] 基于此，合作社基于法人财产权（占有、使用、处分），完全可对社员不当请求行使抗辩权；反之，社员基于收益权，也可对合作社侵害社员权的行为寻求私力乃至公力救济。由此看，合作社的法人财产权与社员收益权之间是彼此独立的，合作社不享有收益权并不会影响其内部独立性。

我国现行合作社理论与立法采取了狭义法人概念，该法人具有组织独立、财产独立与责任独立等特性。只是在法人组织构造以及与政府的关系上，合作社与现代公司呈现着不同特性。法律通过这种不同结构与关系的规制，使得市场主体又添加了一个特殊成员。这正如英国当代法学家罗杰·科特威尔所言，法律制度的根本目标并非为了建立一种威权化思想，而是为了解决实际问题与调整社会关系，进而实现法律上的正义。[48] 总之，经由法人独立性的理性塑造，合作社既能作为弱势群体而得到政府扶持，又能摆脱内部控制，从而以一个独立私法主体的身份参与适度的市场竞争。

小　　结

法人独立性问题是关乎合作社法律主体构造及其与第三人的法律关系，在全部小微企业法律问题研究中居于前置性地位。独立性是法人构造之核心要素。我国合作社商人存在着内、外不独立之误读。法人独立性存在着广、狭义两种含义。我国现行合作社上商人理论与立法采取了狭义法人概念。该法人具有组织独立、财产独立与责任独立等特性。经由法人独立性的理性塑造，合作社既能作为弱势群体而得到政府扶持，又能摆脱内部控制，[49] 从而以一个独立私法主体的身份参与适度的市场竞争。

---

〔47〕 马俊驹、余延满：《民法原论》，328 页，北京，法律出版社，2006；卢中原：《法人财产权不包括收益权》，载《工商行政管理》，1994（12）。

〔48〕［英］罗杰·科特威尔：《法律社会学导论》，潘大松译，222 页，北京，华夏出版社，1989。

〔49〕 能否得到政府扶持不是私法问题，是政策判断问题。事实上，政府不仅扶持弱势企业和弱势产业，还扶持强大企业以求国际竞争的胜出。摆脱内部控制，可以通过合作社的规则来解决。

第二章　合作社商人目的的私法选择

合作社商人目的何为,是一个需要认真对待的法律问题。一般意义上,目的即指主体一种恒定的、具有终极性的行为宗旨,其最终实现有赖于诸多具体任务的落实,而这种终极精神可能会渗透于各具体任务之中。合作社商人目的乃至为实现目的之任务有很多,但哪些能够进入成为法律问题并作出私法评价值得研究。比如,当我们追问,合作社商人何以得到国家财税优惠支持时,该质问应是得以产生私法效果的原因。此时,也许因为合作社商人从事了农业营业行为,这种营业行为就是支持的直接原因;也许因为合作社商人为满足社员利用,这就构成了行为动机,是一种间接原因;也许合作社商人就是简单地谋取国家财税支持,这也会成为一种常见的间接原因;当然,合作社商人也许因为社员经济贫困,求得社员公平经济权,这也是产生目的的一个间接原因。由此看,能够导致法效果的原因很多,但这些原因中,有些是合作社商人"想"的,而有些未必是其"真正想的"。合作社商人不想做,而又做了,也许基于利益权衡,也许外在逼迫。本书认为,我们通常只能推得合作社商人这么做是因为其"想"这么做,至于合作社商人为何想这么做,则不得而知。而合作社商人"想"这么做的原因就是目的。

鉴于如此,我国合作社商人何为?立法规定可谓五花八门:有些立法规定合作社为企业法人。[1] 依《关于深化供销合作社改革的决定》,供销合作社是一种由社员民主治理的独立法人;《城市信用合作社管理办法》规定城市信用社是一种具有合作金融性质的独立企业法人;《农村信用合作社管理规定》则直接确立农村信用社即独立企业法人。也有例外,依《城镇住宅合作社管理暂行办法》,住宅合作社是一种公益性合作经济团体;《农民专业合作社法》则间接地规定农民专业合作社是一种互助性经济组织。如果进行经济目的类型化,我国合作社商人有生产合作社、交易

---

〔1〕 我国法律将合作社商人归入企业法人体系。这只是一种形式归类。若从性质上讲,企业有公益企业,如自来水公司等;也有私益企业。而机关法人、事业单位法人、企业法人及社会团体法人在外延上有交叉之处,这显然有违分类学之一般原理。

合作社、服务合作社等三类,住宅合作社应该排除在经济目的之外。而这种类型化的个性差异与合作社作为一类民事主体的共性特征之间是何关系,质言之,有些合作社,如住宅合作社与其他经济合作组织差异巨大,是否应该进行类型化过滤,以求得合作社目的的最大公约数,值得研究。[2] 本书认为,作为一种经济组织形式,商人意义上的合作社已经内置诸如营利、经营等元素。为此,本书意义上的合作社只要在商人目的下开展活动,则无关乎特定的成员身份。对于合作社商人来说,其本质不在于经营范围,而在于服务对象以组织内部成员为主,并且这种服务通过经济利益机制加以实现。然而,如果我们试图寻找最大公约数,现行合作社商人的产权改革与组织治理仍然面临诸多困惑。突出问题是,合作社商人的产权改革应该坚守本色,还是实行股份合作,甚或彻底地走向商业之路? 这实际涉及对合作社商人目的的认识问题,它决定着合作社商人的运行机制。但这种机制创新却受到路径依赖,不可避免地存在着自身局限。[3] 同样,合作社商人治理也面临着诸多调整,如合作社商人应该实行公司治理模式还是秉持本色合作社商人治理模式,或者采取折中模式,实践中无章可循。究其原因,是因为我国理论与法务对合作社商人能够做什么以及如何做(即组织目的)等诸类追问并不清楚。有鉴于此,我们有必要追问合作社商人目的何为? 何以走出目的困境?

第一节　合作社商人一元目的:现状与批判

一、合作社商人一元目的之现状

所谓一元目的,即合作社仅以单一目的作为其法律运行之目标。《民法总则》将法人分为营利法人、非营利法人及特别法人三类,其中,第 96 条将城镇农村的合作经济组织法人作特别法人看待。当前学界围绕合作社商人一元目的提出了诸多学说,其中营利论、非营利论与中间论呼声较高。[4]

首先,营利论。《民法总则》第 76 条规定"以取得利润并分配给股东等出资人为目的成立的法人,为营利法人"。据此,营利是一种企业组织为

---

〔2〕 独资企业、合伙组织、公司是一种营利性组织,不属于本书研究范围;住宅合作社具有职工福利功能,曾经作为一种慈善组织,也不在本书探讨之中。

〔3〕 屈茂辉等:《合作社法律制度研究》,335 页以下,北京,中国工商出版社,2007。

〔4〕 李洁:《论农村信用合作社的法律地位》,载《学术论坛》,2007(7)。

求得投资溢价并将其分配于成员的法律行为。[5] 由此看出,该界定存在内外两个要点:企业组织通过外在交易谋取投资溢价,通过内部分配实现成员利益。如果仅有外在交易,而无内在分配,则不属于法律意义上的营利。[6] 具体而言,营利可作两个层面检视:一是组织本身从事经营活动,借由招股而融入资金,以谋求成员投资溢价为目的;二是将投资溢价分配其成员。值得说明的是,基于专业关注点的差异,更多民法学者强调后者的目的意义。德国学者梅迪库斯认为,组织追求投资溢价仅为一种手段,而成员取得分配利益才是目的,并据此认定社团组织的营利性质。[7] 已故我国台湾地区史尚宽先生认为,团体组织须以投资溢价为目的,这种目的不是指团体本身,而是指社员接受团体财产上的投资溢价。[8] 鉴于以上分析,合作社商人营利性特征存在如下论说:一则,经典合作社守成与当代合作社商人创新之间存在着内在发展关系。虽然所有合作社商人在为社员取得投资溢价上大同小异,但在内在分配及其表决机制上则大相径庭,且古典合作社商人的股金分红与人合议决等特性正在式微;[9] 二则,具有经世济民意义上的国家政策也似乎表明,之前农民合作经营组织正为农业公司所替代,经典意义上的合作社商人何去何从?事实上,如果农民合作经营组织选择农业公司组织形式,那么,这些单纯逐利组织一旦达到经济目的,可能会立即离开故土。这种制度变迁中的组织几乎与农民合作组织渐行渐远;[10] 三则,市场竞争使得合作社商人必须认真对待营利性问题。如果合作社商人的法人目的与内部机制不能相机而变,可能面临生存危机。[11]

其次,非营利论。《民法总则》第 87 条规定"为公益目的或者其他非营利目的成立,不向出资人、设立人或者会员分配所取得利润的法人,为非营利法人"。逻辑上,非营利论与营利论是一对相对概念。如果我们能够阐释营利性,那么非营利性的边界也就能够随之解决了。合作社商人是否属于非营利性法人,则取决于如何界定非营利性以及非营利性应该存在的社会价值。具有社会变革价值的观点认为,合作制度发轫于资本主义社会

---

〔5〕 江平主编:《法人制度论》,53 页,北京,中国政法大学出版社,1994。

〔6〕 梁慧星:《民法总论》,146 页,北京,法律出版社,2001。

〔7〕 [德]梅迪库斯:《德国民法总论》,邵建东译,146 页,北京,法律出版社,2000。

〔8〕 史尚宽:《民法总论》,143 ~ 144 页,北京,中国政法大学出版社,2000。

〔9〕 马震宇:《农村合作金融立法若干理论问题研究》,载《农村经济》,2008(2)。

〔10〕 王长寿:《中国农村非营利组织发展研究》,32 页,西北农林科技大学博士论文,2003。

〔11〕 [德]肯特·阿瑟沃弗·埃卡尔特、享尼森:《德国合作社制度的基本特征》,刘波译,载《农村经济》,1997(8)。

之中，合作社与公司之间具有内在紧张关系，随之强大后能取而代之，并作为一种制度工具而直通社会主义公有制，也即，合作社商人可以最终消灭公司，并最终摧毁资本主义制度基石；〔12〕而工具意义上的服务说认为，合作社商人由经济、知识乃至信息等处于劣位的农民社员设立，旨在借由互助达到自助。故而，合作社商人目的非在为社员谋求溢价，而在为其提供惠顾平台。〔13〕应该说，这种事实为一些国家所认同。美国农业合作社法原则上承认服务论，该法规定合作社商人与社员交易严格遵循成本原则；日本农业协同组合法则限定组合与社员之间的内部交易，而禁止组合追求外部经营溢价；三是营利手段论。该说认为，非营利并不等同于不从事任何谋求投资溢价行为，相反，为了求得市场竞争下的存续，合作社商人从事投资溢价行为是一种常态。实践中，合作社商人与非社员交易时，当然要谋求投资溢价，这是任何一个理性人都会做的。在此情形下，作为一个市场角色，合作社商人与普通公司均应遵从外观法理；只是与公司法人目的比，合作社商人求得交易溢价仅为手段罢了。〔14〕这与公益主体类似。正如史先生所言：公益法人以公益为目的，以对外营利为手段。如果赚取投资溢价不分配于其成员，或者因为没有成员而不能分配，应该认定为公益主体。〔15〕由此看，公益主体尚能对外从事投资溢价行为，处于市场经济中的合作社更应该如此。

最后，中间论。《民法总则》第87条在非营利项下规定“为公益目的或者其他非营利目的”，据此，非营利性有公益论与非公益论（即中间论）之区分。公益论，如学校、慈善机构等主体意在追求社会公益；非公益论或者中间论，如老乡商会、书法协会等则并非为了求得成员投资溢价，更非为了社会公益。就此来说，合作社商人似乎更具有中间性。从比较角度看，合作社商人像公司一样，仅为满足有限范围内的成员利益，而并不直接追求社会公共利益；但又不是为了求得成员投资溢价。因而，合作社商人处在公益法人与私益法人中间地带。〔16〕反过来说，合作社商人在物的构成要件上，惠顾者与资本所有者具有同一性。然而，合作社商人若仅为求得投资溢价而对社会经营，社员入社没有任何意义，社员与合作社商人之间的利用关系会被切断，以至于社员与社会公众或合作伙伴没有区分。在

---

〔12〕尹树生：《合作经济概论》，19页，台北，三民书局，1984。

〔13〕米新丽：《论农业合作社的法律性质》，载《法学论坛》，2005(1)。

〔14〕米新丽：《论农业合作社的法律性质》，载《法学论坛》，2005(1)。

〔15〕史尚宽：《民法总论》，143～144页，北京，中国政法大学出版社，2000。

〔16〕刘凯湘：《民法学》，98页，北京，中国法制出版社，2000。

此情况下,合作社商人可能在事实上已经变更为以求溢价为目的的公司;合作社商人若拒绝外部交易,社员利益不仅受损,还要承担由此而带来的额外费用,并最终异化为慈善法人组织。由此看出,合作社商人具有中间性。[17]

二、对一元目的论之批判

从我国学界与法务现状看,当下合作社商人一元目的存在着两个瑕疵:一是方向性错误。无论是营利性还是非营利性,这种一元目的均会导致合作社商人之异化(营利性法人异化为公司商人;非营利性法人异化为公益法人);二是方法性错误。我们且不论一元目的之是非,仅从营利或非营利的学术界定与法务操作上看,其本身就已经存在着严重的内在逻辑悖论。

1. 关于营利说。该说典型之处在于人合议决与分配机制,也即,一人一票与分红禁止。合作社商人若秉持这种典型建构必须直面外在市场竞争问题。实际上,我国市场经济正从传统模式向知识化、信息化、规模化发展,任何商人在市场中都难以避免地遭遇这种优胜劣汰的市场洗涤,合作社商人即使存在政府支持与反垄断豁免等制度性保护,但在基本竞争格局上,根本无法规避来自因一体性的外观交易法理与合作社商人同行竞争排挤的“多舛命运”。就此来说,作为一个经济理性人,合作社商人何以采取适当措施来缓和这种刚性现状确实是一个问题。为此,合作社商人为求得生存而出现异化现象自然可以理解。但一个内在结构与外部交易发生变异了的合作社仅是具有一个名称马甲,而不属于真正的合作社商人。这种情况在法律规制上属于商人形式变更,类似于将公司变更为合伙,或合伙变更为公司。但变更后的商人再也不能称之为之前名称了。如果合作社商人变更为公司或者合伙,那就只能称之为后者。只是应该说明的是,这种变更并没有经过必要的工商程序,属于事实变更。而商法上的程序变动是刚性的。因此,实践中出现这种事实变动,应该依据外观主义予以功能性的认定或者从结构上否定其法人属性而为假合作社商人。作为一种组织形式存在,人的有限理性决定了任何一种类型不可能尽善尽美。因此,如何直面制度设计本身缺陷,设计者也是煞费苦心。实践中,为社员利益考虑,合作社商人本身也在探索与克服制度困境,如在引入战略投资人的合作社商人中借鉴公司法做法而实行征集投票权与累计投票制等。例如,

---

〔17〕 雷兴虎、刘水林:《农业合作社的法律问题探讨》,载《中国法学》,2004(5)。

我国宁波市鄞州银行在实践中就摸索出投资股限额投票权方法。从经验看,这种智慧做法在一定程度上能够有效控制合作社商人投资股东与普通社员之间的利益失衡风险。〔18〕 这种实践做法最终仍然需要回到制度层面加以阐释。有学者通过历史考察与现状分析,得出合作社商人为营利法人属性的结论。而本书认为,这种纯粹的理论分析必须嵌入我国特殊的合作社商人的集体化问题。自农民合作运动以来,我国农民并未真正自愿设社过,而一直处于"被集体化"的泥淖之中。因此,我国合作社商人营利性的理论判断的先决条件在于如何解决社员自主性问题。有此农民结社自由的前提,合作社商人营利性属性自然化解。就当下来说,也许合作社被集体化的问题只是在历史上或者某个地方或者某个类型中出现,并不具有普遍性。但在中华人民共和国成立后到开放前,这个问题曾是一个带有普适性的问题,因此必须警惕路径依赖所带来的历史惯性。比如,我国当下市场化较为成功的公司商人在历史上也因被集体化而导致政企不分。但我们不能据此认为公司作为一种现代企业形式也应该退出历史舞台。实际上,法律可以有所作为的是如何激发与保障农民结社自由。这种结社自由可能引发社员结社的投机行为,如因制度缺陷与市场竞争可能使得合作社商人选择营利公司。质言之,这是一种异化论观点。本书认为,竞争是市场的灵魂。但市场与竞争之间存在一定紧张关系,即,有竞争就会有失败。换句话说,市场条件下,失败是无法克服的。如果合作社商人融入市场竞争,必须认真对待市场失败问题。有反逻辑的是,合作社商人在市场中面对竞争就一定选择公司商人类型而采取传统营利性模式。也就是说,合作社商人本身存在着制度缺陷,但这种制度缺陷是由人的有限性决定的,它并不构成我们将之废除的理由。

2. 关于非营利说。人们曾寄予厚望于合作社商人所具有的社会改造功能,试图将当时社会从资本本位转型到人本本位进而取代资本决定论的一种制度工具,但这种努力历经艰辛且至今也未真正获得成功。合作社商人这种曲折的过往失败努力是否说明这种尝试的彻底失败? 也许作为一

〔18〕 鄞州银行股东代表的产生是本着资格股一人一票,投资股每 10 万股一票选举产生的。据此,最大的投资股股东投资 501 万元,合 50 票。50 票对 1 票的悬殊似乎对投资股不利,但鄞州银行将股东代表确定为员工股东、其他自然人股东和法人股东按 2∶ 3∶ 3 的比例进行分配。这样,投资股最多占 3/8,而其他两类股东合计占 5/8。这样,既保证了资格股的主导地位,也保证了多数人的民主权利(陈耀芳、邹亚生:《农村合作银行发展模式研究》,102 页,北京,经济科学出版社,2005)。

种经济团体，合作社商人只具有改进经济之功能，而非变革社会之工具。[19] 在这种经济改进中，合作社商人仅以其独特的服务属性在某些环节、某个领域作出某些积极促进而已。这种服务通常是一种以提供劳务来满足人们某种特殊需要的经济行为，是社会发展与个人生活不可或缺的劳动。应该说，合作社商人自产生以来一直倡导服务本位，行使服务功能。值得探讨的是，作为一种具有经济属性的服务与追求经济利益的营利如何看待？如果将法人视为社员牟利工具，社员入社既没有实现投资溢价，也没有得到相应服务，也即社员处于不利益境地，入社没有任何主观理由。因此，从抽象利益层面看，服务与营利具有一定的同质性。但服务的本质仍然是一种积极利益，一般认为，服务最终仍然可以转化为或者换算成一种最后的投资溢价。这显然属于营利手段性观点。这种观点有一定逻辑道理，但从实证角度看，值得进一步研究：其一，何谓非营利？理论上给予营利一个定义并不困难，但在立法准确界定，并经过历史实践的检验，绝非易事。就连专门规范非营利法人的美国《示范非营利法人》（修订版）也因难以找到一个令人满意的说法而退避三舍；[20] 德国勉强尝试概括式规制，但因营利概念实在抽象，也最终落得无功而返。我国作为立法后起缘故，仅有的理论论证还不足以证成实践难题，更无法为立法拿出一个满意的文本，因此我国现行法律缺位也情有可原。[21] 其二，非营利法人能否从事商行为？换句话说，非营利法人能否借由经营行为而谋取投资溢价？然而这种提问方式与法人目的之间存在着本质分歧。本书认为，能否进行商事行为的核心不在于法人从事营利活动本身，而在于投资溢价的归属，[22] 也即，非营利法人并不受商行为规则约束。值得探讨的是，如果非营利法人从事商业活动，但同时又享有税收优惠与财政支持等特权，这是否与营利法人之间形成不公平竞争关系。因此，合作社商人只有放弃特权，才能证明其合理性，也即，合作社只有去特权后才能被视为自由社会中一个真正的商人。其三，合作社商人采取惠顾制度，组织成员兼具职工与社员双重身份。令人质疑的是，法律上如何规制合作社商人借由惠顾交易或者工资而进行利润分红？其四，根据商事交易的外观法理，所有商人参与市场行为应该被一体对待。若如此，坚持合作社商人营利手段论对交易非成员身

---

〔19〕 尹树生：《合作经济概论》，19 页，台北，三民书局，1984。

〔20〕 See Aristotle and Lyndon Baines：Thirteen Ways of Looking at Blackbirds and Nonprofit Corporations-The ABA' Revised Model Nonprofit Corporation Act，39c Case W. RES.，1989. p 751，756.

〔21〕 金锦萍主编：《非法营利法人治理结构研究》，16 页，北京，北京大学出版社，2005。

〔22〕 尹田：《民事主体理论与立法研究》，18 页，北京，法律出版社，2003。

份的对方有何差异？合作社商人交易与公司商人交易若被一体看待，是否提高后者的交易成本，破坏市场公平原则？最后，如果合作社商人坚持营利手段性，其外部交易所得溢价并不能向社员分配。既然如此，溢价作为一种财产利益如何归属？随之而来的是，因营利手段而引发的权属缺位是否会导致合作社商人的人格独立、内部治理等法律问题？据此，坚持合作社商人营利手段的观点仍然有进一步探讨之必要。

3. 关于中间说。该说试图论将营利与利益作一体看待，本书认为，这可能引发如下问题：其一，就中文含义本身解释，营利是一种追逐利益的行为。该行为无论作为事实行为还是作为法律行为看待，均为受法律所保护的法益。法人营利，终为私益。而法人非营利，是否必然为公益？因此，以营利或者非营利来定位法人目的都会导致工具主义。其二，在内涵上，营利、非营利与公益之间存在着一定的交叉关系。其中，营利与公益之间存在着一定的紧张关系，在特定情形下，营利行为也能产生为公益效果，如我国台北 101 大楼本为商业开发，但作为区域地标，有着强烈的律动美感，吸引着世界各地游客神往，具有明显的公益性。若进一步透析，非营利并不等同于公益。如个人之间所从事的诸如买卖、租赁等民事活动，并非营利而为，但也不能归为公益。基于此，中间说有待进一步研究。如果我们不承认中间法人，有可能会依据合作社商人的设立目的，作出营利与公益的划分；〔23〕如果我们将公益概念外延进行拓展，就会留出中间论的存在空间。〔24〕然而，中间论何以被提出？我们留出的中间地带何以称呼？从逻辑上分析，如果打算承认合作社商人的中间性，则会出现该组织既为营利法人又为非营利法人的结论，或者说，既不是非营利法人又不是非营利法人的结论。换句话说，该组织既向社员分配利益，又不向社员分配利益。这显然不合逻辑。

基于以上分析，无论营利说、非营利说还是中间说，理论假说似乎都不够周延，都存在着盲人摸象的视角缺陷。这可能是一元目的论自身难以克服的。这种瑕疵决定着只能在社会目的与经济目的之间作出排斥性的抉择。营利手段说虽可在营利与非营利之间的紧张关系中起到一些缓冲作用，但最终可能仍会遁入非营利论窠臼。因此，那些由极端工具理性所建构起来的法人目的说可能会使得合作社或者因达致社会理想而固守合作本色，或者为追求营利而被异化为纯粹商人。但不管是固守还是异化，这

---

〔23〕 郑正忠：《例解民法》，48 页，台中，五南图书，1999。

〔24〕 金锦萍主编：《非营利法人治理结构研究》，22 页，北京，北京大学出版社，2005。

都与制度设计者的初衷相违背。为此,一种可以思考的路径是:合作社商人能否抛弃一元目的而兼容社会目的与经济目的?这种“二元目的”构造能否为现行立法所统合?

第二节 合作社商人二元目的:理论意义与现实选择

所谓二元目的,是指通过对一元目的缺陷之反思,合作社商人以公益为前提与归宿,以公益为优位目的而以私益为次位目的,进而形成组织利益与个人利益有机融合的双重目标。对该理论,日本学者我妻荣有着经典表述,他认为,“公益法人分为纯粹的公益法人与公益的私益法人,可适合法人之实状,而又不出法人性质之范畴,于民法之学理解释亦贯通也。”〔25〕其中公益的私益法人即属于不纯粹的公益法人,具有二元目的性。值得说明的是,“公益的私益法人”在称呼上有值得商榷余地,在内容上也有含糊之处,鉴于此,本书勉强称其为公私合作商人。对该界定,我们可从理论与实践两个层面加以分析。

从理论上说,合作社商人由一元目的到二元目的具有较为周延的涵盖性。从时序上看,合作社商人的法律性质随外部环境变化而不断进行调整。早期合作社商人旨在为社员服务并实现其利用最大化,中期合作社商人兼为社员服务和营利二元目的,近期合作社则演化为实现营利最大化的工具。〔26〕早期与近期合作社商人,要么追求服务,要么追求营利,可谓一元目的,而中期合作社商人兼求服务与营利,具有明显的二元目的性。本书认为,当下我国合作社商人目的尚处在中期阶段(具有历史样本意义的是,我国住宅合作社为公益主体,尚处于早期阶段;而城市信用社经组织形式变更而普遍转型为公司商人,并完成对合作社商人形态的超越),理由如下:首先,随着社会条件变化,合作社法律属性会作相应的调整。第一阶段建立在社会整体贫困、无市场竞争条件下;第二阶段建立在社会贫富不均,不能形成有效竞争之场合;而第三阶段则建立在社会整体富裕,市场有效竞争之下。我国现实情况是,社会贫富分化严重,有序竞争市场有待于进一步完善,故而,从制度背景看,我国合作社商人的法律性质无疑处于中期阶段。其次,当下学界围绕一元目的论争论非常激烈,但因他们撇开社会历史背景而孤立地设计其“理想目标”,且这种设计存在着严重的

---

〔25〕 张则尧:《比较合作社法》,33~34页,北京,中国合作文化协社,1943。

〔26〕 黄少安:《合作经济的一般规律与我国供销社改革》,载《中国农村经济》,1988(7)。

内在逻辑悖论,因此其难以准确表述合作社商人的法律性质,而与之相对的二元目的论却成为了这场争论中的几乎无人探讨的沉默者。但其存在却有其深厚的社会制度背景:一则,在促进经济发展与基层经济民主,进而实现社会公共利益方面,合作社商人与国家的积极目的呈现正相关关系。由此看,合作社商人具有公益性。值得说明的是,从合作社商人的公益性并不能推导出合作社属于公益法人的结论。合作社商人的公益性主要表现为合作社目的的外部性。合作社商人即便涉及三农目标,也是公权力外在赋予的结果,而不是组织本身的积极追求;而公益法人则表现为组织目的的内部性。公益法人是一种财团组织,制度上决定其无法为成员(大多没有成员)获得投资溢价,而仅为社会公共利益。二则,从人性假设看,合作社商人难以脱离理性经济人的窠臼,社员借由互助机制来实现自身的经济利益与生活改善。而这些利益与改善的本身就是一种私益。三则,从公益与私益关系看,公益具有优先性、私益具有主体性以及公私具有协调性,这三种关系构成了公私合作的基本内容。

从实践层上看,合作社商人目的借由公私合作论支持须进行如下转换。

首先,从一元目的向二元目的转换。从公益性方面看,这在一定程度上可满足社会上的不特定多数人的利益,主观是否刻意追求之暂且不问。合作社商人也具有公益性,主要基于以下几点:其一,合作社社员人数具有不确定性。虽然在特定区域与时间范围内合作社商人的社员人数是相对确定的,但因其受入社自愿、退社自由的机制以及出生、婚嫁等事实的影响,社员人数总体处于流变之中,因而具有不特定性。其二,从组织运行机制看,社员主要通过合作社商人获得惠顾服务。而社员受益后,社会整体的财富构造与人员素质将得到相应提升。而这些提升显然属于社会公共利益。其三,从社会控制上看,合作社商人借由公益性而使其公积金被排除在法人责任财产之外并免受债务的执行风险;也可为其行为明确方向;更可有效规避其因过度逐利而导致的失败命运。与公益相对应的是,私益多指有关个人经济方面的利益。合作社商人之所以具有私益性,基于如下:一则,“经济人”假说。如果每人均是自私的,那么其一定会为着追求个人利益最大化而开展行动;而团体组织则是由互益的个人而组成的,并为增进个人利益而存续。于是,团体组织自然成了实现个人利益的理性经济人;二则,合作社作为一类新商人类型(容后探讨),在交易外观上与公司、合伙等传统商人组织并无不同;三是,合作社是公益与私益相协调之产物。合作社商人如何对待公益与私益,学界存在各种阐释:双重本质论认为,合作社商人是一种人合组织,这种组织的目的就是为了追求成员利益,因而,该论也可表述为合作社商人的社会性格与经济性格;整体本质认为,合作社商人兼容人合与资合,因此实务上将这种“观念性的冲突”作为“经济与理念”的整合。〔27〕 实际上,双重本质论与整体本质论将公益与私益作等量齐观或一体看待,可能会引发极大的法律风险。如商人组织变更,将合作社商人变为商业公司,可能在合作社商人与资本组织形态间制造出一个没有效率的混合种。这种混合种的风险是,一边消解了合作社商人的形态优势,一边又向商业公司形态借用一些性质,然后生产出一个没有效率与没有效益的“杂种”。这类“杂种”既没有得到合作社商人的益处,也丧失了纯粹商业公司竞争优势。由此看,前者将公私等量齐观,而后者将公私一体看待。在实践中,这种均衡视角可能会生发出公平与效率的抵牾。为此,在处理合作社商人的内在张力时,“二元目的”论能够着眼于私益的主体性,并预设了公益的优先性,因此,这会最大限度地预防制度风险的发生。由此看,合作社商人的二元目的可有效避免一元目的的行为偏移,进而避免跑偏倾向(或纯私益,或纯公益)。

其次,从冲突性向兼容性转换。与具有张力为主要内涵的冲突相对应,公益与私益之间有可能通过相互制衡,超越一元目的限制,从而达到公私两种利益能够同时得以实现的一种同构性,或者称为兼容性。在这种兼容模式下,合作社商人可以为了公益而从事商事行为,并向其社员分配投资溢价。当然,此处公益概念应作扩张解释,服务三农是一种公益,而特定情况下的商业开发也有可能被认定为是一种公益。〔28〕 由此看,这种兼容性超越了非营利法人所禁止的成员分配限制,并避免了因禁止分配所可能产生的合作社商人产权模糊问题,同时也解决了营利法人说因去公益内涵而导致的利益最大化问题。

最后,从经济性向法律性转换。营利法人与非营利法人已成为当下民法学界的通用术语,然而,这种通用术语的背后却有如下问题需要澄清:一则,营利法人说是从成员利益最大化角度进行考量,而非以权利正当性作为基本法律建构。这种具体经济事实需要被进一步提炼而向带有普适性的法律转换。二则,实践中,非营利法人说因溢价分配禁止而造成了法

---

〔27〕 [瑞典]史望·奥克·贝克:《世界变迁下的合作社基本价值》,孙炳炎译,44页,北京,中国合作学社,2007。

〔28〕 从域外立法发展的情况来看,过去公共利益并不包括商业利益。但当下诸多个案所反映出的情况是,公共利益之内涵在不断扩大,并已经容纳了商业利益。

律难以控制的组织内部的黑洞问题，因此，该说具有很强的内部性而有待于法律外部化。三则，公私合作商人说超越了营利或者非营利之经济思维，而与当下公私法的划分具有内在的法律契合性。依利益说，维护公益的法律具有公法性，而促进私益的法律具有私法性。由此看，公私合作商人说将组织内外关系均置于法律控制之下，故而具有外部性。参见下图：

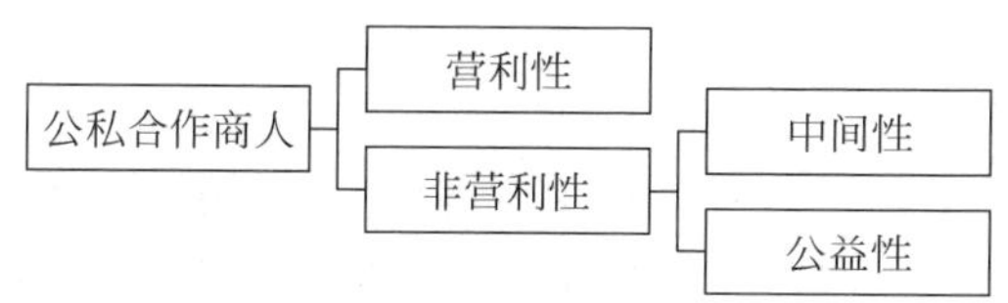

第三节　合作社商人立法模式选择

合作社商人目的是合作社商人立法的制度基础。合作社商人经由三个转换而塑造成为一种公私合作商人，实现了向二元目的之过渡。很显然，这种法人目的之进化对合作社商人在现行法律体系中的地位产生了深刻影响。而此影响主要体现在既有的立法模式及其路径选择上。

首先，立法模式。世界上大多数国家或地区都以不同形式颁布了合作社法，然而各自经济、政治与文化等国情差异巨大，各类合作社处于不同发展阶段，具有不同目的，从而形成了相异的立法模式。[29] 凭借有限资料，本书考察了相关域外合作社商人立法现状，提炼出如下几类模式：[30]（1）分散立法模式。该模式既无合作社商人基本法，也无分业立法，相关合作社商人规定散见于各类法律、法规及判例之中，以美国为代表。（2）附属立法模式。该模式又分为两类：一是附属于民法典，即在民法典之某一部分（如债编或劳动编）对合作社商人进行系统规定，如意大利；二是附属于民商法典，并针对合作社商人具体类型分别进行立法规范与引导，以法国为代表。（3）分业单行立法模式。在该模式下，各类合作社商

---

〔29〕 有学者综合了三种立法模式：（1）综合单独立法模式。用单独的综合合作社法对各类合作经济组织进行综合规范；（2）分别单独立法模式。通过制定一系列不同的合作社法来形成该国合作社法体系；（3）附属立法模式。将合作社立法附属于民法或商法，没有独立的综合的合作社法。李长健、冯果：《我国农民合作经济组织立法若干问题研究（上）》，载《法学评论》，2005（4）；Margret Digby 在《合作社法律摘编》中将合作社立法类型归纳为英国模式、中欧式、拉丁式、丹麦模式、美国模式与混合模式等六种。肖韩：《国外合作社立法综述》，载《中国合作经济》，2004（1）。

〔30〕 欧阳仁根、陈岷：《合作社主体法律制度研究》，85 页以下，北京，人民出版社，2008。

人没有一部综合的法律，而是根据实际情况按照合作社商人具体类型而分别单独立法，以日韩为代表。(4)综合立法 + 分业立法模式。在该模式下，一方面存在一个合作社商人基本法——《合作社法》，对各类合作社商人共性，如原则、宗旨、社员权利义务、登记、法人治理与罚则等作出统一规定；另一方面，依据需要对某些特殊的或经济生活中比较重要的合作社商人分别单独进行立法，如在《合作社法》的基础上再制定信用合作社法、保险合作社法等，该模式以英德为代表。

其次，路径选择。结合前述探讨，我国合作社商人立法之路径选择须立足于四个前置性条件：(1)法律归属，(2)共性模式，(3)二元目的，(4)发展阶段。只有基于这四个前提条件，我们才能选择恰当性路径。

我国倾向于大陆法系，选择美国式的“分散立法模式”，会给司法实践带来诸多不便，也与当下立法现实相冲突；从合作社商人上位法律归属看，我国仅有《民法通则》与《民法总则》加以规制，因而缺少“附属立法模式”的法典背景；从合作社商人本身看，因一般合作社兼具公益性与私益性，合作社商人目的存在于共性与个性之间。其中，“共性”应由基本法统一规制，而“个性”部分，或者仅为公益性法人，或者仅为私益性法人，可由分业法独立规定。由此看，纯粹“分业单行立法模式”并不符合我国国情；就“二元目的”而言，我国住宅合作社属于公益法人，而全部城市信用社与大多农村信用社经过产权改革已经变更为公司法人形式，其他各类合作社商人则均兼具公益与私益。由此，现行立法既要考虑合作社常态下的“二元目的”，又要考虑合作社非常态下的一元目的。至于“发展阶段”，这实际与“二元目的”是一个问题的两个方面。我们既要考虑我国大多数合作社商人处于第二阶段现状，也要看到住宅合作社处于第一阶段的实情，更要承认城市信用社与很多农村信用社已进入第三阶段之现实。这就要求现行立法必须在原则性与开放性之间保持一种平衡。我们既要对各类合作社进行一般性规范，又要对个别合作社采取个性化对待。由此看，就“二元目的”与“发展阶段”来看，我国立法现实恰与“综合立法 + 分业立法模式”相契合。

总之，通过对上述四个前置性条件分析，本书认为，《民法总则》仅将合作社商人作特殊法人看待，似乎采取搁置争议态度。为此，未来《民法典》无论如何规范法人制度，均应将合作社商人类型明确、理性地预留一个位置(或者归属于某类法人或者与其他法人并列而作为一类独立法人形式)。在此法人类型化之前提下，我国再依合作社二元论制定一部《合作社法》，并将既有法律规范作为分业单独立法，以建构现行合作社法律体系。为此,“综合立法 + 分业立法模式”则是一种当下较为合理的路径选择。

小　结

无论立法还是理论,合作社商人目的均是一个亟待解决的法律问题。现行立法对合作社商人目的之规定不尽相同;学界围绕合作社商人目的提出了诸如营利法人、非营利法人与中间法人等一元目的学说,观点亦不一致,且存在着方向性与方法性瑕疵。为此,通过对一元目的论问题之理论与实践超越,我国合作社商人目的才能定位于公私合作商人而选择二元目的。反应在立法上,“综合立法 + 分业立法模式”比较符合我国立法现状,是一种较为合理的路径选择。

第三章　合作社商人的法律定位
——基于内在营利性与外在区域性的考察

合作社商人是什么,这是对合作社作为商人的基本追问。本书认为,如何在法律上对合作社商人进行定位,可以从合作社商人内外两个方面进行考察。在合作社商人内部,营利性是研究合作社本质属性不容回避的一个基本法律问题;而在外部,合作社商人的区域性是其区别公司的显著特征。

第一节　合作社商人的营利性:从传统到现代

一种理论的产生可能是基于被动的现实所需要,或许是基于其对现实需要的主动关注。随着社会的不断进步,商法的营利性也在顺势变动。过去人们一直认为商事营利性仅为诸如独资、合伙、公司等商人的谋利动机(此处仅指传统商事营利性理论),合作社商人只适合生活于政治国家里,而根本无涉追求投资溢价。由此可见,传统商事营利性理论更多地在支持通常意义的商人组织,而难以阐释合作社商人何以存续。这种困境的根源在哪里,则必然需要一种新的理论加以支撑。从理论可能性上说,新的理论,要么从无到有,要么对既有理论的再次翻新。基于商法理论的既有版图与认知习惯,本书拟在后者尝试探索,以达到新的理论在支持合作社商人方面有所作为。

一、传统商事营利性理论的局限

据前探讨,营利性是一种企业组织为求得投资溢价并将其分配于成员的法律属性。就传统商事营利性理论讲,民法学者与商法学者有不同看法:民法学者认为,营利性,是指企业组织谋求利益并将其分配给成员的行为属性;〔1〕商法学者认为,营利性是企业组织为求得投资溢价并将其分

〔1〕 江平主编:《法人制度论》,53页,北京,中国政法大学出版社,1994。

配于成员的商法属性。[2] 企业组织仅本身追求溢价，不将溢价分配给组织成员或无法将其分配与成员（在无成员情形下），而只是用作组织发展经费，则不是营利。[3] 由此看，营利性包括两个层面：一方面，企业组织借由经营，谋求投资溢价；另一方面，企业组织取得溢价向成员强制分配，以使得社员收益最大化（分配比例或者额度可以约定，但必须分配）。但是，也有的学者只强调后者对划定营利的主要作用。如德国学者梅迪库斯就认为，社团组织求得投资溢价只是一个手段，社团组织成员利益最大化才是核心。[4] 基于一致性理念，我国台湾地区学者史尚宽先生同样认为，求得投资溢价并非营利性法人之目的，而是为其社员受益的目的。[5] 由此看，传统商人仅为投资人求得投资最大溢价的手段，利益相关人并不在考虑之列；但是，现代商人不仅为了投资人的投资溢价考虑，还要关照社员服务，甚至延及到相关社群。

（一）传统商事营利性理论难以支持传统商人的目的膨胀。传统意义上的商人主要指独资、合伙、公司等形式的组织。在西方，类似组织被统称作“enterprise”，意思为“逐利手段”。日本在引进该词时，译为“企业”，表示商人企图从事某类目的事业。该词后由日语融入我国现代汉语之中，通常解释为“从事生产经营的经济组织”。[6] 接着，这种营利性组织在市场经济条件下又延伸到流通与服务等领域。20世纪以来，世界经济突飞猛进，企业作为一种造富工具为社会经济发展带来了巨大能量。有些经济组织原本没有逐利动机，也因为金钱驱使而加入到商人队伍中来，试图在惨淡经营中分到一杯羹。反过来说，商人的结构与功能正向传统上非商人的经济组织蔓延。这可从现代法学词典上得到印证。如早期《经济法词典》将企业概念界定为，在法律法规与政策范围内，依法开业登记，独立生产经营的营利性经济组织。[7] 该概念基本概括了传统商事企业为满足投资人利益需求而以营利为目的之特征；而《布莱克法律辞典》认为，企业是提供产品与劳务，既能出售而达到营利目的，同时又能满足公共需要，但其基本

〔2〕［德］迪特尔·梅迪库斯：《德国民法总论》，邵建东译，830页，北京，法律出版社，2000。

〔3〕梁慧星：《民法总论》，146页，北京，法律出版社，2001。

〔4〕［德］迪特尔·梅迪库斯：《德国民法总论》，邵建东译，830页，北京，法律出版社，2000。

〔5〕史尚宽：《民法总论》，143～144页，北京，中国政法大学出版社，2000。

〔6〕范健、王建文：《商法论》，389页，北京，高等教育出版社，2004。

〔7〕该界定概括了传统企业概念的主要特征。参见马跃进：《合作社的法律属性研究》，93页以下，北京，中国财政经济出版社，2008。

原则是谋求以最小投入而获得最大的产出。[8] 该概念已经注意到：投资人不仅为满足投资人的投资溢价，而且还可以满足社会公共需要，这就是当下企业应该聚焦的不以求得投资溢价为目的的新商人类型。与此界定相关联的《中日经济法律词典》直接将不追求利润为目的而经营公共财产和提供劳动的经济团体归于企业。[9] 应该说，该界定试图在营利企业之外，关注现代商人的社会属性，突出了新商人主要"不谋求投资溢价"的核心内涵。

随着企业目的之演化，学术研究展开了白热化的论战：其一，早期分配论者认为，企业是依一定的生产与经营方式将各种生产要素结合为一个整体的，以营利为目的的，从事生产、运输、销售或提供劳务或服务的社会组织体。[10] 该界定一方面列举了企业活动领域，另一方面又将基于投资者视角，以取得投资溢价作为新商人概念的核心要件。换句话说，经济组织由自身取得投资溢价来向成员分配利润，目的在于分配；[11]其二，营利论学者认为，企业是一种营利性的从事生产、流通或者服务的组织。[12] 该说从企业界域视角考察，并未特别提及投资者的营利目的。然而，营利本身不管作为目的还是手段，都是一种谋求持续的、反复的职业经济活动，其外延相对宽泛。由此看，此处所谓营利，即谋求利润。但该利润有可能向其成员分配，也有可能不向其成员分配或不能向其成员分配。因此，以营利性为要件将使得企业外延大为拓展。其三，目的论认为，以主观目的标准，企业有社会公共利益与社员共同利益的区分。该说不仅把私益的经济组织看成为企业，甚至还将具有公益性、互益性的经济组织也视为企业，企业外延进一步得到延伸。

如上探讨，作为一种"投资人的赚钱工具"，早期企业重心在于分配，因而企业活动领域主要囿于生产、销售与服务等最具投资价值的领域。这

---

〔8〕 从某种意义上说，这是一种经济法视角下的企业特征。《经济法》，上海社会科学院法学所编译，161页，北京，北京知识出版社，1982。

〔9〕 该界定反映了企业的进化特征。参见《中日经济法律词典》，55页，北京，中国展望出版社，1987。

〔10〕 赵旭东：《企业法律形态论》，8页以下，北京，中国方正出版社，1996；郑立、王益英：《企业法通论》，13页，北京，中国人民大学出版社，1996；漆多俊主编：《市场经济企业立法观——企业、市场、国家与法律》，1页，武汉，武汉大学出版社，2000。

〔11〕 江平主编：《法人制度论》，53页，北京，中国政法大学出版社，1994；赵中孚主编：《商法总论》，5页，北京，中国人民大学出版社，2001；梁慧星：《民法总论》，146页，北京，法律出版社，2001。

〔12〕 史际春：《企业和公司法》，347～349页，北京，中国人民大学出版社，2001；马跃进：《合作社的法律属性研究》，95页，北京，中国财政经济出版社，2008。

种分配论的必然结果就是企业客体化。这在意大利《民法典》第 2555 条之企业是企业主为企业的经营而组织的全部财产得到明证；与此类似的德国《民法典》第 823 条第 1 款规定侵害他人所有权或其他权利，应承担赔偿责任。而在民事侵权法中，企业经营权被视为物权的一部分，因此它与其他物权一样，受到民事法律规范的调整与规范。〔13〕 近代以来，随着社会经济发展，利益相关人的法律诉求也在遽增，企业主体化要求得以提升。这表现在法律对企业主体地位的确认，伴随着主体性地位的确立而需要承担更多社会责任。因此，法律重点便是从企业营利性分配上转向企业营利性的维持上，〔14〕也即，法律视角从投资者移向企业本身。如此一来，20 世纪末的企业主体化运动展示了一幅企业外延从先前的私人领域向非私人领域外溢的壮阔图景，如三农服务、公共服务与国民教育等。然而令学界感到焦虑的是，传统商事营利性理论并没有跟上时代的脚步。

（二）传统商事营利性理论难以容纳新商人的服务宗旨。社会经济的快速发展必然对既有社会组织形态提出强烈的变革诉求。〔15〕 原本政府执行国家法律，发挥管理社会职能，但随着政府功能职能的逐步规范，诸如合作社、经营性事业单位、民办事业单位以及公用企业等新商人通过辅助完成政府社会治理任务而逐步摆脱政府干预，直接从事商事经营。就现状看，这些新商人理应由商法调整，但在理论上并不能为传统商事营利性理论所接纳。

1. 作为政治宠儿的合作社与公权剥离而逐步进入市场，但转型性质存在争议。

首先，如何理解合作社之“服务”？资本主义社会是合作制度产生的根源。当合作事业发展之后，合作和竞争通过互补，进而最大限度地实现社会公平的目标。社会贫富分化的价值向导主要通过效率优先而实现的，但因此更需要公平价值对其再平衡。然而，无论我们从法人目的的角度看，还是从法人活动范围来看，抑或者是从不分配限制的角度看，合作社和把效率当作首要价值的营利性法人之间存在着质的区别。合作社多为农民基于互益而结合的经济组织，通过互助而实现其自我服务，以变革其不利地位。于是，合作社主要功能不在于为社员获取投资溢价，而是将利用服务提供给社员。事实上，已有很多国家规制了合作社的非营利性，如美

〔13〕 范健：《德国商法：传统框架与新规则》，123～124 页，北京，法律出版社，2003。

〔14〕 刘继峰：《企业社会责任内涵的扩展与协调》，载《法学评论》，2004(5)。

〔15〕 樊涛：《我国商主体法律制度的评判与重构》，载《法治论丛》，2006(5)。

国法通过成本经营的限制，极为委婉地、智慧地保障了合作社对社员利用服务；[16]而日本法则较为明确地规定了合作社必须最大限度为成员服务，果断排除了可能存在的营利动机。[17] 就此来看，域外把合作社纳入非营利法人的范畴是有一定的道理的。如《德国民法典》第21、22条明文规定，社团进一步又可以划分成营利社团和非营利社团。其中营利社团除在帝国法律没有特色的强调之外，经由国家的授予从而获得权利能力。授予权顺其自然就是由社团所在地的邦所有；而后者应登记于有管辖权的地方法院的社团登记簿而取得权利能力。[18] 再依德国《合作社法》第10条的规定，章程与理事会成员应登载于合作社所在地法院的合作社登记簿。[19] 依我国《农村信用合作社管理规定》第25条规定，信用合作社可以“办理存款、贷款、票据贴现、国内结算业务、办理个人储蓄业务、买卖政府债券”等。[20] 由此看，非营利性并不等同于不从事其他营利活动，恰恰相反的是，合作社依旧需得施行一定程度的营利性活动。这时，作为交易的一方当事人，如果对外，据交易外观论，与普通公司无丝毫差别；如果对内，所获得的利益需要对社员分红。就我国来说，从外因来看，鉴于三农任务，合作社法严格规制了合作社的活动领域：行业限制，仅为农业；地域限制，仅在农村；对象限制，仅向农民。这在很大程度上限制了法人利润的取得与分配。[21] 然而，从内在动机角度，严守非营利性是合作社自我“振兴”的自我抉择。

其次，合作社能否成为我国商人？这种质疑取决于合作社是什么，商人是什么，合作社是否属于商人？从规范意义上说，这些追问必然最终归结为立法对合作社法律性质的规制。如前章探讨，我国合作社立法极为混乱：依《关于深化供销合作社改革的决定》、《农村信用合作社管理规定》、《城市信用合作社管理办法》等规定，合作社为企业法人；依《城镇住宅合作社管理暂行办法》规定合作社为公益法人；《农民专业合作社法》则将合作社定性为互助性经济组织。据此，我国合作社有供销合作社、信用合作社、住宅合作社和专业合作社等四种类型。而这种类型化的个性差异与合作社作为一类民事主体的共性特征之间是何关系，质言之，有些合作社，如住宅合作社与其他经济合作组织差异巨大，是否应该进行类型化过滤，以

〔16〕 米新丽：《论农业合作社的法律性质》，载《法学论坛》，2005(1)。

〔17〕 日本《农业协同组合法》，昭和61年修正案。

〔18〕 《德国民法典》，杜景林、卢谌译，4～5页，北京，中国政法大学出版社，1999。

〔19〕 《德国合作社法》，1994年修订案。

〔20〕 中国人民银行《农村信用合作社管理规定》，1997年发布。

〔21〕 陈林：《关于合作社发展的理论反思和立法建议》，载《太平洋学报》，2006(10)。

求得合作社目的的最大公约数，那就是合作社商人。[22]

2. 基于政治经济因素，我国事业单位法人是有其特殊性。举例说明，山东省《关于推进事业单位改革的意见》就把事业单位法人经由社会职能划分之方法而划分成一系列类型，分别承担行政职能、从事公益服务和从事生产经营三种。据此，从事生产经营的事业单位，如出版社、体育馆、报社等都将转化为营利企业。对此，我们立法作出了积极回应，如《担保法》第9条明确规定，以公益为目的幼儿园、学校、医院等事业单位、社会团体不能作为保证人；最高人民法院《担保法解释》第16条规定从事经营活动的事业单位、社会团体为保证人的，相对有效。[23] 由此看，立法对传统企业概念外延作了有限扩张。但这种功能性的规定是否等于明确赋予企业营利性，值得思考，因为营利性标准确实是判断商人的重要特征。

3. 传统商事营利性理论难以支持民办事业单位的经营模式，法律地位陷于争议之中。我国民办事业单位的法律性质随经济发展而处于不断变动之中。在计划经济时代，民办事业单位是一个新鲜事物，一般作为纯粹的事业单位来看待，因而属于慈善法人；当转型变为市场经济之后，嵌入了较多的经济调节机制的民办事业单位，其法律性质变得含混不清，经常游弋于企业、社会团体与事业单位之间。若以企业论，民办高校师生可能会受到一定的制度歧视，典型的是，很多民办高校教师社会保险均按企业缴纳，学校也无法享受财税支持。当下对民办事业单位仍然在企业框架内进行制度安排。如国家税务总局将其明确定位为小微企业，税收优惠也就能被小微企业所获取。我国税法规定，20%的税率优惠仅为满足相关条件的小微企业所享有。其中，条件都能满足的小微企业，则指专门从事于国家非禁止和限制的行业，且满足有关条件的企业。[24] 实际上，原为事业

---

〔22〕 我国《民法通则》第3章按组织外观（法人功能、设立方法以及财产来源）差异，把法人分为企业法人、机关法人、事业单位法人和社会团体法人等四类。为此，有学者认为，上述模糊认识是因我国现有法人制度规定缺陷所致（张国平：《合作社的法人类型和经济属性》，载《江海学刊》，2007(5)）。然而，本书认为，我国立法者对合作社商人法律性质的认识模糊并非因受我国法人分类缺陷所致，相反，而应归因于合作社商人的实践发展超越于立法者的有限理性之缘故。因本书篇幅所限，此不赘述。

〔23〕 《最高人民法院关于适用〈中华人民共和国担保法〉若干问题的解释》，2000年12月施行。

〔24〕 实践中，民办事业单位与小微企业在企业性质方面具有诸多同质性。工业企业，年度应纳税所得额不超过30万元，从业人数不超过100人，资产总额不超过3000万元；其他企业，年度应纳税所得额不超过30万元，从业人数不超过80人，资产总额不超过1000万元。就此来说，民办非营利性质的事业单位符合小型微利企业条件的，其经营收入可以申请享受小型微利企业所得税优惠。参见何雨欣、侯雪静：《民办非营利事业单位可享税收优惠》，载《证券时报》，2012-02-11。

性的科、教、文、卫、体等单位很多已经转型为营利企业。疑惑的是，诸如此转型到底是营利内涵的扩展，还是营利标准的异化？以上质疑在特定的传统的商事营利性理论语境下并不能得到有效解释。

4. 公用企业能否成为商人？随着公民道德素质的提升与主体意识的增强，人们对诸如城市公交业、建设业以及煤电业等日常需求愈加频繁，这些企业逐步发展成为公用企业。[25] 但是，公用企业只是在功能上含有些许公益元素，但整个结构尚不足以作为公益法人看待。公用企业法律性质的公益性只是表明，其目的具有外部性，更多的是国家外在的强制赋予，如我国现实常见的摊派、指派等；而公益法人中的公益则是内部性的，即，公益法人并非为了成员利益（或者在绝大多下并无成员），而是为了迎合除成员以外的公共利益。对此来论，谋求社会利益是公用企业的目的，而其最终目的并不是为了追求社员利益最大化。谈及到这里，传统营利性标准是否可以沿用？

总而言之，新商人经过功能转型而陆续进入市场，这种新变化却是传统营利性理论难以立脚的。在实践中，下面两方面会突显该理论：其一，根据传统商事营利性理论，企业只是作为投资人取得投资溢价的道具而已，利益相关人利益将无从保障。其二，因传统商事营利性的理论惰性，很难兼容新商人。而新商人只是在利益功能上向前发展，本身并没有异化公司等传统商人，因而这种自身法律性质的局限性无法得到现行商事法及其理论的认同，使其经营过程处于灰色地带。如果新商人被看成为一般商人，必然陷于市场竞争劣位；而如果新商人被看成为慈善组织，又会阻碍其已经存在的经营行为，而这种可怜的财政税费支持又会伤及到一般商人的公平权利。所有这些利弊都可从我国商人立法的冲突中获得充分的展示。

二、现代商事营利性理论的功能

商人外延与传统商事营利性理论内涵均存在适度拓展问题。这种拓展表现为内容与形式的关系。从现实看，内容惯常突破形式，从而被突破的形式又能够迫使内容进行扩张。相反，传统商事营利性理论因其本身结构而产生的路径依赖，妨碍甚至禁锢了新商人的存续。正因为如此，本书试图研究出一种与实际相恰的现代商事营利性理论来阐释与建构所有商人的发展。为此，以下问题有待解决：何以认真对待现代商事营利性理

---

〔25〕 甘培忠：《企业与公司法学》，7 页，北京，北京大学出版社，2001。

论？在所有商人体系中，新论何以作为？这种功能发挥又怎样进行保障？

（一）现代商事营利性理论之建构。其一，与传统商事营利性理论比，现代商事营利性理论必须能够兼容以至于推进所有商人的存续。从大的背景看，传统商人存在着这样的一个变动过程，就是从商人为投资者获取较高溢价而成为的“工具理性”，直至成为为服务于利益相关者的“价值理性”的转型，也即，企业由客体升级到主体。与此关联的是，新商人的法律地位也正是由政府附属至法人独立、由慈善法人至互益法人的更迭过程。毫不夸张地说，这种凤凰涅槃是一种法律主体的诉求，更是一种商事领域的革命性行动。依据本书观点，传统商事营利性理论的核心内容就是商人谋取投资利益进而再将利益分配于各个成员。该观点的出台背景正是如何解决以上关于“转型”与“行动”的问题。从方法上说，破与立代表着两种截然不同的学术路径。所谓破，指先前理论因背离现实，新的理论取而代之；所谓立，则指人们对先前理论已经认同，甚至形成了严重的路径依赖，但在表述上却模棱两可，也可以说是模糊。但实践的不断发展，这种理论已然与实际相脱离。由此，合理性解释就是鉴于实际需要而由后者理论对前者理论的一种必要解释，甚至重构。换句话说，就是常言中的“旧壶新酒”，本书更倾向于后者。但鉴于法学理论的自洽性和学者形成的固定思维，一种理论一旦生成，人们更习惯于习得乃至接受内化，而回避对早前具有说服力的理论的质疑，更别谈去构建新的理论体系了。基于此，对传统理论进行扩张解释是我们更愿意去做的。这样可以稳定规则的威信和安全，同时也能够坚守理论对现实的附随性与统制性。基于上述分析，我们有必要对商人、第一利益、第二利益、成员等四个正在变动中的关键词加以重新探讨：其一，商人。传统上，该词主要包含独资、合伙与公司等传统商人，考虑到我国现状，还包含合作社、经营性事业单位、民办事业单位以及公用企业等新商人；[26]其二，第一个利益。本书观点认为，此利益，就是指资本。资本在经济学中的意义，就是指用于生产的基本生产要素，包含着资金、设备、材料以及厂房等物质资源，商品的生产和收入的累积和财务源泉都离不开它们；资本在金融学和会计学中一般象征着金融财富，旨在生产、销售领域发挥作用的金融资产。我们如果放开思路再延伸下，由人们

---

〔26〕　日本与我国台湾地区采取广义法人概念。依商事组织法理论，企业法人人格与其成员承担责任的形式之间并无必然联系。如日本《中小企业等合作社法》第4条与我国台湾地区“合作社法”第2条均规定：“合作社为法人。”在这种法人制度下，法律同时规定了社员的有限责任、保证责任与无限责任等责任形式。这说明，在广义法人下，法律仅强调法人民事权利能力与行为能力的独立性，其责任是否独立，在所不问。

创造的物质、精神以及制度财富的总和也可称作为资本，即物质资本、精神资本和制度资本。其三，第二个利益。该词原本仅指价值，还可以进行扩展解释为使用价值。传统理论上的价值即指投资溢价；但是使用价值更加侧重于服务利益，为他人做事且能够使他人从中获得利益的有偿行为。简明的说，服务就是帮他人做事，满足他人的需求。其四，成员。也就是商人的组成人员。传统商事营利性理论认为，商人成员即出资人。然而这种界定无法包括商人组织的职工、债权人以及其所在社区居民等利益相关者。因此，本书观点认为，职工、债权人和利益相关人都应该通过延伸而成为现代商事营利性理论中的成员。

需要更深层次强调的是，前述现代商事营利性理论的扩展解释或许远远超乎学者本意，这种超越为理论构建提供了极大的弹性空间，也为理论再解释提供了最大可能性，因为现实发展一日千里，我们有时甚至稍一触及又飞速地奔腾到“千里之外”。为此，我们可能使用的学术策略就是，对于那种已经脱离实践背书的理论解说，我们或者丢弃先前界定，或者恪守既有理论形式，采取“旧瓶装新酒”。实际上，本书无力无意抛弃经典理论，而只是想用既有理论对其进行解释和建构，仅此而已。

（二）现代商事营利性理论与商人之相恰性。商人、利益与成员等传统理论中的关键词被现代商事营利性理论加以变更与扩展，以与所有商人相契合。但是，该论在传统商人与新商人中的功能却相去甚远。

一则，在传统商人方面。如上文所讨论，利益相关人归属于现代商事营利性之中。依照传统商事营利性理论，商人只需向投资人分配投资溢价，从而达到投资人投资最大化的目的。从投资人角度看，这是一种效率中心主义，利益相关人的公平权利被制度性屏蔽，其结果可能会引发环境污染破坏、劳资纠纷频繁、债权人利益无法保障等法律问题。作为一种公平主张，现代商事营利性理论在支持投资人的基础上，将视角与焦点转向利益相关人。因为利益相关人涉及社会不特定的多数人，因而为了利益相关人就是使商人着眼于远期目标与可持续发展，同时也会有效矫正商人经营中的监督激励成本与机会主义倾向，特别地，最大限度地降低交易、信息不对称成本是利益相关人必须考量的，也可以对供应商、客户合作关系的建构起到稳定作用，从而提高商人的核心竞争力。这就是为什么传统商人难以开出的一张理论清单。

然而，依赖权力支持与公平诉求作为基石的利益相关人理论并非完美无瑕：其一，传统商人理论认为，商人的目的就是为了实现出资人利益最大化。商人目标因利益相关人理论的出台而变得含糊不清，商人不仅仅需要照顾到出资人利益，且尚需关照社会和政治上的责任。如此一来，商人就很可能被沦为“企业办社会”的状态。这种曾经的国有企业的历史教训想必我们那个时代来的人都会历历在目、触目惊心。作为一种反思，如果利益相关人理论被实践乃至立法教条性地接受，扩大对商人行动限制，从而使商人披上无形的公益面纱。其结果，商人历经沧桑所争取的法律主体地位可能会如海市蜃楼、镜花水月。例如，商人若为了股东投资溢价最大化，是否会忽视其所应该承担的社会责任；若过分地聚焦社会责任，可能又会伤害投资人，弱化自身竞争力，进而导致存续维艰。其二，利益相关者的边界过于宽泛。利益相关人的法律边界到底在哪里？学界早已对利益相关人的界定及其类型化方面作了大量研究。应该说，这些研究很多还处于一般认知与理论假说阶段。正因为如此，立法在利益相关人的优先权乃至主体排序方面捉襟见肘。其三，利益相关人理论何以解释相关法律实践是一个值得研究的疑难问题。应该说，我国学者已经对利益相关人的法律规制可行性作了系统研究。但遗憾的是，利益相关人的理论本身存在严重缺陷而难以付诸实践，最为典型的是，该论所涉利益相关人的变动过于繁杂，试图在企业与利益相关人作出权利划界几乎落空。利益相关人参与商人治理更是纸上谈兵。

基于以上分析，利益相关人的自身缺陷，是商人外延所生成的意料之中的附属产品。为此，在解释与建构利益相关人法则时，现代商事营利性理论是我们必须认真对待的。

二则，在新商人方面。现代学说较传统商事营利性有着更广阔的弹性空间，主要在以下方面得以体现：

1. 有助于建构商人体系。传统商事营利性理论因内涵过于狭窄而很难覆盖诸如合作社、经营性事业单位、民办事业单位以及公用企业等新商人，更难纳入商法规制：其一，合作社商人作为一个极为重要的商人类型，但代表着我国法学会商法最高水平的商法年会很少论及（仅在2006年作一般介绍）。应该说，这是商法界的华山论剑，代表着商法学的研究方向与大致范畴。既有国家社科所涉合作社，也多归于农业管理或者行政学、政治学居多。其二，从学科分类看，新商人大多被归于经济法调整，所以，我们商法教科书几乎找不到新商人的任何蛛丝马迹。其三，我国商法学者与商法老师作商法学术报告或者课堂上也在有意无意回避新商人话题。其四，我国统一组织的司法考试因为立法失范与理论缺陷也将新商人排除在考试范围之外。要肯定的是，现代商事营利性理论是在传统理论的基础上拓展建构的，它能够完全覆盖新商人所有类型，因此，我们有理由相信不远将来新商人借由学术研究的深入而遁入商法学畛域，进而被写入商法教科书之中，并最终纳入司法考试内容，以在法律学人中得到普遍认同。作为一种经验性的借鉴，域外早将合作社等规定为商人，如《德国合作社法》直接把合作社规定成为商业法上的商人；〔27〕《日本中小企业等协同组合法》以立法宗旨温和平顺地把合作社规定成小企业，以此来取得商人法律地位。〔28〕

2. 有利于反垄断豁免与国家财税减免政策的制定与实施。与传统精英主义倾向不同的是，现代商营利性理论更多关注社会弱势群体、提供社会服务需求，因而，与该理论相恰的新商人正好可以提供公共产品并迎合国家产业扶持政策，顺理成章地接受到政府财税减免、融资优惠、经营自由保护甚至于反垄断豁免等系统关照。

3. 有益于满足民法商法化的要求。民法商法化是一种社会发展趋势，也是学界有待认真研究的重要课题。据本书有限检索，民法商法化具有两重性：其一，商事交易实践与商事理念或制度为民法所吸纳，如民法吸收动产善意取得制度即为明证。其二，原来归属于民事制度或民事法律关系，后因商事实践发展而被归于商法领域，如个人独资企业制度与小商人制度。值得说明的是，该论无意于将商法回归传统民法规制，而只是力促彼此融合。〔29〕 在这种融合架构中，法人制度就是最典型的民事主体商法化实例。民事主体商法化的进程是自然依序生成的：早期加入商法化进程的有独资企业、合伙企业和公司法人，而合作社、经营性事业单位、民办事业单位以及公用企业等只是在商法化进程中步其后尘的。

（三）现代商事营利性理论的有效性问题。如前探讨，现代商事营利性理论对所有商人都起到了证成作用。然而改种证成作用之所以能够发生实效，本书认为，这主要得益于以下三方面的扩张，从而产生相应的法律效果。

（1）从目的到手段。这种扩张是观念性的。合作社商人是否属于企业法人早已形成针锋相对的两个不同阵营：其一是企业法人说始终认为，无论企业的目的是否为了获取投资溢价，但如其从事生产、销售或服务等商事行为，均可作为企业法人看待，故而合作社商人应归属于企业法人的范畴。〔30〕 其二则是非企业法人说审慎地认为，因为赚取投资溢价是企业

---

〔27〕《德国合作社法》第 17 条第 2 项。

〔28〕《日本中小企业等协同组合法》第 1 条。

〔29〕郑玉波：《民法总则》，34 页，台北，三民书局，1995。

〔30〕马跃进：《合作社的法律属性研究》，94 页，北京，中国财政经济出版社，2008。

法人的目的，而合作社商人并非完全契合该界定，因而应该归于非企业法人范畴。[34]上述论战可能囿于对企业定义的外延能否扩张，以及扩张限度的可能性等两个核心问题。合作社商人的目的绝非使社员投资溢价达到分配最大化，也绝非为了满足不特定多数人的第三人利益，而仅是为了借由公平性的分配机制来服务社员，从而间接地实现三农任务。这种分析的规范依据主要体现为：其一，合作社商人行为必须受制于三农目标。当然，这种约束是以国家产业政策支持作为对价的，本质上是一种契约性安排。其二，合作社利润分配的限制。合作社商人能印制股票，入股者仅可凭借法人发行的记名式股金证书作为其所有权凭证和分红依据，且能够进行破产、解散的程序。据此，合作社商人在规范上已经限定了不分配原则，且合作社商人在一定条件下可以对其社员进行投资溢价的分配，在破产、解散时，社员也可以行使剩余索取权。值得说明的是，这种突破只有在特定条件下才会发生，一般情况下，社员是很少能够取得投资溢价最大化的。其三，合作社只能取得极为有限的财税支持。依相关规定，我国合作社商人只有符合特定条件，才能享受相应的财税减免、亏损弥补与呆账核销等优惠政策支持。[35]究其原因，这完全得益于合作社商人的营利手段性之缘故，目的是弱化财税支出。同时，非营利手段性并不代表着不进行任何营利性行为，与之相反的是，合作社商人为求得存续，必须持续地、反复地进行大量的营利性行为。特别的是，合作社商人和非社员之间交易时无疑在从事以求得溢价为目的的商事行为。在此情况下，从交易外观看，合作社商人和普通公司不存在差别，两者都必须要遵守一切交易法则。差异之处仅仅是，合作社商人的最终目的并不是为了获取投资溢价，若存在溢价也并不仅仅为了向社员分红，而仅是为了达到其目的而使用的一种手段而已。[31]

（2）从投资人到利益相关人。这是内涵上的一种拓展。从功能上说，这种扩张的最大意义在于其有效践行了现代商事营利性理论：其一，这种拓展可以强化法人治理结构。研究发现，凡是以利益相关人为主导的商人运行模式，无论该国法人治理结构属于英美模式，还是德日模式，抑或我国的折中模式，商人一定较投资人中心主义会经营得更好，其投资溢价也会比只以投资人为主导的商人获得的投资溢价更高。因此，利益相关人主义可以对商人存续乃至利益增量带来巨大的影响，即便利益相关人对商人投入的资本不清晰、很少、甚至没有。[32]　其二，此类扩张能够带来社会公平

〔31〕　米新丽：《论农业合作社的法律性质》，载《法学论坛》，2005(1)。
〔32〕　杨蕊瑜：《公司的利益相关者治理》，载《时代金融》，2010(5)。

的量的增加。实际上,就本书看来,商人就是由投资人、债权人、员工等基于各自需求所结成的“契约锁”。在这条法锁链上,各方均向商人注入了一定的货币、实物或知识产权,甚至人力资本,并据此各自要素投入,从而对商人治理权进行分享。如果商人想要追逐远期而不是短期投资溢价的最大化,那么,社会经济效果是一定可以被合法地归入到商人溢价之中的。[33] 这种利益相关人参与商人治理的范式也许可以最大限度地有效克服传统投资人中心主义下的单边治理痼疾,并借由各利益相关人的远期期待激励而趋近社会公平;也可通过建构商人内部制衡机制来降低代理费用;更可依据培养商人与其利益相关人之间的信任关系而节约交易成本。[34] 其三,基于确定性,此类拓展并不是无限扩张的,一般情况下得划定必要的界限。事实上,利益相关人加入商人治理中对落实企业社会责任能够起到什么程度的效果,仍然难以数据说话,不仅如此,利益相关人参与商人治理有冲犯商人私域之虞。这无疑存在挑战商人自治制度的法律风险。智慧警句“我思,故我在”是法国著名哲学家笛卡尔全部认识论哲学的出发点,也是其“普遍怀疑”的归属地。他从这一点入手论证了人类知识的合法性。这就启示我们,当商人思考利益相关人主义之利弊时,可能多在被动实践着“他思,故他在”。但这种质疑乃至解构是否会减损商人及其投资人创造财富的激昂之情,的确是一个有待求证和探求的严肃法律问题。因此,利益相关人主义并非包治百病。

(3) 从传统商人到新商人。这是一种形式拓展。从传统商人到新商人拓展的本质就是营利内涵的外溢。这种外溢表现为,商人从原初的独资、合伙、公司,一直拓展至现在的合作社、公用企业、民办事业单位和经营性事业单位。应该说,这是一条被普遍认同并被公众践行的市场逻辑。如前章探讨,有学者研究发现,作为新商人的代表,我国合作社商人的法律性质主要历经三次转型。早期合作社商人主要为社员服务最大化,中期兼顾社员的服务和营利,而近期则转向社员投资营利最大化。[35] 之所以存在这三个转型,本书认为,这是因为社会经济快速发展驱使合作社商人必须作出相应的回应。早期合作社商人生存于社会整体贫困的计划经济环境下,中期又陷于“效率优先,兼顾公平”的政策背景,整个社会贫富悬殊,垄

〔33〕 Robert W. Hamilton, The Law of Corporation, West Group, 5th edition, 2000.

〔34〕 彭真明、江华:《论利益相关者理论与我国公司治理结构的完善》,载《甘肃政法学院学报》,2007(1)。

〔35〕 黄少安:《合作经济的一般规律与我国供销社改革》,载《中国农村经济》,1988(7)。

断盛行，而近期合作社商人应与“公平优先，兼顾效率”产业政策呈现正相关，整个社会贫富均衡，市场力促有效竞争。实际上，我国当下社会贫富悬殊，市场垄断仍然猖獗，合作社商人依旧生存于中期制度环境之下。严格来说，合作社商人与近期环境下的公司相比，合作社勉强可以纳入新商人范畴。

总而言之，现代商事营利性理论对实践乃至立法的意义有赖于由目的至手段、由投资人至利益相关人、由传统商人至新商人等三方面的制度拓展。而这里的拓展并不能够等于转化或转型。拓展的核心在于遵循传承的基础上的向外扩张，是一种量化的积累；而转化或转型实质是对传统的解离，其实是一种质变后而构建的新的法秩序。

三、现代商事营利性理论的重构

现代商事营利性理论是在遵守传统的基础上的向外延伸。而如何遵守传统又能够超越传统，这关乎现代商事营利性理论构建的法律问题。本书认为，既然是理论建构，必然涉及诸如理论构成所依赖的适用条件、边界与价值等方面。

（一）关于内在条件方面。商人体系具有守成与突围的特性，为此，商人制度所在的商事法律关系也会保持着类似特性。商人制度的设计既要谨慎坚持守成，也要俟机及时突围。[36] 换句话说，传统商事营利性理论既有架构需要尊重，但当条件变化时，理论突围也是必要的。为此，在守成与突围之间，我们才能明确现代商事营利性理论的适用条件：其一，传统商人之主体化。把传统商人——企业当成一个主体去对待，丢掉之前将企业作为客体物，撇掉投资人只是把企业当成赚钱工具的偏见。企业在为投资人创造溢价的同时，还要考虑到职工、政府、消费者等利益相关人。其二，新商人之独立化。新商人在挣脱公权羁绊上可谓步履维艰，作为一种去强制后的经营自由更为弥足珍贵。因此，新商人融入市场后主张经营自主，为独立而奔走相告的欲望更强烈。其三，营利内涵扩张。现代商事理论将营利界定为求得投资溢价，突破了目的与手段的二元论，摆脱了传统理论的动机纠结。这大大纠正了传统弊端。

需要强调的是，唯有在满足上述三点前提下也才能论及现代商事营利性理论，并作为甄别营利性的低位标准，而恰恰相反的是传统商事营利性

---

〔36〕 马建兵、任尔昕：《构建我国商事主体法律制度的理念：保守与超越》，《中国商法年刊》，159 页，北京，北京大学出版社，2007。

却是审查辨别营利性内涵的高位要件。

（二）关于适用边界方面。依据现代商事营利性理论，本书试图归纳出我国商人谱系，以作为理论适用边界：独资（个人独资、城市个体工商户和农村承包经营户等等）——合伙（普通合伙和有限合伙等等）——公司（股份公司和有限公司）——经营性事业单位（国有电影制片厂、出版社、报社和体育馆等等）——民办事业单位（民办学校、培训机构，等等）——合作社（生产合作社，销售合作社、服务合作社，等等）。其中，前三者被认为是传统商人，后三者为新商人，而最后的合作社商人则为本书研究的核心对象。参见下图：

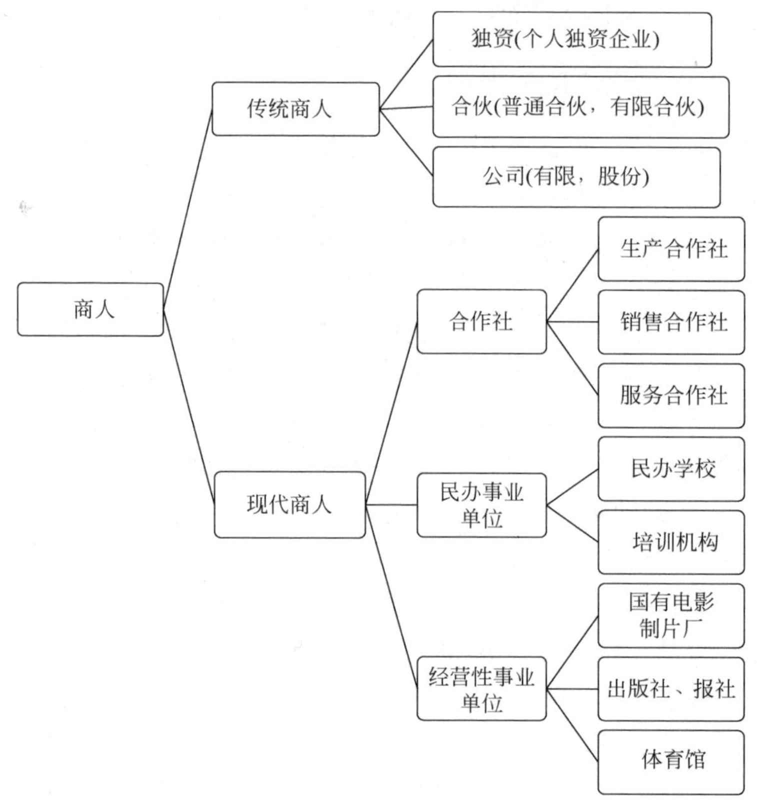

（三）关于核心价值方面。法学理论绝非只是束之高阁，而是为了解决现实问题。现代商事营利性理论本身需要内在的要件构成，也需要外在适用边界，更需要在常态意义下理论本身的核心价值。这种核心价值是现代商事营利性理论自身的质的规定性，是该概念区别于他概念的标签。为此，本书有必要对现代商事营利性理论的几个核心价值进行阐明解释。

1. 现代商事营利性理论突破了营利法人与非营利法人的二元划分。

非营利法人与营利法人之间具有内在的不可调和的紧张关系。换句话说，凡是营利法人范畴之外，就该归于非营利法人，反之亦然。为此，我们由设计与划定非营利法人与营利法人边界，便可解决限制非营利法人拓展的问题。具言之，其一，社会经济发展到一定程度必然对非营利法人有着迥乎以前的强烈需要。而这种需要通常内嵌于社会公共利益之中，因而对非营利法人本身有着特殊的伦理要求，甚至对其业务类型都作出特殊的制度安排；而营利法人只是为了满足商业社会的商品需要，法律借由投资溢价激励来最大限度地赋予其经营自由与业务选择的可能性。其二，尽管本书业已将非营利法人作了己所能及的概括描述，但实际上，无论理论还是立法试图对非营利法人作准确界定都将是一件极为困难的事情，为此，在抽象概念下进行诸如分配机制等方式方法的尝试不失为一种权宜之计。依据分配论，商人营利，也即，求得投资溢价旨在向社员分配盈余。[37] 该营利仅指以营利为目的，追求社员投资溢价最大化。[38] 值得说明的是，该判断可从我国公司法关于股东权利的相关规制中得出颇有启发性的阐释。其三，一般来说，非营利法人与社会公共利益或社员互易密切相关，而这种相关恰恰迎合着国家的政策目标。因此，非营利法人得到国家财税政策支持与反垄断豁免必须恪守诸如三农任务等责任，以换得契约对价；非营利法人如违反契约对价必然会陷于财税支持不能等法律后果。[39] 从某种意义说，营利法人是一种自然的社会存在，也就顺理成章的负有一定的社会责任，这种社会责任主要来自于其自身优势而对弱小群体的一种法律负担和道德义务。然而营利法人违反道德义务与法律负担主要接受法律制裁，而非契约责任。

如上探讨，传统营利性理论仅仅适用于营利法人畛域，其对新商人则无能为力；至于非营利法人何以证成，尚待启动一种新的理论来加以阐释。

2. 现代商事营利性理论主要依赖非营利法人的外延拓展来实现。如上所言，非营利法人的确是一个极为繁杂而又捉摸不透的概念。类似企业

---

〔37〕 江平主编：《法人制度论》，53 页，北京，中国政法大学出版社，1994；赵中孚主编：《商法总论》，5 页，北京，中国人民大学出版社，2001；梁慧星：《民法总论》，146 页，北京，法律出版社，2001。

〔38〕 值得说明的是，这里主要针对合作社商人而言。参见张则尧：《比较合作社法》，36 页，台湾地区，中国合作文化协社 1943 年印行。

〔39〕 美国农村信用社的商业化非常明显，这有违国家对其非营利性的政策定位，同时也给其带来了税收减免等麻烦。尽管联邦以及州信用社协会多次成功地阻止了征税企图，但其威胁仍然延存至今。参见史纪良：《美国信用合作社管理》，14 页，北京，中国金融出版社，2000。

外延扩张，域外立法一般采取三种方法对其加以规制：其一，领域分配限制论。该方法主要凭借领域、分配等两种限制来达到立法目的：一是领域限制。该方法借由在空间上约束非营利法人的经营领域，依此来实现限制其“唯利是图”，从而才会使社员利益分配最大化的目的难以达到；二是分配限制。该方法的核心在于一般地遏制社员利益分配，却又例外地采用依据成员交易量、交易额，或者成本进行分配，而不按照资本量进行分配。但是从发展轨迹来看，非营利法人由一开始的不准分配至约束分配，其规制制约更加的趋于宽松，分配方案逐渐呈现出多元化。其二，用立法之对策来让非营利法人欣然接纳外在之政策。这种方法存在着一个从无到有的演变过程。譬如早期美国加州法就直接规定非营利法人不可以以获得利润或金钱为目标，但后来转变成可以为其他合法目的（1931 年美国加州民事典第 593 条），固然此合法目的也是被限缩于宗教、慈善、社会、教育或公益等领域之内。因此，法治文明的逐步迈进，非营利法人从以前追求去投资溢价之事实到恪守合法之转换。[40] 固然，非营利法人有着很多缺陷，所以，非营利法人的目的即使不获取金钱利润也并不一定满足该国的政策目标。其三，规制非营利法人的行业活动。如美国 1955 年有 26 个州的法律对非营利法人的行业作出限制性规定。[41] 但是，这种从属关系所得到的后果即是非营利法人与营利法人的交集越来越多，二者区分的难度进一步加大。

由此可见，从技术层面讲，非营利法人可以用多种方法加以描述、阐释乃至功能性地建构，但若将其统合在传统营利性理论框架之下，似乎痴人说梦，原因即在于传统理论本身已经式微，而有待于新的理论阐明解释。

3. 现代商事营利性理论可以对互益法人与公益法人进行有效的法律

〔40〕 从非营利法人类型看，民办事业单位与合作社商人等组织均为现代商人。参见齐红：《单位体制下的民办非营利法人——兼谈我国法人分类》，44 页，北京，中国政法大学博士学位论文，2003。

〔41〕 美国各州法所列举的非营利法人活动领域有所不同，但基本包括慈善、社会、娱乐、贸易和职业、教育、文化、民俗、宗教和科学等 9 大类；日本《特定非营利活动促进法》（1998 年第 7 号法律）第 2 条第 1 款规定：“特定非营利活动，是指附录中列明的以促进多数不特定人的利益为目的的活动。”在附录中，该法具体列举了“促进健康、医疗或者福利事业活动；促进社区发展的活动等 12 类应该规制的领域”。从立法动机看，法律规制的意义仅在于赋予非营利组织以法人资格，而非仅有法规列举的领域才能从事非营利事业。这也从另一方面表明了立法者往往将那些有价值的或值得鼓励的事业确定为非营利法人的活动领域，进而促进其快速发展。但遗憾的是，这种法律推进的后果却使得非营利法人在很多方面已经突破自身限制，而向营利法人发展。如基于立法政策之考量，美国消费合作社可以直接向其成员分配收益，但却隶属于非营利法人。参见金锦萍、葛云松：《外国非营利组织法译汇》，325 ~ 326、78 页，北京，北京大学出版社 2006 年版。

边界划定。作为一种非营利法人,互益法人具有组织性、民间性、非营利性、自治性和自愿性等性质。[42] 无论何种非营利法人都具有该共性。互益法人存在着明显的有别于公益法人的特性:其一,互益法人的服务对象具有闭塞性。(1)互益法人仅仅反映法人本身利益。即,它只是追求法人利益,限定于某个地区的某个行业、某个专业、某一人群的益处;而公益法人却象征着非特定的多数人的利益,即"法益"自身就有待定性。所以,换个角度来看,此类非特定多数人都可以无排他地占据和花耗公益法人的服务以及益处,拥有着开放性这一特征。括而言之,公益法人所禁止的,也就是互益法人存在乃至发展的必备条件。但拿公益法人来说,并不可以因互益法人是自利性法人这一理由,从而认定它的存在会对社会没有用处以及没有价值;反之,正由于其自利性才能够使之拥有着如此之大的社会价值,也就是说,社会由各个行业所组成,各行业把自己整顿好,社会整体也会大步向前。[43] (2)互益法人仅仅能够反映出社员利益。互益法人理应突出其社员利益,就是说,对外全权代表的是社员利益,而对内能够代理成员利益向好发展。也可以如此描述,一切互益法人全不直接服务于社会,大都都是通过对社员进行间接地服务,从而作用于社会;而公益法人的类型侧重于财团法人,自身并无组织成员;纵然是社团法人,缘于它的设立目的仅仅是为社会提供服务,因而,公益法人存在着为成员利益服务不能或不能服务之情形。其二,人合性。互益法人的组成人员参加到法人事务里时,总体上是听从于"人头主义",资本是通过人头而得以确定。纵然有的组成人员提交了大部分的法人资产,也不能够违背"资本多数决"原则,从而奉承其所享有的权利大于其他组成人员的权利。显而易见,这和没有团体成员的公益法人两者之间存在着质的区别。其三,营利手段性。非营利法人在有营利性上有一定的弹力空间。在这个空间内,其可以为纯公益性的,如依赖捐献而存续的捐献法人,其没有进行一切关于营利性的活动,也没有进行任何的营利手段性活动;当然,也能够为营利手段性的,即不以求得投资溢价为目的,但可借由投资溢价方式求得自我发展,如互益法人。这种营利手段意义上的互益法人有如下特性:其一,在形式上,互益法人能够向其组成人员分配投资溢价,在法人终止之时,互益法人的组成

〔42〕［美］莱斯特·塞拉蒙等:《全球公民社会——非营利部门视界》,贾西津、魏玉等译,33～35页,北京,社会科学文献出版社,2002。

〔43〕范丽珠主编:《全球化下的社会变迁与非政府组织》,148页,上海,上海人民出版社,2003。

人员也可以行使其剩余索取权。如美国《非营利法人示范法(1987 年)》第 13.02 条明确规定互益法人在正常经营中可以向其成员授权分配溢价。[44] 以制度初衷论,一国法律对互益法人利润分配的规制多数实行诸如明确目标、民主治理、活动范围、分配办法(依据交易比例和交易额)等限制。从性质看,这些限制是一种间接控制方式,也即,借由这种方式,互益法人组成人员很难实现资本直接分配。但是,公益法人就大不相同了,它不仅要求以公共利益这一要素作为其积极性要件,还要求把利益不分配给组成人员这一要素作为其消极性要件。这种消极性要件有两种,分配不能和不能分配。在分配不能的形式下,因公益法人大多属于财团法人,没有组织成员的存在,故其即使实行营利手段也无法进行;而在不能分配情形下,法律严格制约向其组成人员分配利益。该制约或许发生在公益法人经营过程中的利益分配禁止,也可能出现在公益法人终止时,依近似原则,其只能将法人财产转让给其他具有同质性的公益性法人。[45] 我国《社会团体登记管理条例》第 4 条第 2 款不准社会团体进行营利性营业活动。[46] 按照本书主张,这种营利性就是指“以营利为目的”。和这相类似的是,美国 1987 年《非营利法人示范法》第 14 条第 6 款清楚地规定:“法人是公益或宗教法人的并且章程或者章程细则无解散后财产分配的规定的,服从于任何合同或法人的要求,向下列人转让财产:《国内税收法典》第 501 条第三款第三项规定的一个或者数个以上的人;被解散的法人未被规定于《国内税收法典》第 501 条第三款第三项规定的,一个或者数个以上的公益或宗教法人”。[47] 据此,在形式上,互益法人只被轻度限制分配。真正严格意义上的限制主要指公益法人。其二,从法律支持的角度看,互益法人和公益法人对税收减免方面的享用程度截然不同。互益法人践行着一定程度的社会责任,但是它的目的是服务于法人成员,而非整个社会。从利益分配安排上看,政府如果对其进行大幅减税免税,定会增加繁重的财政负担,故而,互益法人只能享受一定限度的税收优惠待遇。这是符合法理的。基于该法理,域外法律很多规制系列有限的优惠政策来支持合作社发展。在税收方面,在不损于其他纳税主体的副业交易的情况下,德国合作社可享受免税待遇。美国农业合作社税率优惠达到工商企业平均的 1/3 左右。

---

〔44〕 金锦萍、葛云松主编:《外国非营利组织法译汇》,53 页,北京,北京大学出版社,2006。

〔45〕 金锦萍、葛云松主编:《外国非营利组织法译汇》,44 页,北京,北京大学出版社,2006。

〔46〕《社会团体登记管理条例》,1998 年施行。

〔47〕 金锦萍、葛云松主编:《外国非营利组织法译汇》,56 页,北京,北京大学出版社,2006。

而日本法律对互益法人所作出的所得税安排更为优惠，如一般公司为62%，而农协只有35.7%。加拿大所得税法记载着，唯有合作社社员的惠顾返还金才可以不纳税；合作社仅在成立之初的3年内能够免税。其次，信贷来源支持。在法国，合作社项目只有切合国家发展和政府计划才能够拥有优惠利率。意大利非合作社贷款利率需要达到15%～20%，而合作社亦需要达到4%～5%。再次，通过直接的财政补贴。德国合作社取得财政补贴并非一次到位，而是第1年补贴费用为总额的60%，第2年40%，第3年20%；日本农协项目如果能够通过政府审批，就会得到政府直接供应的50%投资额度。很多国家还对合作社购买的各种生产资料给予不同的价格补贴，并直接通过合作组织以低价卖给农民。由此看出，域外税法对互益法人往往实行较为弱化的税式支出方式，以限制减免税范围。〔48〕唯一不同之处在于，公益法人由于负担了许多社会救济并履行了社会福利等社会责任，进而在一定程度上就能减轻政府负担及其财政支出。因此，域外税法通过对公益法人多数范围施行强化性税式支出方式，以此来拓展减免税的界限。德国公益法人能够享受系列特别税收优惠待遇；日本法人税法对公益法人征税仅限于所得中的有收益的部分收取所得税，对其他所得不予课税。依此看，互益法人受到法律保障的强度较之公益法人要小。这固然与其采用营利手段有着相当程度的牵连。其三，互益法人和公益法人在组成人员资格让与上有着很多差异。美国1987年《非营利法人示范法》第6.22条绝对禁止公益法人购买其任何成员资格或者因其产生的任何权利；〔49〕而对互益法人让与成员资格规制，采取法律原则上禁止，而章程例外许可的限制方式。这类似于营利法人通过营利手段启动营利机制。

由上可知，现代商事营利性理论借由互益法人与公益法人的区分为自身圈定出一围明确界限。而该被圈定的地域，其核心就是营利法人，中间部分则为公益法人，顺下来的边缘之处就是互益法人。根据此图景描绘，我们就能够知晓何为商人与非商人，何为营利性与非营利性。

综上所述，本书以具有历时性的传统与现代为线索，较为全面地分析了商事营利性理论的新发展，以期证成合作社商人的互易结构与营利手段功能。从时代背景看，我们生活在这个消费主义至上的现代社会，作为一种制度回应，本书试图在法理上建构一种诸如由公平价值、利用机制乃至

---

〔48〕　荣建华：《非营利组织特殊税收待遇的法律规制探析》，载《理论与现代化》，2008(6)。

〔49〕　金锦萍、葛云松主编：《外国非营利组织法译汇》，20页，北京，北京大学出版社，2006。

服务规则所组合的“三元一体”。在此法理前提下，我们需要明确的是，商事营利性理论并不直接教人们如何谋取投资溢价，而仅仅在于通过法律制度建构一种自身营利有机体，为人们赚取溢价进行法理解说与法律保护。〔50〕就此来说，商法意义上的营利性理论逻辑是：传统商事营利性理论在社会经济发展中捉襟见肘；作为一种理论建构，现代商事营利性理论横空出世；但其能否助推合作社商人的立法改革乃至有效指导司法实践，尚需在守成与建构中理性发展。

第二节 合作社商人的区域性：法治实现的有效形式——基于江苏社会文化背景的分析

学者对法治的研究已经相当全面和深入。亚里士多德早已认识到作为一种制度意义上的法治远远优于人治。如果法律必须应该被普遍地遵从，法律本身就该是善良的。据此，法治与人治相对，是一种有别于个人专制的法律统治。在这种法治条件下，人人在法律面前能够最大限度地获得现实平等的可能性。而从国家治理现代化角度看，法律所应该具有的平等效率价值是题中应有之意。〔51〕哈贝马斯认为，权利是由自由平等主体间的一种彼此认同与授予，是主体理性商谈的产物，换句话说，权利是一种建立在法律和民主法治国基础上的商谈理论。〔52〕微观上，有从民间治理与转型期的法治秩序角度探讨反思性的对话协调机制，〔53〕也有从央地关系角度渗透着自生自发的法治现代性问题，〔54〕等等。由此看，法治是在商品经济的基础上发展起来的，以民主为前提和目标，以自由或正义为基本价值，以法律至上为最高原则，以约束和制衡权力、维护公民的自由和权利为基本宗旨的社会管理制度和秩序状态。〔55〕若将其类型化，我们发现，法治实现需要平等价值、交往理性以及现代性生成等内涵作为支撑。

然而，看似成熟的理论，并不意味着因此实践问题就能够得到彻底解决。实际情况是，学界围绕着法治发展的争议一刻都未停止过，所以，关于

---

〔50〕 王保树主编：《中国商事法》，22 页，北京，人民法院出版社，2003。

〔51〕 张文显：《法治与国家治理现代化》，载《中国法学》，2014(4)；张文显：《现代性与后现代性之间的中国司法》，载《法制与社会发展》，2014(1)。

〔52〕［德］哈贝马斯：《在事实与规范之间——关于法律和民主法治国的商谈理论》，童世骏译，103 页以下，生活·读书·新知三联书店，2003。

〔53〕 马长山：《NGO 的民间治理与转型期的法治秩序》，载《法学研究》，2005(4)。

〔54〕 徐祖澜：《依法治国的微观求证与实践探索》，载《兰州学刊》，2015(10)。

〔55〕 程燎原：《从法制到法治》，87～88 页，北京，法律出版社，1999。

如何践行法治发展大有进一步研究之必要。正如江山教授所言：历史能够被经常和重新解释，并不意味着那些被称为历史的东西本身发生了变化，而是人类智慧实现了自足。也即，解释历史是为了解释现实与未来[56]。因此，学者借由其专业研究，持续地对既有的、公众普遍认同的所谓公理提出质疑，转变公众的心理惯性、行为方式及思维模式，解构公知的和被接受的事物，阐释审查规则与制度并在此基础上重新问题化。[57]

我国社会文化发展呈现出多元化、多样性和不均衡性特点，情况极为复杂。在西部及老少边穷地区，民主意识、经济水平、文化教育等均处于初级阶段。在东部及沿海地区，城镇化进程较快，与此相应的商业化程度远远领先。而在人口相对稠密或粮棉商品基地，社会文化水平则呈现出过渡化态势。为此，我国法治发展出现了区域化倾向。作为一种法治热点，区域治理试图在克服原有国家治理问题上有所作为，其借由基础性和根本性建构而融入国家治理体系，并成为该体系的不可或缺的一个部分。[58] 作为法治发展的衍生，区域法治实现应该在平等、私权以及现代性等方面进一步发展。因此，从完整意义上说，如果把区域法治研究看成是一个结构体，那么它是靠自己的三支柱才得以屹立于法学殿堂之上的，即平等（价值层面）、契约（规范层面）和现代性（实践层面），且缺一不可。当然。我国实行依法治国，并不意味着所有地区均适合发展区域法治。一般来说，贫穷无法治、乱世无法治、野蛮无法治。因此，本书选择社会文化较为发达的江苏作为范例，试图求证只有区域化才具有实现法治的可能性，而合作社商人具有天然的区域性。因此从一定意义上说，区域法治与合作社商人的区域性之间有着内在的关联性。研究前者也同时成就了后者，合作社商人的区域性是区域法治的有效实现路径。

一、合作社商人的平等价值是区域法治实现的基础条件

合作社商人主要是以特定区域农村、特定农业与特定农民作为存续环境的，其农村区域性特征明显，本书不作特别探讨。这里特别探讨法律平等问题。从语义上说，平等乃合作的题中应有之义。合作社商人本来就是一种经济平等之社团法人。早期合作理论认为，合作为经济的民主体制，

---

〔56〕 江山：《互助与自足——法与经济的历史逻辑通论》，8 页，北京，中国政法大学出版社，1994。

〔57〕 [法]米歇尔·福柯：《权力的眼睛——福柯访问录》，严锋译，147 页，上海，上海人民出版社，1997。

〔58〕 公丕祥：《法治中国进程中的区域法治发展》，载《法学》，2015(1)。

民主体制的基本要素为人格平等。文艺复兴引发思想启蒙，法国革命为政治上的呈现，而罗虚代尔公平先锋社所包括的平等原则之创设则为经济上之呈现，也即，经济上的人格平等。其中，各国对合作社商人之一人一票主义、按照交易额或者交易比例分配盈余原则规定有所不同，但平等意义大同小异。应该说，公法上平等早已定型于宪章之中，民法上也有关乎法人表决权平等的规定。然而，公司法上的资本多数决属于资本统治，即，所谓一股一票原则。这使得人格划分等级而隶属于资本之下。而合作社商人的一人一票以人格为授权单位，实为经济团体法之划时代的创造。这并非合作社商人抛弃资本之意，合作社商人本身也有社股，其本身也非纯粹精神的或者伦理的团体，必须以资本力吸收于其有机体之内，以展示其经济的存在，至少也需要资本的间接作用，例如以信用为基础之经济效果。故而，合作社商人是一种经济上的人的合作，是一种主观的社员连带以及客观的财产协同，此两者结合而构成的组织体，其所异于资本结合的公司，在公司是资本役人，在合作社商人是人役资本。一言以蔽之，合作社商人乃经济人格平等的组织。[59] 而合作社商人所内置的经济必须隶于法律平等之下。因而，探讨法律平等就成为区域法治实现的宏观背景条件。另外，合作社商人与宗教之间有着很深的渊源关系，如基督教社会主义者波亚夫基于宗教思维著《合作共和国》；德国莱夫艾森信用社所要求的社员诚信机制中内含着明确的宗教元素。教会是早期莱夫艾森信用社的一个主要的经济支撑，而西方的信用观念有的地方与宗教制裁观念相互贯通。直到后期阶段，随着信用社的逐步扩大，进而达到与公司持平的竞争地位，成熟的市场机制才渐渐脱离传统宗教约束。

法律的平等价值是一个在法学领域被反复提及并难以终极的永恒主题。而如何实现平等，这是个问题。共同体或者共识并不能得出平等的结论，但却与区域具有很大的关联性，也即，在一个法治区域内，实现平等有各种路径，其中，超越于经验的宗教或许最易于形成成员间的平等；在缺失宗教背景资源下，同样的社会文化背景会基于共同体或者共识而形成次优选择。

当下普遍观点认为，践行平等的背后涉及信仰问题。而信仰作为一个议题则源于古希腊。苏格拉底断言“未经审视的生命不值得活”，即为佳例。而对信仰问题，有经验性的经济说、权力说乃至道德说，也有超验的宗教说。就经验性的经济与权力说而言，本书认为，这并不能导致信仰的问题。所谓金钱崇拜与权力崇拜，仅是经济与权力在特定时空与语境下的一

---

〔59〕 张则尧：《比较合作社法》，21 页，北京，中国合作文化协社，1943。

种优势地位，随着条件变换，优势随之而去，具有极大的相对性与局限性。道德伦理本身就强调非平等性的义务与服从，与现代平等价值背道而驰。而宗教则通过信条与仪式，使得人们集体思考终极关怀与生活目的，以为了这种超验而献身，[60]当然这一切必须通过法律而获得一种世俗的力量，也即，法律融入宗教背景，便获得一种神圣的受遵从的力量。[61] 通常来说，法律借由两种方式获得宗教信仰内力：其一，将宗教作为法律的背景资源。在本书看来，世界永远存在等级，而如何认真对待这种等级，并在法律上转化为一种平等价值，中西方存在差异。在西方理性中，借由宗教假设，世界在人与神之间划分等级。为此，人隶属神、崇拜神，人是神的子民。而子民之间则是一种朋友关系，是平等的，并共同尊崇极具善意的上帝之神。而此类平等价值的构建正好可以满足法律需求。我们东方也承认世界具有等级性，如若我们没有了宗教，我们也就可能会对终极关怀熟视无睹，我们仅仅能够鉴于等级性的特殊身份，在世俗社会中划分君子、小人乃至禽兽。这就是等级秩序。应该说，这种身份假设恰恰是当下法治进程中所面临的一个难以逾越的障碍。其二，宗教融入法律。基于人们信仰宗教而信仰法律。当代宗教无不与法律交织在一起而发挥作用。在伯尔曼眼中，法律和宗教是社会中两个各不相同但却又有所牵连的社会经验向度，两者之间既存在着某种排斥，却又相辅相成，彼此渗透：法律具有安定性与可期待性，而宗教则以其神圣性直面世俗社会；宗教借由法律而具有社会性，法律则因宗教而获得神圣性与被信仰；当法律与宗教没有交集的时候，法律可能会沦为僵尸法条，而宗教则易于变得狂热。[62] 为此，法律与宗教现在有着分化的危险。然而该种分裂或许会给人们带来精神危机。所以，两者需要经过重新整合后才能在新的层次获得和谐状态。唯有如此，法律才能真正地被社会所信仰。固然，这样的融合并不等于简单的相加，而是用辩证的观点来看待，即，分而不离，离而不分的和谐状态。宗教的神性与法律的理性绝不是也不能是简单的合并，而一定要实现内在的统一与升华。实际上，宗教和法律具有太多交集的可能性。宗教神性和法律理性因其本质就决定两者在一定程度上可以相互渗透、彼此影响，且在一定程度内产生共鸣。为此，宗教通过融入法律，而使其信仰附着于法律之上；法律借由宗教而获得登峰造极的权威，进而为世人所信仰。

---

〔60〕［美］伯尔曼：《法律与宗教》，梁治平译，11 页，北京，中国政法大学出版社，2003。

〔61〕范进学：《“法律信仰”：一个被过度误解的神话》，载《政法论坛》，2012(1)。

〔62〕［美］伯尔曼：《法律与宗教》，梁治平译，38 页，北京，中国政法大学出版社，2003。

就此来说,法律人应该追求法律信仰并使之成为世俗社会崇高威权的目标而奋斗。而法律威权何以形成,也许宗教的嵌入以至于融合是一个极为普遍被认同的选择。因此,法律与宗教作为世俗社会的表里不可或缺。在形式上,尽管法律与宗教分别属于两个完全不同范畴,但任何一方勃兴都很难撇开另一方而独立存在,因此,在本质上他们并无二致。法律威权何以与宗教信仰有如此多的交织?该问题核心在于如何认真对待二者的关系问题。而对二者关系的认知又直接关乎理解“法律威权”这一主题。博登海默曾说过,远在古希腊时候,法律和宗教就有着千丝万缕的联系,甚至于深深地交合在一起了。宗教仪式渗透于整个法律实践过程,尤其作为宗教重要程式的祭祀已经深度介入到司法程序之中。上帝宙斯赐予国王权责来裁判世俗世界。据古罗马法律家西塞罗阐释,法律秉承上帝的意志,而上帝借由强制或约束来统治万物。为此,上帝才把那个神圣的法律赐予世俗。应该说,从共时角度看,这种思想不仅在古希腊或者古罗马出现,而可能渗透到几乎所有人类文明。而从历时角度说,宗教学一直认为宗教与人类文明是相伴而生的。原始社会的图腾敬仰与禁忌,当步入奴隶社会和封建社会之后会变得更加复杂、更加精细化,而不是消失,从而变成了宗教。当成为一种形式的社会基本文化现象,法律没有出现之前的古巴比伦、古印度、古希腊,人们主要依赖宗教规范社会。这时,宗教决定着立法过程。法律产生后,便与宗教教义、教规融为一体。就是到了当下,有些国家仍然将宗教经典与其法律作一体看待。最为典型的是,随着基督教成为欧洲国家的官方正式信仰,基督教教义内容将会为教会法提供思想以求得在世俗社会的长期统治。神学作为所有意识形态的最高表现形式,也是集大成者。神学教义与教会法、礼拜仪式和各种圣事、圣礼汇集于一起,享着神圣性和普遍性。而世俗法在政治、经济、社会文化都有一定程度的分散,因此需要教会法加以统合。

据上分析,本书认为,合作社商人的平等价值,内涵宗教精神,并与区域社会文化关联。从一定意义上讲,这为区域法治实现提供着重要基础条件。

二、合作社商人的契约精神是区域法治实现的规范内容

合作社商人的设立存续应该遵守民主平等、自愿参与、争取社会正义以及自助互助等原则。据此看出,契约精神是合作社商人的组织灵魂。从更广袤的法律版图看,契约精神乃至契约规则作为一种现代人的共识并非社会伊始兼具。天才法史家梅因曾揭示“迄今为止,所有社会进步的运动,

是一个'从身份到契约'的运动"的社会发展规律。至此开始,契约精神上升到西方民主法治的高度,甚至成为打开西方法律文化的一把钥匙与持续发展的原动力。总体上说,当代资本主义呈现出经济上的商品生产、政治上的代议制度以及思想上的理性主义,那么,在法律文化上则渗透着浓厚的契约精神,反之,没有完备的法律制度,个人自由平等以及市场经济就不会受到保护,权力的歪曲、膨胀以及寻租就不会得到有效遏制,政治也会导致不均衡。

契约精神的内在机理实际上就是一种经济人的设定。依据经济人假设,市民社会每个人都想达到自身利益最大化的目标。考虑到实际情况下的道德人说教对经济人根本无济于事。可以说,契约精神已经成为经济人假说的强力支持。当然这种契约绝非任意为之,而必须有适用边界,也许伟大思想家卢梭的《社会契约论》能够给我们一些有益启示。他开门见山"人是生而自由的,但无所不在枷锁之中。自以为是其他一切主人的人,反而比其他一切更是奴隶。"如此说来,契约是一个人获得权利的精神支撑,但在行使权利时也不是绝对自由的,即不得任性,甚至害及他人,这是自由的边界。

据此,当下我国区域社会文化中最缺乏的就是契约精神。为此,区域法治的实现应该从培育契约精神开始。极为耦合的是,合作社商人内置自由、平等与自愿价值,本书认为,这些价值可以借由理论研究并在此基础上进行规范建构,进而可能会成为一种实现区域法治路径。

三、合作社商人的现代性满足区域法治实现的内在需求

从法律性质看,合作社具有主体性、自我意识、社会理想乃至法治保障;作为商人合作社,还具有交易的外观性、利益诉求性等。这些法律品质恰恰构成了现代性的主要内容。而现代性是如何产生的,这是个饶有兴趣的话题。一般来说,富足而又相对安定的外部环境是一个不能忽视的条件。本书认为,贫穷无法治、极端富有无法治,乱世也无法治,法治像一个富家小姐一样,相安一方。

学界关于"现代性"与"当前社会文化"之间的关系有着激烈的争论。这场争论有两个方面:一是实证的问题。当前社会能否被看成是某种现代性的延伸或者变异,或被看成是一种独立的类型;二是现代性的积极意义。从现象上看,全球化、冷战结束、种族冲突、资讯科技增长等新现象被看作为观察社会发展的理由。然而,现代性有着自主决定的结构,与后现代性并没有明确区分,主要包括全球化、消费主义、权威的瓦解以及知识的商

品化。

对合作社商人现代性的阐释可从两个方面进行：从合作社商人赖以存在的社会组织结构看，世俗社会逐步成熟，资本要素的全球流动，而这些有赖于贸易区域及其政治法律体系的有效保障。从合作社商人依托的精神向度看，理性主义对世俗社会乃至个人的全面反思。这种反思部分来源于区域文化间的碰撞与启示，并据此从不停歇地朝着人们既定目标前行。然而正如哈贝马斯所论，现代性仍然只是一套方案、一项未竟的事业，其中包括有待努力的民主实践。由此看，合作社商人进程中所生发的区域问题应有相应的法治对策，而这些有赖于现代性元素所积聚的精神价值加以支持。

如果说合作社商人与区域法治之间存在着内在关联性，那么，这种关联性一端的区域法治中则可作法整体性与区域法自主性加以分析。实际上，整体性属于区域法治的根本属性。在法治生存环境中，合作社商人的区域性一旦离开整体法律，便失去生存依赖；而自主性则为区域法治的精神动力。为此，区域法治可借由合作社商人进行利益交换。

当下，具有区域属性的我国合作社商人的发展极为快速。而随着我国区域开发和区域法治的发展，我国区域法治建设和研究也展示出蓬勃状态。[63] 在法治中国进程中，经济水平领先的一些地区已经开展了“区域法治建设”的努力。如 2004 年 7 月，《法治江苏建设纲要》颁发被称作为“全国第一部区域法治建设纲要”。此纲要将中心城市作为核心区域法治试验田，从 2016 年到 2020 年，纲要强化既有区域法治成果，全面提升整个区域法治化水平，呈现出经济“文化化”、文化“经济化”特质。[64]

浓郁的商业文化传统为江苏现代契约文化的建构提供了很好的背景资源。在社会演进和变迁进程中，传统已经成为历史传承下来的文化力量，而植根于民众的心里、意识乃至于日常生活习惯中，所以其具有浓厚的社会基础，和一个社会的有机体内在相连，不能割分。有学者试图给传统作出定义从而能够界定这种社会现象，认为，那种把任何过去延伸至当下

〔63〕 经济社会文化的协同发展为江苏区域法治发展提供了先决条件。在不同的经济发展水平、社会结构、历史进程、文化传统和地理环境等因素的影响和作用下，当下我国不同区域间的法治发展形成了历史的差异性，这是中国这样一个东方大国的经济社会发展不平衡规律在法治建设领域中的集中体现。各具特色、程度不同的区域法治发展的不平衡性构成了当代中国法治发展进程的区域性的表现型态。参见公丕祥：《法治中国进程中的区域法治发展》，载《法学》，2015(1)。

〔64〕 冯必扬：《江苏精神：江苏经济社会发展的内在动力》，载《唯实》，2005(4)。

或世代相传的东西称之为传统,但这并未揭示传统的真实性是否具有被接纳的证据,也没有揭示是否在传统还未形成的条件下就接纳了它。因此,传统自然而然地成为人们强烈回忆过去的对象,变成了人们践行、信仰的事物,也变为人民普遍接受并能长久相传的事物,最为重要的是在于传统中蕴含着某种实质性的内容。〔65〕

江苏快速发展的经济社会文化呈现出明显的现代性特质。“新苏商”在市场经济下的活力形象逐步明晰,作为一个新的商业群体飞速发展,被唤作“苏商复兴”。“新苏商”曲折的创业过程不但展示了卓越的社会形象,且真实呈现出风雨创新之路,尽显苏商群体创业激情和创造激情。〔66〕这种精神与能力集中体现为江苏“经济文化化”、“文化经济化”和“文化经济一体化”的区域特征。当经济对社会文化的工具化和文化对经济的主动渗入时,江苏区域文化的多元统一性就会更加显著。江苏文化所呈现出的多态活力是由江苏区域文化多元性决定的。这样的统一性也便于形成苏北、苏中、苏南之间的合作对话与协同发展。诚如有的学者所言,从发生学意义说,法治秩序包含着自生秩序以及建构秩序两个方面。自身秩序更加注重自下而上的途径,建构秩序则侧重于自上而下的途径。依据此论述,在我国的大背景下,建构法治社会是自上而下的路径,由于缺少有效的社会根基,所以,民众可能对法治缺少一定的信仰,更不可能将守法内化为人们的行为准则,通过这样的路径所形成的秩序只能称之为法律秩序而非法治秩序。这可能也是建构型的法治社会必经过程。法律秩序升华到法治秩序的主要节点在于使民众对法治的认同。而要达到这种一致认同,我们则须承认通往法治社会的道路中的地方性因素。〔67〕

总之,作为一种典型范例,江苏经济、制度乃至文化均走在全国前列,合作社商人作为市场中正在勃兴的法律主体,呈现出明显的现代性特征。而这种现代性以其自主、自我、法治等内涵激励乃至支持区域法治的发展。

四、合作社商人助推区域法治的自觉生成

如上例探讨,虽然江苏在社会经济文化上具有法治发展的有利背景资源,但这种优势若缺乏持续的更新,就可能会转化为法治发展的十字架。

---

〔65〕［加］帕特里克·格伦:《世界法律传统》,李立红、黄英亮、姚玲译,13页,北京,北京大学出版社,2009。

〔66〕顾坤华:《“苏商”与江苏经济社会文化的发展》,载《企业经济》,2009(2)。

〔67〕徐祖澜:《依法治国的微观求证与实践探索》,载《兰州学刊》,2015(10)。

为此，本书认为，将合作社商人作为一种推动区域法治秩序发展的力量可以进行尝试。

其一，如前章探讨，合作社商人可以归属于新商人类型，而建立在法治基础上的区域习惯为新商人的发展提供高效条件。各个区域都有着自己独特的习惯，从消极方面来说，该习惯可能会阻碍区域之间的文化社会的交流，从而会约束商事交易；而从积极方面讲，习惯也能有效解决社会经济的一体化问题，比如很多习惯确实可以节约交易成本，简化交易过程，快捷化解纠纷等。而这些恰恰就是合作社商人所需要的法律资源。不仅如此，很多习惯做法远远优于商法规范。因为习惯多是一个历史生成的过程，有着人们极为认同的心理基础，而法典意义上的商法多是现实制定并靠国家强制执行的，无关乎人们的内心情感。还有，商习惯与商法的精神向度存在分野。商习惯更多关照人们实际所需，具有很多自生元素。与商习惯不同的是，商法过程贯穿着人们的主观行动，而很少客观现实基础，具有太多的建构成分。据此看，建立在法治基础上的区域习惯确实为新商人的发展提供了一种高效条件。

其二，合作社商人中所蕴含的契约精神为区域法治嵌入了私法底色。以平等、自由、交易等为核心的契约精神与合作社商人自身所包括的合作精神之间存在着内在契合关系。以具有典型商业区域色彩的江苏为例，江苏典型商业区域与其浓厚的商事文化传统有着密切关系。有学者概括江苏商事文化传统模式的成功之处是由于它自身蕴藏着自强、秀丽、包容以及守法等“水文化”。此类“水文化”塑造了江苏人某些独特的行为范式，比如江苏人立于区域的务实态度，立于本土的探索精神；立于乡村的自强不息；立于一隅的放眼格局，等等。而这些特征实际上就是平等、自由、交易等契约精神的另类表述。非常幸运的是，江苏人并非一时为之，这些商事价值多是在漫长历史的本土浸润中逐步生成的，并进而提炼为一种符合本地实际的、具有契约精神的商事文化的。基于这种醇厚乡土的商事文化，江苏人方能在市场经济中用于竞争，最终形成由乡镇企业、外向型经济和民营经济所架构而成的三位一体的经济格局。值得说明的是，这种三位一体的主体中，合作社商人是一类不可或缺，甚至地位越来越重的市场角色。可以说，这种主体角色原汁原味的凝聚了江苏人本土商事契约文化。而凭借这种契约文化，他们才得以直面国际国内的激烈竞争，从机制上思考区域经济模式，并试图借由区域法治来为克服既有模式的路径依赖。[68]

〔68〕 冯必扬：《江苏精神：江苏经济社会发展的内在动力》，载《唯实》，2005(4)。

就此来说,正因为合作社商人能够凝聚更多的契约精神,因而由这种契约精神所支持与决定的区域法治必然沉淀着更多的私法种子。

其三,合作社商人的现代性能够激发出区域法治的制度潜力。从一定意义上说,合作社商人的现代性可能存在诸多问题,但其内在的主体性诉求、利益导向以及外观法理无时无刻不在冲击、设计乃至创造着这个客观世界,并引领着社会发展。法国诗人波德莱尔曾预言现代性是短暂与偶然的,但却会从这种短暂与偶然中提炼出永恒的价值;〔69〕为此,法国诗人韩波才强烈地力挺现代。如果波德莱尔发现了现代性在巨变中可以获取永恒价值的话,则韩波的强烈呼吁则表达了对现代性的支持态度。就此来说,现代性已然成为现代的历时概念,同时也是现代化历史进程的总体特征,因此内蕴现代性的合作社商人一定当仁不让。

应该说,现代性作为一种问题的探讨以及内蕴现代性元素的合作社商人的事实均发轫于西方。而当下全球化进程确实为现代性以及具有现代性意义的合作社商人在世界传播蔓延提供了重要平台。而且,借由这个平台,现代性正在急速地跨越民族国家界限而成为一种普世现象。为此,本书认为,合作社商人因内蕴现代性元素能够激发一个区域的经济发展,也能够激发区域法治所具有的制度潜力。换言之,相对发达的区域经济社会文化的现代性问题更为明显,并借由既有区域拓展范围。在区域发展不均衡状态下,先进区域对落后区域通过合作社商人的示范与区域制度复制来进行泛化。就具体实践看,江苏经济文化较为发达,应该将合作社商人作为现代性的一个重要载体嵌入到区域法治中,进而激发其制度潜力。

总之,区域法治有赖于平等价值、交易制度与现代性特征这些元素的生成。而合作社商人正是这些元素的极为集中的法律载体。从更广袤的范围看,法治中国如何践行则需要带有局部性的区域法治发展作为支撑。在法治与区域法治关系中,法治是一个目标,一个全局,有了这个全局目标,区域法治则有方向感、目标感。〔70〕 在这种逻辑关系中,合作社商人无疑成为了一个非常重要的制度工具。借由合作社商人,区域经济以及为此保障的区域法治才能系统性进入法治中国的轨道秩序之中,从而能够建构符合区域经济社会发展要求的法则和秩序。

---

〔69〕 [法]波德莱尔:《波德莱尔美学论文集》,485页,北京,人民文学出版社,1987。

〔70〕 公丕祥:《区域法治发展与文化传统》,载《法律科学》,2014(5)。

小　　结

过去学界一直认为,商事营利是企业组织为求得投资溢价并将其分配于成员的法律行为。然而该说难以容忍传统商人目的之膨胀,也与现代商人服务宗旨相抵牾。为此,这就倒逼着现代商事营利机制的横空出世。该机制有赖于从目的到手段、从投资人到利益相关人、从传统商人到现代商人等三个方面加以保障,并从内部架构、外部边界乃至制度功能等方面进行透视。就区域上来说,法治需要诸如平等价值、交易行为与现代性等三个方面支撑。以江苏为例,江南特殊的水文化的宽容特征、富庶安定的交易习惯以及"唯才是举"的科举文化等为区域法治发展提供了极为丰富的背景资源。为此,本书认为,基于外部性,区域法治必须着力于商事环境的整合、契约文化的塑造与现代性的培育等三个方面。而这些方面均有益于合作社商人的制度激励。

第四章　合作社商人的基础构造
——以社员资格为核心

普通民事主体如何达到市场准入的目的是私法主体资格规范所要着手解决的问题。此问题旨在求得权利能力、行为能力和法人的设立条件等民事主体资格；此外，经营特种行业的特殊民事主体如何实现市场准入此问题主要在于探究特种行业的行为资格。[1] 作为一种主体资格，合作社社员资格不仅是社员的首要利益与资源，是其享受社员权的前提，也是对各种利益、资源进行正义分配的前置条件，分配正义首先就是对成员资格的分配；[2] 更是一种私法上的"特权"，通过这种特权过滤，可以对基于社员资格而生发的社员权进行有效保护，并据此作出相应的权利救济的制度安排。德国学者路德维希·艾哈德断言："有特权的内幕人物总要有意难为那些想加入他们集团的人。如果要找这些动机，我就不得不把见不得人的真情指出来，他们之所以要把这种要求跟社会理想与道德标准结合起来，我看没有别的理由，只是出于纯粹的利己主义罢了。事实上，人们总是要求保护，要求在行业的四周筑起篱笆，要求用人为的方式来保护自己的地位的。"[3] 申言之，该断言至少有如下信息：社团的存在，社员资格、具有权威性的社团成员控制着其他社员入社，而能否入社则取决于社员入社条件以及社员入社动机等。应该说，该话题对社员资格以及在此基础上的入社动机与条件等的研究颇具有启发意义。

遗憾的是，我国合作社法律规范对社员资格的规制，无论实体规范，还是程序设计，甚至因社员权受到损害而予以法律救济的措施均存在着严重路径依赖，需要作出相应的检讨，以相恰于商事实践的发展。为此，社员以及由此所衍生出的社员资格问题就成为了当下修法的重要事项之一。

值得说明的是，这种商事视角的考察旨在强调商事交易的效率性、安

---

〔1〕 钟瑞栋：《民法中的资格型强制性规范及其效力》，载《法治论丛》，2010(2)。

〔2〕 俞可平：《社群主义》，68页，北京，中国社会科学出版社，1998。

〔3〕 [德]路德维希·艾哈德：《来自竞争的繁荣》，祝世康、穆家骥译，107页，北京，商务印书馆，1983。

定性、外观性，显别于先前的民事法理与政治宣示，具有研究命题的超然性。

第一节 从抑制到诱致：社员资格取得的实体要求[4]

我国《农民专业合作社法》第2条将合作社社员规定为相同种类农产品的生产经营者或相同种类农业生产经营服务的提供者、利用者；第3条规定成员是以农民为主体的。据此，合作社法既明确了规制对象——农民，又突出了社员的主体性，并给社员资格贴上了带有具体身份性的标签；该法第14条规定合作社社员必须是具有民事行为能力的公民，且需经营着与农民专业合作社业务有直接利害关系的生产经营活动的企事业单位以及社会团体。这在抽象层面赋予了自然人和团体组织具有同等的社员资格，进而一体地成为合作社社员。[5]

应该说，上述规制表征了我国对社员资格的立法态度。透过"同类"、"以农民为主体"、"具有"等立法表述，我们可以推知，合作社法对社员资格规定具有抑制性特点。而这种抑制性主要表现为具体规定"不可以被法律关系当事人现有的或计划中的协议排除或修改。"[6]换言之，社员资格在主体方面表现为从身份到职业、主观方面表现为从强制到自主、客体方面表现为从同质到异质、客观方面表现为从结构到功能。

一、从身份到职业

如前章探讨，英国法史家梅因断言："我们可以这样说，所有进步社会的运动，到此处为止，都是一个'从身份到契约'的运动。"[7]该论断基于历史把握，诠释了"身份社会"与"契约社会"的不同价值及其演进趋势。在身份社会，身份是一种依靠继承而获得权势、财富乃至生存的最重要资源，并借此形成身份社会的亲疏与等序。就此来说，身份成为世俗社会人们之

---

〔4〕 社员资格实体要件是一种构成性要件还是一种取得性要件，值得研究。构成要件是取得与保有社员资格的必要条件，缺少即丧失资格；取得性要件仅取得资格时候所需要，资格取得后丧失或者达不到资格条件，并不影响资格存在。从私法制度层面看，强制性规范能否形成"自由"结果，可能取决于强制性规范本身如何规制。从现行规范看，这一抑制表现为抽象主体的民事行为能力与具体涉农中的农民、外来户、法人以及公共团体等几个方面。

〔5〕 李继生：《论中国农民专业合作社的社员主体资格》，载《中南财经政法大学研究生学报》，2010(1)。

〔6〕 [德]迪特尔·施瓦布：《民法导论》，郑冲译，37页，北京，法律出版社，2006。

〔7〕 [英]梅因：《古代法》，沈景一译，144～164页，北京，商务印书馆，1959。

间的区分的根源；在契约社会；契约是人们通过意思自治获得权利、承担义务的正常手段，它能最大限度地激发人们的能动性，因而其根本内容就是自由。然而，在另外方面，“一个人的头衔与官职是不是他技能的标志，或者说，他的技能是不是从他的工作表现与人格各方面明显地表现出来。要从事于某项行业，是不是一定要有个合乎那个行业的名称”？在名与实之间似乎存在着极大的背离风险。[8] 这种风险在于，“当一个人有了合乎一定的行业名称以后，他就不得不完成一定的任务。他要从事于这项受保护的行业，他不但要提供合格的证件，而且也要在道义上作出保证。这样做，就会出现要各种技能结合起来的新商业类别；那就会使一般自由公民回复到臣民的从属地位，不得不低首下心，来维持自己的地位。”[9]

（一）关于民事行为能力问题。实践中，“具有民事行为能力的公民”通常是指具有了限制民事行为能力或者完全民事行为能力的公民。

在商法领域，商人得具备实体要件，完成登记，方得成立。这些要件要求商人具有完全行为能力，至于限制民事行为能力或者无民事行为能力则被排除在外。然而，作为构成合作社商人的人的要件，社员并不要求具有商人能力，也即，限制民事行为能力或者无民事行为能力则具有社员资格的法律可能性。就本书探讨主题来说，合作社商人有投资主体与经营主体之分。社员若为投资主体，其核心在于持有商人份额，在法律性质上是一种事实行为，故而限制民事行为能力或者无民事行为能力都可以为之，并无能力要求；社员若为经营主体，涉及主体参与经营行为，是一种商事法律行为，因而必须具有完全民事行为能力。为此，将公民的民事行为能力作为社员资格的取得条件较为笼统：其一，何以解释“具有民事行为能力”？从规则形成的历史看，行为能力是判断法效力的依据，并据此建构完善的法律行为制度体系，而不是对主体制度的构建。[10] 有些国家认为民事行为能力属于主体制度的一部分，使人认识到主体适格一定要具备权利能力和行为能力，显然这是对行为能力规则的一种错误解读，“行为能力问题是在确认主体资格之后予以解决的具体法技术问题”，[11] 也即，先有主体资格，后有行为能力，因此，没有行为能力，主体资格仍然存在，故而行为

〔8〕［德］路德维希·艾哈德：《来自竞争的繁荣》，祝世康、穆家骥译，106 页，北京，商务印书馆，1983。

〔9〕［德］路德维希·艾哈德：《来自竞争的繁荣》，祝世康、穆家骥译，107 页，北京，商务印书馆，1983。

〔10〕沈贵明：《股东资格研究》，88 页，北京，北京大学出版社，2011。

〔11〕李萱：《法律主体资格的开放性》，载《政法论坛》，2008（5）。

能力绝非主体资格不可或缺的。无行为能力人可以由法定代理人代理实施民事法律行为进而拥有权利、承担义务。因此,公民能否拥有社员资格不可以直接看其是否有行为能力。民事行为能力具有保护功能,未成年人以及丧失精神判断能力的成年人的利益须得到有效保障,避免由于他们的认知、判断能力缺乏从而致使他们受到伤害;而与其交易的善意相对人的利益也应得到基本的保护与关怀。〔12〕 其二,"具有民事行为能力"何以为社员资格要件?依据民法理论,先有主体资格,后有民事行为能力。然而,随着社员资格的多元化,合作社商人存在着投资性、受益性与管理性等成员类型。本书所界定的投资主体,仅指为求得投资效益最大化而以参股、独资等方式,转移其财产或财产权利作为营业资本而进入营业领域的法律主体。〔13〕 受益主体是指为了接受合作社服务而进入合作社的成员,是一种资格性社员。为此,行为能力欠缺的投资性或者受益型公民加入合作社商人完全有可能为了取得其所投入的收益和服务,而其所承担的责任仅以账户所记载的出资额和公积金为限。这几乎是一种险小利多的纯获利行为,所以民事行为能力规则不应该抑制这两种行为能力欠缺者的社员资格。而管理性社员则指直接参与合作社商人计划、组织、控制与经营的成员,属于商业辅助人,因此必然要有完全民事行为能力,管理性社员资格也需要以完全民事行为能力作为要件。

我国台湾地区"合作社法"第 11 条将社员资格规定为满 20 岁或者未满 22 岁但有民事行为能力的人。这似乎将行为能力作为所有成员取得社员资格的要件;在英国早期的《合作社法》第 132 条规定,如果章程无规定,16 岁以上 20 岁以下的人就能够参加合作社商人成为社员,但不可以任职于合作社商人理事、文书以及会计等职位。该条从本质上区分了管理社员资格与其他社员资格所具备的要件差异。

(二) 具体涉农的农民、外来户、法人以及公共团体。这些涉农主体的法律性质不尽相同,因而有分别探讨之必要。

其一,农民的社员资格问题。我国农民专业合作社法规定农民至少应占有成员总数的 80%,并且成员得以农民为主体。这样就使得自然人的身份成为了社员资格的要素之一。

现代汉语中的"农民"往往在两种语境下使用:一是纯粹农民,指具有农业户口的人。现实中,这类群体主要指小农阶级中的农民,具有很明显

〔12〕 朱涛:《自然人行为能力制度研究》,73 页,北京,法律出版社,2011。

〔13〕 肖海军:《论商主体的营业能力》,载《法学评论》,2011(5)。

的固定的身份属性；二是拟制农民，也即，行为意义上的农民，主要指从事与农业生产有关的人，具有主观选择的职业属性。

我国《农民专业合作社法》并没有对农民进行界定，而《农民专业合作社登记管理条例》第 15 条规定，农民专业合作社组成人员是农民，而其成员身份的证明则是农业人口户口簿；没有农业人口户口簿的居民，其成员要想证明其身份证明，就是用居民身份证和土地承包经营权证或村民委员会（居民委员会）开出身份证明。由此来看，《管理条例》采户籍主义或者出生地主义。但是，有关资料显示，现在我国农村户籍人口有 9 亿多，之中又有 1 亿多是进城的农民工。再有一些就是从事第二、第三产业者，他们的户口或者说是他们居住在农村，但他们已然不是传统意义上所谓的农民。如果用户籍或居住地来划定农民的身份，或许存在着设立虚假合作社商人的嫌疑。我国《农民专业合作社法》第 10、14、15 条有合作社商人的组成人员必须具备 5 名以上的规定，而且，农民的总数至少占总数的 80%，如果组成人员总数只有 20 人以下的，允许有 1 个企事业单位或社会团体成员；如果成员数多于 20 人的，其不能多于成员总数之 5%。这种规定或许限制了单位或个人借机利用国家为合作社商人提供政策扶持而形成的机会主义考虑。如拟制农民（包括具有农业户口但离开农村以及具有城市户口的人到农村从事农业劳动）利用企业注册资本中的已经入股职工里的户口或其居住于农村的人数满足了《农民专业合作社法》对农民组成人员的比例要求，进而又登记成为合作社商人。

一直以来，农民一词在我国只是身份概念，而非职业概念。这种情况在发达国家也经历过，绝非我国独有。可以预见的是，伴随着我国城镇化的进程，农民一词会在保留身份属性的同时，或多或少地嵌入职业特性，形成身份与职业并存的多元化状态。对此，有学者认为，我国当代农民是指具有农业户口、在农村生产生活、与土地有着天然联系的社会劳动者。三者有机联系、缺一不可，否则不能称之为农民。〔14〕 换句话说，农民实行户籍与职业双重确定原则，也即，户籍所在地与实际居住地在农村的，并且只是经营着种植业、养殖业以及直接服务于种植业、养殖业提供产前、中、后的人。

与之相对的观点认为，以“户籍”界定农民身份并不合理，甚至认为我国户籍改革思路不仅不合理，甚至是在开历史倒车。我国户籍改革如果仍然以户口身份固化、约束农民，那是极为不合理的。从规范意义看，合作社

〔14〕 高建民：《中国“农民”的概念探析》，载《社会科学论坛》，2008(9)。

法重在保护从业农民利益,而非户口约束下的农民利益。作为一种制度转型,户籍改革目的应在于矫正因城乡二元结构所出现的差异格局,剔除既有的农民歧视性户口制度,以形成公平合理的户籍一体化。

也许日本“认定农业者”可以为社员资格主体规制找到一种有效路径。对此,日本农业经营基础强化促进法明确规定,政府可从大学毕业生中招募那些能积极改善农业经营效率与规模的大学生,并加以培养而成为农业职业经营者与农业经营接班人,然而由市町村甄选与认定。这些被认定者即可获得诸多政策支持。当然,这些认定农业者主要集中于农地流动领域;〔15〕印度教育中八成以上都在培养技能人才;美国教育中所开展的工匠活动也是为了培养应用人才的。〔16〕 与之关联的是,我国高校正由精英教育转型为生存教育。这种转型确实有利于培养足够的留得住、用得上的乡土人才。而如何将我国这种转型教育落到实处,除域外比较借鉴外,我们亟待建立一套社会本土的可以有效操作的机制——也许可以将合作社商人作为机制载体。

其二,外来户的社员资格问题。随着我国农村市场的深度发展,人口流动愈加频繁,外来户于是成为人口流动中一个值得关注的特例。这种关注更多表现为对外来户的制度抑制与地域歧视。依《浙江省村经济合作社组织条例》,外来户当遇到与本村村民发生利害冲突时,社员大会往往将其拒之门外。〔17〕 这一点可以在2009年《关于认真贯彻〈浙江省村经济合作社组织条例〉的意见》第4点上得到间接证明:“要做好外来户及信访人员法律、法规、政策的解释和说服工作,把矛盾化解在基层,化解在萌芽状态,确保农村社会的稳定。”外来户,即少数非入社的外来入籍农户。从现行规定看,我国合作社法对这种外来户持消极性态度,有待商榷:第一,未将合作社与村社组织区分。村社组织的物质基础主要为土地,而土地却为集体所有。因此,其虽可享有着农村医保、农村房屋政策性保险、服兵役优抚、计划生育补助、子女入托上学、低保户的认定、困难户资助等惠民政策,然而不能够被当成村合作社社员,理所应当不可以享受其权利,更不必承担其义务。而合作社物质基础多为耕地、养殖等土地所有权之外的其他权益,具有专业性。外来户能否加入合作社取决于他们之间的利用关系与意

---

〔15〕 刘奇:《中国农业现代化进程中的十大困境》,载《行政管理改革》,2015(3)。

〔16〕 刘奇:《中国农业现代化进程中的十大困境》,载《行政管理改革》,2015(3)。

〔17〕《浙江省村经济合作社组织条例》第19条:“除本条例第17、18条规定以外的人员,履行村经济合作社章程规定义务,经本社社员(代表)大会表决通过的,可以成为本社社员或者保留本社社员资格。”

愿。第二,户籍与土地的捆绑是排斥外来户的制度成因。一般来说,具有户籍与土地的属于本土户,但合作社社员并不要求户籍与土地所有权,因此,如果排斥外来户加入合作社,没有任何理由。外来户带来资金与技术,这恰恰是合作社所急需的。第四,农户,包括本土户与外来户,农户加入合作社,有资格股与投资股之分。排斥外来户,有违现行合作社法规定,从而将投资股拒之门外。这与合作社经营发展相悖。由此看,一方面外来户被禁止,另一方面社员与农民一体化。这种现象导致的结果就是人才封闭与知识外流。如此一来,就影响了合作社的科技竞争力,进而引发粮食供应等三农供给侧质量问题。

总之,现行“农民身份性”的制度安排一方面将社员与农民一体化,另一方面又限制外来户加入,使得外来户与社员作人为切割。这会导致人才封闭与知识外溢,影响合作社商人经营的科技竞争力,进而引发粮食安全供应等供给侧质量问题。对此,域外通常实行合作社社员的职业制度,即,合作社社员实行“市场准入”模式,只要符合其条件,其中包含农民、经营着合作社商人业务直接相关联的企业,或者无直接关系但其将资金和技术投资于合作社商人的企业等一切法律主体都有可能成为合作社社员。就本书观点而言,合作社商人下的社员农民制度安排应该从身份到职业转型。这将是一种必然趋势。

其三,法人的社员资格问题。我国《农民专业合作社法》第 14 条规定经营与合作社商人业务直接相关联的生产活动的企、事业单位或者社会团体可以成为社员,但具有管理公共事务职能的单位不得加入合作社商人。据此,实践中,合作社商人(单个社)社员大都都是自然人。而处于市场竞争之中,合作社商人要谋得存续发展,一般都须扩大资本与规模,同一区域内的合作社商人之间,或者与之不同地域但有业务联系的合作社商人或者公司也可在一定条件下加盟。

从规范本身看,企业包括公司、合作社等法人企业与合伙等非法人企业。企业法人成为合作社社员无多争议,但合伙等非法人企业能否合作社社员。

从相关域外规定看,法人能否加入合作社具有不同模式,[18] 但总体上,无论直接规定,还是间接认同,均承认一个合作社商人可以加入另一合

---

〔18〕 德国《合作社法》第 9 条第 2 项规定:“合作社若有立案合作社之社员社或由立案合作社组成,则社员社之社员担任合作社之理事或监事。”参见《德国合作社法》,1994 年修订案。

作社商人,[19]更为明确的是,域外均允许法人有条件地加入合作社。然而,法人社员入社条件则存在差异:其一,性质条件。我国台湾地区将法人社员限制在“非营利法人”范围内;德国将社员社的社员担任合作社商人的理事或监事用法律形式固定下来。该规定突出法人社员资格的重要意义;日本要求法人社员要与其事业相关联,即,需从事农业经营及其附随事业,具有职业限制性。比较来说,日本法更强调职业而非身份,具有时代导向性。本书认为,这种对社员法人资格的职业限制比较合理。其二,信用条件。我国台湾地区与日本也都有着社员法人信用须以有法人资本或责任保证的规定。

二、从强制到自主

从规范语义上说,自愿并不等于自由。自愿与否,取决于主体决定不受约束以及这种决定完全符合自身的决定目的,由主体不受约束与符合目的两个要件组成;而自由则更多表现为主体在规范条件下的不受约束或者主体不受他人侵害。入社自愿的后果必然导致“自愿强制”。依我国《农民专业合作社法》第14条,主体在具备法定条件下可以成为合作社商人的成员。此处“可以”有多向解释:“可以”被解释为社员资格取得的必要条件而非充分条件,也即,只有在具备法定实体条件的前提下,才有可能通过相应程序而取得社员资格。但具备该规定条件也未必就能够必然地、自然地成为社员。能否成为社员,依据本法第22条规定,则由理事会决定;“可以”被反向解释为“如果不具有前述法定条件,也未必不能取得社员资格。能否取得,由社员大会、理事会、理事长决定。”据此,“可以”条款则成为一种建议性条款,或者意志补充性条款。令人担忧的是,“可以”条款作为一项任意性条款,虽然能够最大限度地尊重当事人的意思自治,但在我国却因公权渗透与乡权控制的合力而有可能转化为一种排斥社员资格的有效取得,从而导致“逆淘汰”的后果。而真正需要利用合作社商人服务的农民社员,他们合作意识反而极低,再加上高铁、物流等现代交通

---

〔19〕 日本《中小企业等合作社法》第7、8条规定:合作社之法人法人社员资格须具备“在地区内从事商、工、矿、运输、服务等业其他事业者,并限为资本额或出资额以不超过一亿日元之事业者”等。日本《农业协同组合法》第12条规定,法人可加入协同组合,但该法人须从事农业经营及其附随事业。我国台湾地区“合作社法”第12条规定:“法人仅得为有限责任或保证责任合作社,但其法人以非营利性者为限。无限责任合作社社员不得为其他无限责任合作社社员”。英国《合作社法》第41条规定:“合作社可向其他法人出资,并可代表参与其他法人事务。”该法第42条还规定:“其他法人可向合作社出资。”参见李锡勋:《合作社法论》,218页,台中,台湾三民书局,1983。

发展,人口流失严重。而那些带有纯粹淘金目的的公司商人以外来户名义虽然带来了很多新的文化与资源,但却成为冲击农村市场的一股巨大力量。

作为一种经济弱势与缺乏专业的农民组合,合作社商人的社员资格需要向能够自愿投入且从中获益的人开放,并不能带有任何歧视。然而,这样大有可能导致社员“搭便车”现象。由于合作社商人经营模式是动态变化的,因此,对社员资格必须进行限缩。合作社商人可依其经营模式明确股本总额和社员人数,以此来限制产品总额。因合作社股份具有限制流通性,这就同时对合作社股份市场起到稳固作用,能够更好的激发社员交易积极性,从而保障合作社的高效运转。变革这一原则能够避开因成员资格的开放而给合作社变得不稳定和超负荷运转的可能。然而这也会使真正利用合作的农户不能加入其中。

合作社社员资格的影响因素是一个值得认真研究的法律问题。从经验意义上说,合作社社员资格的核心在于社员主观上是否意愿以及据此达到的意愿效果。就此来说,农民的合作意识与合作能力作为一种主观因素,是否愿意入社以及能否被合作社商人所吸收,无疑对社员资格的开放度影响巨大;而客观方面,农民所处的外部环境因子,如农民与合作社商人的专业化程度、农民生产经验及务农时间等经验因素均对资格开放度产生一定影响。由此看,农民入社的主观意愿以及据此基础上的外部因子一起构成了合作社社员资格开放度的影响因素。当然,农民个人素质越高,合作社商人越愿意向其开放社员资格。

三、从同质到异质

现行社员资格的同质性主要体现为立法规制中的类型固化问题。依我国《农民专业合作社法》第 2 条,社员是一种利益共同体,具体表现为同种类型农产品的生产经营和同种类型农业生产经营服务的供应者、利用者。此乃对社员和合作社商人经营业务的同性质问题所作出的限制。应该说,这种对合作社成员的抑制不只是存在于经营与合作社商人业务直接相关联的生产经营活动方面,也包含能利用合作社商人提供的服务的企业或者团体方面,还包含着那些不一定经营与合作社商人有关的生产经营活动,但愿意将其资金技术投入合作社商人的企业或者团体社员。故而其获得法律所承认的成员资格是理所应当的。这自然也有利于缓和合作社商人普遍存在着资金和技术上的不足之压力。另外,就《农民专业合作社法》里有关的“具有民事行为能力人”才可称之为合作社社员的相关规定,在涉及农民社员问题时，法律作出例外规定，以吸纳非完全民事行为能力人成为社员。按照学界通说，其主要原因在于成员身份和合作社商事行为的经营范围，按照前者观点划分合作社为使用合作社和员工合作社，员工合作社有工人合作社和合作农场等；而后者把合作社划分为生产、销售、信用（包含保险）、消费（服务）合作社乃至具有多功能的综合合作社（如日本农协、以色列的莫沙夫）和具有单一功能的合作社。另外，遵从筹资方式把合作社商人划分成发行股票的股份合作社与不发行股票的非股份合作社两种。其中，股份合作社中的普通股仅社员才有资格购买，实行一人一股；而允许流转的优先股，因其面向社会，所以非会员也享有购买资格，但优先股社员并无选举权和被选举权，只是享有优先分红权。我国将合作社商人分为生产合作社、销售合作社和服务合作社等三类。自改革开放以来，我国把农业合作社划分为以改造传统人民公社体制、按集体成员为基础而构建的社区股份合作社和农民凭着自愿原则而自办的专业合作社。所以，从合作社商人分类的技术角度来看，土地股份合作社也很难成为单独的一类合作社商人。[20]“使用者所有、使用者控制、使用者受益”原则是界定合作社商人参与者和服务对象的基本方向。我国《农民专业合作社法》规定参与者单独经营同类农业产品生产，或利用共同体为成员提供服务。切入到规范解释角度，注重“同类”实质上涵盖了成员等质性的先决条件，更加关注成员的共利而允许同一个产业链具有上下游关系的产业进行联合。但是，不同要素所有者联合更是大多数合作社商人乐见其成的。可以说，合作社商人内部建构的关键在于成员的异质性。有学者经过考察，发现，花费较高成本去合作，反而只能带来较低的收入。为此，普通中小户生产者设立合作社步履维艰，而诸如大户农业生产者、农业投资者、农业企业、农产品销售商、农资供应商、技术推广服务机构、社区领袖、供销社等组建合作社商人则顺风顺水。因此，小微合作社商人只能选择异质社员，具体表现为：(1)成员之中有着年龄以及工作经历等不同之处；(2)成员中的资源优势（包括资本、自然、人力以及社会等资源）大有不同之处；(3)成员的生产技术规模、成本及策略也趋于迥异；(4)从农产品纵向一体化体系的角度看，各成员分别位于产业链的各个节点；(5)成员里的风险偏好和利益诉求之差异不可小觑。据此，提出关于成员异质性问题的认识明显不够成熟，《农民专业合作社法》语义中的合作社商人主要侧重于农

---

〔20〕 苑鹏、宫哲元：《关于〈农民专业合作社法〉修订若干问题研究的文献述评》，载《农业经济与管理》，2015(5)。

民、农户，看重公平思维，特别维护生产者利益；但是大户农业经营者、农业投资者、农业企业、农产品销售商、农资供应商、技术的施行机构、社区领队者、供销社等主体领导和带领的现实中的农民专业合作社就是指向农业和农村，在乎的是效益，更在乎的是自身利益。然而，当法律制度逻辑和合作社商人经营实践逻辑相背离时，《农民专业合作社法》的立法宗旨就有调整的必要性了。[21] 所以，"同类产品"乃至于"同类服务"，不只是给工商部门登记注册出了一道难题，而且也有着与实践不相符的问题。依《农民专业合作社法》平等原则，合作社商人不能对成员带有歧视，也不能对激励方式持有偏见。对成员异质性环境的考究，面临合伙、公司等传统商人竞相角逐的焦虑、农业产业化改革乃至市场环境的变幻莫测，若合作社商人对加入成员不加以筛选，只要成员自愿参与其中，不探究其资金来源的能力、也不问其真意和立场、团队精神、技术水平等要素，就会形成入社成员杂乱无章、很难采用有效的集体行动的局面。从激励机制的角度看，约束资本收益、重点依据交易量（额）分拨盈余。而对要素投入的不足和对经受风险的成员鞭策，可能会相对轻易地损害部分承担资本、技术、管理成员的积极性。同时，依社员自愿和开放原则，合作社商人的经营规模可能随时面临市场风险的冲击。在大部分合作社商人中，当社员参与积极性低落的时候，就会出现"有利则来，无利则往"的现象。基于上述问题，合作社商人尝试着手调整其成员选择和激励政策，以此来消解集体行动的困境。为使农民主体性这一特征得以显现，《农民专业合作社法》规定农民作为社员的比例不得少于80%。随着农地三权分置的推进，就算是农民在户籍上已然转变成城市居民，但依旧保留着土地承包权，并享有向合作社商人转让经营权（容后探讨）。值得思考的是，这些群体有没有以农民身份加入合作社商人，工商部门登记注册时应当怎么划定还有待阐明。此外，有些国有农场也基于承包权而参与合作社商人经营活动，如何界定农场职工的身份也没有明确说明。为此，考虑到成员异质性问题和农村改革发展中出现的新情况新问题，《农民专业合作社法》应当对成员资格问题进行重新审视，并对实践中涌现的各类情况进行充分梳理，使得成员资格界定具备适应性和可操作性。[22]

---

〔21〕 黄胜忠：《关于〈农民专业合作社法〉修订完善的几点思考》，载《中国农民合作社》，2015（3）。

〔22〕 黄胜忠：《关于〈农民专业合作社法〉修订完善的几点思考》，载《中国农民合作社》，2015（3）。

四、从结构到功能

西方哲学中的结构功能主义(structural functionalism)认为,社会是由多个部分组成的具有内在特定结构的系统,且各个部分之间相互联系,并能够对社会整体发挥着一定的作用,整体是平衡的另类存在状态,任何其他变化都会形成新的平衡。就本书能够借鉴的哲学思考是,有何性质组织就应该具有与此相适应的行为模型;反之,组织行为也应与其载体之间具有相恰一致性。依《农民专业合作社法》第14条,企事业单位或者社会团体等公共团体经营与合作社业务直接相关联的生产活动,且对具有管理公共事务职能的单位成为社员的可能性进行排除。该规定值得进一步检讨:其一,从抽象层面看,从结构到功能的转换,强调的是功能的实践价值,而非从主体结构本身加以判断。如德国学者艾哈德描述欧洲共同体一样,“我们不能把欧洲看成一个组织或机构,而必须把它当作是一种功能,这必然会使我们提出这个问题,我们究竟应当怎么办才能使欧洲发展它的功能?”〔23〕也即,如何发展社员资格功能,保障合作社商人交易的安全与效率,才是评价合作社问题之关键。其二,管理公共事务职能的单位是一种非营利性组织,而能否从事营利性活动,值得研究。至于非营利性组织能否从事商业活动,域外主要有几种模式:绝对禁止原则,如菲律宾;原则禁止,例外许可,如新加坡;原则许可,例外禁止,如韩、日等;许可原则,如印度尼西亚。而大多国家采取原则许可,例外禁止的功能主义模式,并且在实践中,非营利法人早已深度参与市场竞争。如前探讨,我国《民法总则》对非营利性的规定仍有待研究,但基本上对非营利法人的经营活动采取原则禁止主义。〔24〕而合作社法对具有管理公共事务职能的单位成为社员的情形采取了绝对禁止主义,似乎进一步收缩了其商业活动空间。其三,有违门户开放原则。1995年,国际合作社联盟针对各国合作运动形势的变化提出了合作社商人的门户开放原则。合作社商人并非政治团体与宗教组织,因而有关政治观点与宗教信仰的分歧不影响入社。合作社商人是劳动者的利益共同体,是一种自助互助组织,没有任何政治背景与目的、不参与任何政治宗教,故而,任何政党与信仰的人均可入社。其四,合作社商人从社员利用到经营转化,而关联性仅从利用角度规制合作社社员。《农民

---

〔23〕[德]路德维希·艾哈德:《来自竞争的繁荣》,祝世康、穆家骥译,206页,北京,商务印书馆,1983。

〔24〕金锦萍:《非营利法人治理结构研究》,18~20页,北京,北京大学出版社,2005。

专业合作社法》对于社员业务关联性的抑制，对享有资金和技术，自愿向合作社进行投资，仅仅限制与合作社业务不存在关联性的农民以及其他个人或团体组织，并非明智之选，甚至背离于国际合作社社员资格的立法发展方向，因为社员入社的最主要目的就是利用合作社。〔25〕 其五，立法无视合作社商人和公共团体之间关系日益密切的社会现实。这种现实集中表现为我国存在农民耕地少、收入低等问题，因此合作社商人如何把弱势地位的农民结合在一起，以此来提高农民的市场竞争力，并争取多种财政金融支持乃当务之急。为保障支农惠农政策的落实，立法对合作社社员经营业务的关联性进行限缩，仅直接经营农业生产或经营与合作社业务直接相关联的生产经营活动方可以成为社员。而由于农民自身实力单薄，加之政府财政扶持的有限性，合作社商人发展过程中依旧面临资金短缺、技术不高、规模弱小等问题。如何脱离困境，达到合作社商人的可持续发展的目的，这有可能需要引入外部资金和技术，来增强自身市场竞争优势。

台湾地区将消极要件仅限制在不适法的范围内，而并未对诸如公共团体与外来户等适法主体作出任何歧视。比如我国台湾地区“合作社法”就将自然人社员资格进行消极限制。该法第 13 条规定，有下列情形之一者，不得为合作社社员：褫夺公权、破产、吸用鸦片或其代用品。〔26〕 合作社商人是一种人合性法人，在社员与社股之间，社员以及社员权居于本位。然而，社员公权类型有很多，限制乃至褫夺自由，自然会妨碍私权行使，除此之外的褫夺公权，如训诫，责令赔礼道歉等也许并不会影响私权行使。如果因为公权受限而剥夺私权，在法理上似乎很难自圆其说。还有，合作社商人并非纯粹穷人的联合，而是为了解决社员利用问题的。但因经营不善，支付不能或者资不抵债等原因而致破产。在自然人破产制度中，破产极有可能会对自然人行为进行相应的影响，如限制高消费、沦为穷人等。但这是否会影响其借由入社而创造社会财富？如果剥夺其社员资格，似与合作社商人目的大相径庭。所以，不应一律排斥破产人入社。另外，吸用鸦片或其代用品能够导致人的精神萎靡，社员难以从事自助互助行动。由此看，从辩证角度看，上述三种消极情况的背后可能存在着某种善良愿景，但从制度理性角度，仍然有一定的探讨空间。比如上述情况的出现，确实会削减自然人社员资格的制度价值，陷合作社商人于不利地位。为此，长期以来该规定备受台湾学者的质疑和批评，故在 2011 年修订“合作社法”

---

〔25〕 吕丝：《农民专业合作社社员资格问题研究》，载《太原理工大学报（社会科学版）》，2013（1）。

〔26〕 我国台湾地区“合作社法”，1951 年“修正案”。

时将该条款废止。

我国对社员资格消极要件采取结构主义排斥方式,即从主体上加以禁止,而不管该主体有无合作利用。这种规制虽然容易操作,但也可能排除了合作社乃至公共机构的现实需求;而台湾地区对社员资格消极要件采取功能主义方式,也即,不管何种主体,只要实施了褫夺公权等违法行为,即丧失社员资格,并且这种规制是一种结构性的,即,不管在取得前不符合还是取得后丧失,皆丧失社员资格。值得说明的是,这种规制最能体现制度本质意义,但由于具有动态性,在操作上难以把握。为此,我们认为,未来修法不妨采取折中主义,原则上排除公共机构,但若有利用关系,例外许可;对褫夺公权等也应该通过程序法加以具体化。

我国台湾地区推行合作行为范式;〔27〕其他国家和地区社员资格积极要件的规制要复杂得多,主要存在如下模式:德国实行居住区域范式;〔28〕日本采取居所、劳作〔29〕以及居所与劳作结合等三种范式;〔30〕菲律宾实行带有意识形态性的国籍主义;〔31〕美国则推行较为宽泛的职业主义范式。〔32〕

其他国家和地区立法确定自然人社员资格侧重于社员年龄、能力、业务、会费、信用、区域乃至章程等条件,特殊情况下作区别对待。就类型化看,域外社员资格表面上是一种区域限制,实际上乃是一种属地管理。然而,在人

---

〔27〕 该法第3条规定:“合作社之设立,以社员能实行合作之范围为准。在同一能实行合作范围内,非有特殊情形,呈经主管机关核准设立两个以上同一业务之合作社。”参见我国台湾地区“合作社法”,1951年修正案。

〔28〕 德国《合作社法》第8条第2项规定:“社员资格之取得与保有,受居住区域限制”。该项可准许纳入章程之条文。参见《德国合作社法》,1994年修订案。

〔29〕 日本《中小企业等合作社法》第7、8条规定,信用合作社之自然人社员资格须具备:(1)在地区内从事商、工、矿、运输、服务等业其他事业者,并限为资本额或出资额以不超过一亿日元之事业者等;通常雇佣之从业员工人数以不超过三百人之事业者;(2)在地区内有住所、居所者;(行业:名称;出资:物)(3)在地区内从事劳动者(住所、资本)。参见日本《中小企业等合作社法》,1982年修订案。

〔30〕 该法第12条第1项规定:农民和在农业协同组合的地区内拥有住所的个人且适合于利用该组合的设施者可以加入农协(人与物的关联性)。参见日本《农业协同组合法》,昭和61年。

〔31〕 我国台湾早期合作社法曾将社员资格限制为“中华民国人民”;具有混合法系特点的菲律宾农业合作社法与非农业合作社法为排斥华侨而对社员资格作出国籍限制。该条一方面突出了章程自治,但另一方面也就管理人的行为能力作出了特别限制。参见李锡勋主编:《合作社法论》,229页,台北,三民书局,1983。

〔32〕 美国信用社的组成有三种方式:一是吸收职业雇员组成职业性信用社;二是吸收同一行业的职员组成行业性信用社;三是吸收市区内居民组成社区性信用社。但任何一类社员资格的获得,按照信用社章程规定必须交纳5美元的会费。参见史纪良主编:《美国信用合作社管理》,29页,北京,中国金融出版社,2000。

与地之间,人才是自由流动的。我国户口管制与农村不动产限制形成了农村人才的枯竭。如果我们打算认同法律进化路径为从身份到契约,或者从限制到自由的话,也许,美国模式是一个可以认真思考并要认真对待的域外范本。

我国《农民专业合作社法》第2条抽象地规定了第一级别的社员资格;第2、15条关于农民和非农民的界分以及第14条关于自然人和团体组织的区分是一种依据不同标准而进行的次级类型化。为此,我国合作社社员资格主要有农民自然人、非农民自然人和经营与农民专业合作社业务直接相关联的生产活动的团体组织等三类。应该说,该法对社员资格仅作抽象描述,而没有进行明显的地域规定,也没有作出职业要求,有待于进一步具体化。正因为如此,我国合作社法才具有一定的弹性空间,存在着具体解释之必要。其一,社员身份的职业化。我国现行立法并未纯化农民社员的规定,除此外,还增加了特殊情况下将非完全民事行为能力人作为投资社员的例外规定。值得说明的是,从法律性质说,投资社员对合作社社股的"持有"是一种事实行为,而非法律行为。在这种事实行为下,投资社员无须参与合作社商人治理,因而没有商事行为能力之要求。因此,依据法律相关规定,合作社商人允许在章程中设定一定程度的持股比例,将该特殊社员及其持股数量控制在一定范围内。其二,社员意愿的自主性。基于法的安定性需要,合作社商人在被注销法人资格之前所为法律行为效力应该继续有效。社员在法人资格消灭前有权选择存续在组织之中,并就组织是否消灭行使决定权,而免受行政机关或者其他外部行为的干预。其三,社员类型的多元化。从应然层面说,法律必须具有前瞻性,充分反映现实需求,以迎合社员类型从身份到职业的发展趋势。该趋势表现为从条件并列法标准逐步过渡到以实质要件为主,以形式要件为辅的模式,即,社员取得资格取决于是否在事实上从事于农业生产、经营、服务。如果存在这种事实行为,均可认定为农民社员。实际上,因当下户籍改革涉及农业户口、社员住所等诸多历史问题,社员资格实际认定中必然存在着一定的守成。也许"老人老办法,新人新办法"是一种有效可行的法律策略。其四,社员资格的功能性规制。合作社商人经营中所遭遇的资金、技术与管理问题是一个难以完全克服的疑难问题,但同时也对其组织治理乃至行为方式提出了诸多改进的要求及在这种要求下所生成的存续动力问题。这些问题均为社员资格多元化、功能性规制留下发展空间。在这些功能性规制中,如何松绑团体社员、战略投资人社员、技术专家社员乃至显名社员的资格限制,而吸收那些具有资金、技术、管理并愿意以合作社社员的方式投资的企业作为合作社社员。应该说,这是一种从以组织治理为中心转移到组织经营为中心的功能主义的逻辑，换句话说，法律对社员资格的规制应该从结构主义转向功能主义上来。

第二节　从法定到章定：社员资格变动中的程序正义

一般来说，过于刚性的程序不利于对弱者的保护。“有特权的内幕人物总要有意为难那些想加入他们集团的人。”[33]社员资格法定并不意味着抑制，章程自治也绝不等于诱致。而如何从抑制转为诱致，则取决于在法治框架下的具体制度安排。可以说有的会前造成了“授意”、“定调”，会上讨论形成了顺着主官或当地话语权大的人的意思表态，多数决也成为一种惯习。我们只关注法治，却没注意法治条件下各个有机体的议事规则是否在日常生活中侵蚀着法治的氛围。

依据权源差异，社员资格的获得有三种方法，分别是入社取得、受让取得和继承取得。首先，在入社方面，依《农民专业合作社法》第 14 条，社员利用合作社商人提供的服务，认可并遵从合作社章程，依照章程规定办理入社手续的，能够入社。由此看，社员欲入社，须与合作社之间建立服务关系，“自愿强制”、办理手续。但能否入社，由理事会同意。其次，在出社方面，包括如何出社与为何出社两个方面。我国合作社社员如何出社，主要规制在退社与退股制度中。依《农民专业合作社法》第 19 条，社员退社需要于财务年度结束的 3 个月前由其向理事长或理事会提出；其中，企业、事业单位或者社会团体成员退社，应在财务年度终了的 6 个月前提出；章程另有规定的，从其规定。值得关注的是，退社成员的成员资格从财务年度终了时同时终止，而非在变更登记后终止。该条规定社员经理事会同意后，可以退股，但退股是否意味着退社，没有明确；一般来说，出社主要基于社员资格的丧失，死亡或者解散与除名等法定事由。依《企业职工奖惩条例》第 18 条，除名事由包括职工经常旷工无正当理由、批评教育无效以及达到规定的旷工天数等三种情况。[34] 值得说明的是，规定的旷工天数，主要是连续旷工超过 15 天，或者 1 年内累计旷工超过 30 天。连续计算旷工的，旷工期间经过的节假日、休息日都该减去；累计旷工则需要以自然年度计算。除名则无处理时限规定。

---

〔33〕［德］路德维希·艾哈德：《来自竞争的繁荣》，祝世康、穆家骥译，107 页，北京，商务印书馆，1983。

〔34〕 我国《企业职工奖惩条例》，国发(1982)59 号。

由上可知,我国农民专业合作社法在出、入社两个方面的规定均存在严重缺陷:一则缺乏关于合作社禁止满足条件的公民入社的规定。入社自愿则是各个国家合作社法所规制的基本原则。入社自愿包含合作社不得强迫任何公民加入之意,但可否解释为公民拥有是否加入合作社的权利,即,如果公民满足合作社章程规定的条件且自愿遵守章程,合作社也可拒绝该公民入社。对此,合作社法缺乏相关规定。我国合作社多为农村大户或乡贤设立。如果这些大户或乡贤基于种种理由而阻碍少数农民加入合作社,那么这些农民则不可以享用合作社服务和利益。根据罗虚代尔原则,作为一类互益法人,合作社应该肩负接收满足章程规定要件的农民加入合作社的义务。依《农民专业合作社法》第14条,合作社社员包含公民、企事业单位以及社会团体,禁止推却满足要件的人加入其中,此应只对公民来谈,单位并不应该享有使合作社接纳其加入合作社的权利。为保护社员可能遭受的损害,本书建议,未来修法时规定,合作社商人无权拒认遵从其章程、施行章程规定的加入合作社的程序的公民入社。二则缺少关于社员资格流转和出让的法则。合作社商人凭着自愿加入和退出合作社,非社员只要办理入社手续就可以获取社员资格。社员如果想丢弃社员资格,自愿退社就可以,好像并无规定社员资格流转的必要。然而,社员账户里所记录的公共积累份额和社员入社的时间有着密切联系,加入合作社的时间越久,其账户中累积的份额就越多,成员依其累计的份额,致其可分配的盈余就会愈多。退出的社员可以将其公共积累部分拿走,但对于新社员来说,他们账户里的公共积累份额只能从零开始累积,因此退社社员的账户所记载的公共积累份额,对新入社社员说则为一种稀缺资源。社员资格须能够流转。社员资格既然能够转让,当然也能出质。合作社具有人合性,因此,社员资格的流转和出质应该受相应的限制。我国台湾地区“合作社法”第20条规定,社员没有经由合作社商人的准可,严禁其转让社股,或用社股担保其他债务。社股承继人须承继让与人或被继承人相对应的权利和义务,当受让人和继承人作为非社员时,应该适用该法第11、14条的规定。因此,社员资格转让与出质问题是合作社法必须规定的。另外,社员资格的转让加出质也须限缩,即,转让或出质须经合作社应允;受让人须为社员身份;受让人如果不是社员,则需要办理入社等相关手续;质权履行之时,本社社员才有资格受让质权标的。三则缺少当社员死亡时,其继承人如何加入合作社的相关记载。社员死亡则为法定退社的情形之一。因为合作社具有人合性,死亡社员的继承人,并不能够继承其在合作社中相应资格。纵然,死亡社员的继承人可以向合作社请求返还社员权中财产性利益,而合作社则须返还。然而,如果死亡社员的继承人关于入社的实质性要件成就时并且其愿意加入合作社,那么该继承人在加入合作社后就要进行概括承受,也就是说,死亡社员的继承人若满足相应条件,就会相应地拥有加入合作社的选择权。由此看,该选择权受到时间约束。因选择权是形成权,故而受除斥期间约束。为此,我国合作社法修订时,应当明确规定该除斥期间,即规定死亡社员的继承人应在一段时间内提出入社申请。[35]

由上可见,社员资格变动是一个需要认真对待的法律问题,否则可能会使实体要件束之高阁,并据此引发社员资格的大量纠纷。

其一,实体要件难以落实。入社须由理事会同意的规制存在着公权代决之虞。我国现行规定均将"由社员入股组成、实行社员民主治理"作为合作社治理方式选择的规范依据,但在实践中从未践行过"社员自治"。典型的是,在入社方面,申请条件模糊导致审查条件的随意。在出社方面,当合作社经营向好时,入社难而出社容易;而当合作社经营状况恶劣时,则入社容易出社难。之所以如此,实际上,这可能涉及政府目标与合作社商人自治的关联性问题。

其二,因社员资格的不当变动而引发争议。社员资格的丧失,或基于自然人死亡,或基于除名,或基于组织人格消灭。应该说,我国法律对社员资格消灭的规定存在很多不尽合理的地方,进而引发诸多法律争议。最为突出的当是社员除名制度:一是关于适用对象。我国企业职工奖惩条例就存在着旷工职工作出除名的相关规定,但是职工不能等同于社员。从商法理论上讲,职工是拿工资的,而老板则是拿利润的,社员很显然属于后者。因此,职工不同于老板。但依《农村信用合作社管理规定》第3条,合作社职工即社员。[36] 为此,在适用除名制度时,该成员应该为职工角色;但关乎利用合作社时,成员则具有老板的一些身份。如果老板违反必要条件,合作社商人应该对其作出退股决定。由此看,现行法律没有作出角色区分,也没有得到商法上的相关规范支持。这有待法律明确。二是事由与立法例。除适用对象外,我国职工除名事由以及立法模式均值得研究。从私法理论上讲,合作社商人自治主要体现为章程自治。而我国法律对旷工除名作出的规定,并非任意性规定,具有明确的强制性。这种规制的法律

---

〔35〕 曾文革、王热:《〈农民专业合作社法〉关于社员权相关规定的缺失及其完善》,载《法治研究》,2010(6)。

〔36〕 中国人民银行《农村信用合作社管理规定》,1997年发布。

后果便是,法律基于强行性规定而直接评价企业内部的违章事实,这就使得企业章程失去了自治性。也许职工条例不仅适用于国有企业,还可能适用于诸如土地类型的合作社商人。该主体因为三农、扶贫等政策目标,也存在公权渗透问题。但随着现代企业制度的发展,合作社商人应该尽快摆脱公权干预而践行私人自治。作为一种制度矫正,社员资格消灭的规制,也许从法定到章定是一种趋势。这种思路与我国台湾地区立法例有很多相似之处: 社员除名原因应该是章程规定。如此更可显示出合作社的自治性。三是程序方面。除名制度,一来关乎合作社社员的生活工作,二来谁有权认定除名,以和事由出名,都存在着较大的主观随意性。因此,如何谨慎安排社员除名是一件需要认真对待的法律问题。本书认为,基于规范与发展的协调考虑,社员除名应该遵循合作社商人自治原则,具体由章程落实,由理事会执行。除此外,对章程规定、社员大会决议以及理事会执行有异议的,章程应赋予被除名社员相应的救济权。这种救济,不仅包括权利用尽的内部救济,还包括不服内部救济的司法诉讼等。

社员资格变动的规制控制在自由与安全之间,既可确保社员资格的充分践行,又可过滤对社员资格的不必要的争议,也即,对社员资格的进一步过滤,以保障社员资格变动的顺畅。

首先,对入社自愿的有效保障。这种保障有效性主要体现在立法原则、程序与类型等三个方面。第一方面,对入社自愿作出原则性保障。1995 年国际合作社联盟大会再次强调了合作社商人的自愿与开放原则。此原则明确了合作社为自愿法人,对一切可以利用并自愿担责的人敞开大门。此类开放制度显示出社员入社自愿、出社自由乃至社员人数的相机转变。值得探讨的是,这种开放式的合作社商人,对社员自由来说,应该是一片“草原”还是一栋“房屋”,值得研究。也许有人认为,草原一望无垠,把自由比作草原,社员可“天高任鸟飞,海阔任鱼跃”; 也有人认为,房屋四周藩篱,上下封闭,把自由比作房屋,无异于作茧自缚。本书认为,草原作为一块无封闭的场地,足以满足社员“游走”需求,但同时,草原野兽、风雨也可能随时将其毁灭; 房屋阻挡了人们的视野,人在房屋面前,似乎在“画地为牢”。但是,撇开这些不利因素,我们也许可以换得遮风挡雨,隔离猛兽。基于这种利弊分析,自由当何为? 实际上,制度设计的本质就是一种利害选择。在制度考量中,草原之于交易人来说,意味着一种无规则约束的任性,我们如果打算选择草原,可能会回归到人类原初状态下的愚昧时代,随时可能遭受到来自各方面的伤害; 而我们为何又要选择这种带有天然约束的房屋呢? 作为一种制度隐喻,房屋假说也许存在着三种可能: 其一,没有门窗，也没有钥匙。本书认为，这是坟墓，其中每人都是行尸走肉。这只有在乱世或者社会混沌状态下才可能出现；其二，有门窗，但仅有少数人持有打开门窗的钥匙。这也许只有在专制体制或者监狱管制中才能存在。拥有自由的只有少数独裁者或狱卒，而大多数人则没有通过房屋的钥匙；其三，不仅有门窗，而且所有人均持有打开门窗的钥匙。第三种情况才是自由价值的伟大隐喻。也许所有人均持有门锁钥匙才是打开现代制度房屋的智慧关键。借由门锁钥匙，所有人均可以享受到房屋的安全，同时，所有人手拿钥匙，可以随时出入，同时满足了草原的自由价值。就此来说，自由就是房屋门锁钥匙规则的社会化。值得说明的是，法律上存在着价值意义上的自由与原则意义上的自由之分。价值意义上的自由更强调制度运行的目标或结果；而原则意义上的自由则突出制度运行的过程，强调自由在制度运行过程中的自始至终。在商法上，自由依赖外观法律保障，是以约束为前提的，但结果一定是自由的。就此来说，商法扩大了私法自治的范围，是合同自由的积极领路人，甚至成为整个法律发展的开拓者。〔37〕 因此，商事自由主要是一种价值意义上的。由此看，在商事交易中，法律将交易先决条件设计得越严格，越机械，交易本身就越自由。这种严格的先决条件实际上是一种信赖背书，交易人作为利害关系人根本无法超越，因而各方在具体交易时，不会怀疑甚至否定先决条件。比如我们之所以能够在对价交易中信赖对方，更多来自于如果对方违反诚信将受到不恪守诚信损失更大。作为一个理性人，我们值得信赖对方，对方选择诚信也更能获得积极利益。第二方面，对于社员自愿进行程序性保障。域外法律对社员入社的规定宽严不一，但对其规制的总体趋势是从控权到赋权。比如德国法律采取社员入社谨慎主义，通过程序加以控制；〔38〕意大利与瑞士则采取社员入社自由主义，保持社员入社的畅顺；〔39〕我国台湾地区规定合作社商人为可变动之团体，从间接角度保持了社员入社的法律可能性；〔40〕日本从控权角度禁止政府以任何事由限制社员入社。〔41〕 第三方面，对入社自愿进行类型化保障。总体来说，社员有普通入社、继承入社与

---

〔37〕［德］卡纳里斯：《德国商法》，8、10页，杨继译，北京，法律出版社2006。

〔38〕该法第15条规定“章程于合作社登记簿申报登记后，社员须填具无条件入社声明书，经合作社入社许可后，取得社员资格。合作社应即刻将社员登录于社员名册，并通知该社员。但若拒绝其入社，亦应立即通知入社申请者，并退还其入社声明书。”参见《德国合作社法》1994年修订案。

〔39〕意大利《民法典》第2520条规定：“社员数和社员的变化，不要求变更设立文件”；瑞士《民法典》第70条第1款规定：“社员入社可随时进行”；《瑞士民法典》，1996年修订案。

〔40〕该法第1条规定：“合作社为社员人数及股金总额均可变动之团体。”参见我国台湾地区“合作社法”，1951年修正案。

〔41〕该法第14条规定：“无正当理由合作社不得拒绝具有社员资格者入社或以比现有社员入社困难之条件限制新社员入社”。参见日本《中小企业等合作社法》，1981年修正案。

受让入社等三种类型。[42]（1）普通入社。这侧重于已经具有法律所规定的社员资格的人，然后依据章程规定，加入合作社商人而实际取得社员身份的行为。据此推知，法定条件可能实际地高于章定条件。域外普通入社有社员大会决议模式与理事会决议模式两种。依我国台湾地区合作社法，合作社商人成立以后，自愿加入合作社的，最少由 2 个社员的介绍，或者直接书面申请；经过理事会许可，报社员大会决议。[43] 此即社员大会模式；依意大利民法典，董事会受理申请人的申请，并由理事会决议；[44] 依芬兰合作社法，原则上实行理事会决议模式，例外地，依章程规定由社员大会、社员代表大会或监事会批准。[45]（2）继承入社。合作社社员死亡后，经非社员的继承人概括继承死亡者的权利与义务，从而加入合作社获得社员资格。这也就是继承入社的基本含义。然而，对这种自愿共同体组织，继承入社可能并不符合既有社员意愿，因而，域外基于不同法理支持与本土惯例，存在着不同的制度安排。德国合作社法认同以继承入社方式取得社员资格；而我国台湾地区合作社法认为，社员死亡是一种当然出社的事实，死者社股由继承人继承无需争议。但继承人并非社员，若愿意入社，必须履行普通入社程序，才能取得社员资格。[46] 瑞士民法典则直接规定社员资格不得让与，也不得继承。[47] 由此看，域外更多考虑人身与财产的不同属性，继承法只能在财产限度内发挥效力。值得提及的，本书难以考证德国社员资格一体继承的法理基础，作为一个理性至上的智慧之国，也许德国法律规定的背后除了逻辑之外，还有他们一套极为严密的诚信系统与深厚的本土习惯作为支撑。（3）受让入社。受让人是非社员的，与让与人基于契约而入社，即受让入社。合作社的人合性特征决定了所有社股转让必须经过合作社商人同意，否则不发生法律效力。在受让入社情况下，受让人需履行普通入社程序而取得社员资格，然而方能继承让与人的社员权利与义务。值得说明的是，原本合作社社员为了增加社股而成为受让人，是否需要履行入社程序，法律没有规定。本书认为，增加受让情况下，受让人已经是合作社商人社员了，无需履行入社程序，可以径直转让社股财产。但这种无限制的转让是否会导致内部人社股控制，害及合作社商人的人合

---

〔42〕 李锡勋：《合作社法论》，93 页，台北，三民书局，1983。

〔43〕 我国台湾地区“合作社法”，1951 年“修正案”。

〔44〕 《意大利民法典》，费安玲、丁玫译，北京，中国政法大学出版社，1997。

〔45〕 管爱国、符纯华：《现代世界合作社经济》，164 页，北京，中国农业出版社，2000。

〔46〕 我国台湾地区“合作社法”，1951 年“修正案”。

〔47〕 《瑞士民法典》，1996 年修订案。

性,需要进一步研究。

其次,对出社自由的合理把控。法的安定性是制度设计时必须考量的一个重要参数。出社自由可能会引发合作社商人的稳定性风险。这也易于理解为何域外立法纷纷作出社员出社自由的限制。但这种把控如何限制在一个合理区间内,又能保持合作社商人的私人属性,需要认真对待:第一,总量控制。法律意义上的出社是指在合作社商人存续过程中,部分社员丧失资格。至于合作社商人因关、停、并、转等原因而导致人格消灭,所有社员资格均绝对地、无条件地归于灭失,不属于本书所指出社,而是社员资格消失。《德国合作社法》第5章标题就着重标明,有个别社员离开合作社商人,才称之为出社。[48] 第二,权利控制。这主要指章程或者协议对出社权利所作的限制,如瑞士债法典的规定。[49] 第三,类型控制。现实中,基于不同事实,社员有法定、章定与自由等3类出社模式。一则,法定出社。社员鉴于法定事实的成就而失去其社员资格,属于法定出社。而域外法定事实的认定有很大差异,有基于迁居、加入同质性他社、死亡的法律事实,也有基于死亡与除名的,[50] 还有基于重大原因之法律事实。[51] 二则,章定出社。域外章定出社有授权规定与任意规定两种方式:(1)授权规定。德国合作社法明确授权章程可以规定减除社员资格;[52] 我国台湾地区合作社法也将除名事由授权给章程认定。[53] 其中,章定除名事由主要有3种情况:其一,违反本社章则与社员大会决议;其二,妨害社务;其三,犯罪或毁誉。[54] 由此看出,作为一种制度视角的转换,合作社商人无

---

〔48〕 该法第67条第1款规定:“社员因迁居而出社”。第68条第1款规定,:“社员应参加同一区域同一性质之另一合作社,应在年度结束时解除其社员资格。”第77条规定:“社员死亡时,社员资格终止于继承年度终止。”参见《德国合作社法》,1994年修订案。

〔49〕 该法第843条规定:“合作社章程或者协议可以取消社员退社的权利,但禁止退社的期限不应当超过5年,在合作社禁止社员退社的年限内,社员有重大事由时,可以支付一定数额的赔偿金,而不受限制退社的社员一样可以退社”。参见瑞士《债法典》,吴兆祥等译,251页,北京,法律出版社,2002。

〔50〕 《意大利民法典》,费安玲、丁玫译,北京,中国政法大学出版社,1997。

〔51〕 我国台湾地区“合作社法”第28条规定:社员除名应经社务会出席理事、监事3/4以上之决议,以书面通知,被除名社员,并向社员大会报告;日本《中小企业等合作社法》第19条第2项即规定,社员因“死亡或解散”而出社;意大利《民法典》第2527条和第2528条分别规定,合作社社员基于除名与死亡而出社;瑞士《民法典》,第22条将“重大原因”作为社员除名之法定事由。在程序方面,社员除名由何机构决定,如何决定,各国的法律规定并不一致。如意大利《民法典》第2527条规定,“当除名不具有法律上当然可进行性时,除名应当由社员大会作出决议,或者如果设立文件允许,由理事会作出决定。并应当将该决定通知社员。社员得自通知时起的30天内对除名决议向法院提出异议,法院得判定暂缓决议的实施。”

〔52〕 《德国合作社法》,1994年修订案。

〔53〕 我国台湾地区“合作社法”,1951年“修正案”。

〔54〕 李锡勋:《合作社法论》,97页,台北,三民书局,1983。

需更多的法律规制，伴随着章程自治的勃兴，也许章定社员资格是当代立法的一种理性选择与发展趋势。(2)任意规定。依瑞士民法典，章程得确定开除社员的事由种类；甚至无需章程明示事由而交由执行机关决定开除社员。[55] 三则，自由出社。根据社员主观意愿而退出合作社商人，称为自由出社。该制度最大限度地支持了社员的选择权。但该选择权并不是无政府主义下的、绝对的、无控制的状态，而是一种法律限度内下的选择。这种选择权的实现必须通过必要的程序。这种出社控制或者程序通常有出社和转让两种情况。关于出社社员在离休或者退休前的一定期间内向合作社商人申请退社，并在年度业务终结时发生退社法律效力，被称为预告出社。我国台湾地区合作社法规定社员可以在年度终了之时退出合作社，但需要于3个月前交纳请求书，[56]也就是说，法律规定的3个月只是预告期间，并在年度终了之日发生出社效力。然意大利民法典规定，社员退社必须有法律或设立文件许可，以挂号方式通知合作社商人，并由理事登记注明。若退社意思表示提前3个月通知的，随年度结束而生效；否则随次年度结束而生效。[57] 值得说明的是，随着社会发展，挂号条款也应该作相机性解释，应该包括微信、QQ留言以及电子信箱等电子方式。关于转让出社。经合作社商人同意，社员让与其所有社股的行为。这是一种转让出社方式，让与人让出所有社股，受让人承受其权利与义务；若让与人仅让出部分社股，则不产生出社效果。

第三节　从单元到多元：社员资格变动的救济路径

资格救济是权利救济的前提。实际上，我国法律并无对社员资格的救济作出明晰的规定，所以制度建构就成为解决社员资格救济问题的关键一步。对此，我国社员资格救济往往依托公司法股东资格救济规制进行比照适用，合作社法并无独立的制度，相关制度也缺乏可操作性和可诉性。

首先，从历史角度看，我国社员资格救济一直存在着单元救济的制度

---

〔55〕 一般来说，开除是企业对犯有错误的职工的最高处分形式，即职工严重违反劳动纪律或触犯国家法律的，企业认为其不再具备一个职工应有的条件，根据有关规定，取消其在本企业职工的资格。而除名是职工连续旷工或累计旷工达到一定期限时，企业视其为自动与企业脱离关系，不保留其本企业职工的资格。职工自动离职与旷工的性质基本相同，一般也采取除名这种处理形式。参见瑞士民法典，1996年修订案。

〔56〕 我国台湾地区“合作社法”，1951年修正案。

〔57〕《意大利民法典》，费安玲、丁玫译，北京，中国政法大学出版社，1997。

逻辑：从早期借由政治推进，到政策促进，再到通过行政诉讼进行公力救济。尤其当下公力救济仍然存在着严重的路径依赖。一方面，社员素质不高，如武力对抗、找领导帮忙等；另一方面，合作社商人的弱势地位，为公权干预提供了正当理由。实践中，中国农村法治观念淡薄，加上缺失相对权威的解决机制，社员资格纠纷救济渠道不畅，使得大量争议要么社员求助于制度外的武力对抗、"找领导帮忙"，要么寻求公权救济，占用大量的司法资源。

从实践看，由于相关法律的缺失，我国合作社商人存在明显的公权渗透现象。表现一，易受意识形态影响。合作社商人脱胎于具有意识形态性质的农村集体经济组织。该组织具有何种法律性质，尚无定论，因而有的学者极为策略性地称其为特殊团体组织。之所以特殊，是因为它有着复杂的集体制历史轨迹，而不同于大陆法系私法框架下的经营性团体；尤其是作为公权支持下的经济组织，因而深度渗透意识形态在所难免。[58] 表现二，呈现村社一体性。一个人只要取得了某地农业户籍就自然成为该合作社成员，而当他和合作社商人不存在其他经济关系时（如把原承包地退回集体或退回转包给他人），仅仅是由于他户口依旧在本地，就依旧被当作是本合作社成员。因为不可实行自愿原则，就不便于社员建构起社团观念，不便于农业人口的非农化流动。然而，社员资格争议涉及的是社员出入社的变动问题，本质上属于私法问题，因此合作社商人章程应该为社员的行为准则。通过社员大会或者社员大会授权的理事会应为解决社员资格纠纷提供一道争议过滤网，使大量纠纷被阻隔在合作社内部进行解决，节约了大量的司法资源。

总之，具有集体经济组织性质的合作社商人有更多的权力元素加入（通常指土地合作社），而这为社员自由带来诸多制度障碍。为此，社员资格救济方式呈现出在法治框架内以私力救济为主的多元化样态，为社员资格及其变动提供最后的保障。这种多元化主要表现为私力救济和公力救济。首先，私力救济为主。通过组织内部进行自助救济的纠纷解决机制属于私力救济方式，有补救和预防两种法律模式。(1)补救模式。德国合作社法规定，监事会有权对理事监督乃至中止职务。这与德国公司治理一脉相承，监事会居于理事会之上。[59] 我国台湾地区"合作社法"则采取社员

---

〔58〕 戴威、陈小君：《论农村集体经济组织成员权利的实现》，载《人民论坛》，2012(1)。

〔59〕 该法第 40 条就理事会理事暂时性解职做出规定："监事会有权依其判断，暂时解除理事之职务，直至迅速召开社员大会作成决议为止；并应行必要之措施以维该职务持续执行。"监事会有权全面监督理事全部行为过程。监事会可以随时要求理事就社务事宜进行报告，检查合作社的会议记录与账册。监事会如发现理事侵犯社员资格乃至社员权，则可依据合作社法的规定，中止理事的职权，并立即召集社员大会，由社员大会就是否终止理事的职权作出最终决定。参见《德国合作社法》，1994 年修订案。

大会中心主义，借由社员申请把纠纷消灭在组织内部，至少在组织内部得以最大限度的纠纷过滤。[60]（2）损害预防模式。我国台湾地区合作社法施行细则实行评议会预防损害模式。具体来说，为推进社务发展，合作社社员在社员大会或社员代表大会上推举若干评议员组织评议会，以监督理事、监事及其他职务执行职务。这是对社员资格和社员权利可能受到损害而建构的一种预防机制，而非在损害发生之后所进行的事后补救。从一定程度上说，该模式更有法律实效性。

其次，以公力救济为辅。这意味着除私力救济外，还存在公力救济的可能性。一般来说，公力救济主要因合作社商人的内部冲突致社员资格受损而又不能通过社员自力方式解决时，公权力才依职权主动介入或由社员申请公权力进行处理的一种纠纷解决机制。该公权力既可能指借由向法院诉讼而形成的司法救济，也可能指通过向行政机关寻求纠纷处理而出现的执法救济。其一，司法救济方面。该公力救济通常发生在社员大会决议违反本法、对章程有异议，或者决议违反正当程序等 3 种情形。这种纠纷因不能内部消解，而只能外化解决；[61]其二，行政执法方面。依我国台湾

〔60〕 该《法》第 42 条规定：“理事、监事违反法令或合作社章程时，得由社员大会全体社员作过半数之决议，解除其职权，其失职时亦同。”当理事、监事违反法令或章程而侵犯社员利益时，社员可通过社员大会来解除侵权理事、监事的职权，从而使社员资格与社员权利纠纷在组织内部得以解决。参见我国台湾地区“合作社法”，1951 年修正案。

〔61〕 《德国合作社法》第 51 条规定：“一、社员大会之决议违反法律或章程，可循诉讼途径提出异议。异议之提诉盈余一个月内为之。二、每位出席社员大会之社员均有权提出异议，若其反对决议之异议已列入大会记录；未出席之社员，若以不适当之事由被拒绝参加社员大会，或是以社员大会之召集或决议事项之通知不符合规定为理由提出异议，也有相同权利。除此之外，若决议之执行将迫使理事会和监事会成员触犯法律，或被合作社债权人追究责任之虞，则每位理事及监事亦有权提出异议。三、诉讼案应针对合作社提出。除理事会本身为提出诉讼者外，合作社由理事会代表，否则，由监事会代表。合作社所在地方法院，为唯一负责承办诉讼案者。第一项所诉期限未截止前，不得开庭审理（口头辩论）。数项异议案应合并同时审理判决。四、异议之提出和开庭审理之日期与时间，应由理事会公布于合作社刊登公报之报纸。五、若决议案被判无效，则此判决对非提出控诉之社员亦有效力。如判决案已在合作社登记簿登记，则理事会应将判决结果递呈法院（法院为合作社商人登记机关，本书注），重予登记。若已登记而被判无效之决议案已公布，则此项登记亦应再予公布。”该法第 52 条规定：“无理控诉合作社决议案所产生之损失，若其控诉出自恶意行为，则异议者应共同负其责任。”第 39 条规定：“一、监事会有权代表合作社和理事会签约，若经社员大会决议，得对理事提出法律诉讼。对监事行法律诉讼时，合作社应由社员大会选出全权代表代表之。”由此看，该法对公力诉讼救济提出之事由规定为“决议违反法律或章程，或者违反监事会与理事会的约定”、提出异议的主体规定为“出席社员大会之社员、未出席之社员以及理事与监事、监事会”、诉讼对象规定为“合作社”、异议公示、判决效力、恶意诉讼之责任等作了系统规定。芬兰《合作社法》第 92 条指出：“若合作社的社员或者理事会对社员大会的决议没有按正常程序实施，或违背了本法，或对合作社章程有异议，须在决议通过之日起三个月内提出对合作社的诉讼。”参见管爱国、符纯华：《现代世界合作社经济》，174 页，北京，中国农业出版社，2000。

地区“合作社法施行细则”，宣告社员大会决议案为无效的主体是行政主管机关，而非法院。这是一种借由行政执法机关宣告决议案无效的行政执法模式。[62] 值得说明的是，域外合作社法通常对救济顺位作出明确规定，大多将私力救济置于优先地位，当社员资格纠纷难以通过组织内部自主救济，或者发生特定事由时，才启动公力救济。依芬兰合作社法，当合作社商人内部程序难以解决，或违反合作社法，或对合作社商人之章程持有异议，方可进行公力救济。这是一种不得已的最后正义实现方式。

基于以上启示，本书建言，我国未来合作社社员资格救济制度的修法可从如下三点建构：第一，合作社商人内部设立仲裁部门或职业纠纷协调机构。该机构主要调解社员之间以及社员与合作社商人之间的民商事纷争。此制度的设立在我国农村有浓厚的基础。我国合作社大部分形成于“熟人社会”或“半熟人社会”，在此种社会中，诉讼或可能毁掉农村网状社会结构，因而寻求“无讼”可能是中国传统法律文化的价值导向。第二，依照公司法有关规定，设定合作社社员权利诉讼救济制度。据此确定诉讼救济的适用范围、适用条件、诉讼主体以及法律责任等。譬如，社员的退出合作社的权利保护之诉、社员对社员大会以及理事会的决议依法请求无效或可撤销之诉、社员对合作社会计账簿查阅之需求之诉、成员代表诉讼提起权等。

第四节　合作社的变迁与变迁的社员权
——国家权力的有限运行

社员资格是社员取得社员权的先决条件。从历时角度看，社员权性质并非一成不变，而是有一个随着合作社商人的变迁而相机生成发展的过程。然而，不管社员资格还是基于社员资格而存在的社员权都是以合作社商人存在为前提的，不仅如此，合作社商人本身也在变动之中。为此，本书需要证成的是，合作社的变迁与变迁的社员权之间是否存在着一种相机互动关系？

---

〔62〕 我国台湾地区“合作社法施行细则”第 32 条就社员之决议取消权规定：“社员大会及社员代表大会之开会决议，如有违反本法第 48 条、第 49 条之规定及本细则前 2 条之规定时，社员得申请主管机关宣告其决议案为无效。”依据民法理论，无效民事行为，是指欠缺民事法律行为的有效要件，而当然、确定地不发生法律效力的民事行为。故其不问当事人的意思如何而当然不发生效力，既不需要当事人主张其无效，也不需要经过任何程序。故而，此处无效行为能否由行政机关决定，值得研究。

一、合作社的变迁是变迁的社员权的实现载体

所谓载体，本书特指经过固化，可以容纳其他事物并可以再现或者复制的行为方式、理念或者理论等。作为一种实现载体，合作社变迁呈现出从解构性到建构性的转型。这种转型从合作实践开始，历经理念到理论，并且完整地承载了相机变迁中的社员权的发展历程。

无疑，合作社来源于合作主义的产生。原本合作主义与政治社会主义、职工组合主义是在一个摇篮里抚育成就的。三者基于同一原因并在同一情形下生成发展。实际上，合作本来就是一种行为范式，后因遭遇到具有立场意义的政治社会主义与职工组合主义，才各立门户而自成一派。[63]为此，我们从合作主义还原到合作本身，就会发现，合作的产生如此地契合于生活逻辑。18 世纪初，英国城乡落后，人口稀少。纺织是当时的主要产业。但纺织生产却是家庭作坊式的小规模生产。社会整体处于熟人交往，生活单纯、安逸。但随着社会发展，交通发达、资本增加、纺织技术提高，导致竞争加剧，物价飞涨，民不聊生。那种单一的工业制度已经不能适应经济发展了，合作作为一种时代需要应运而生。

（一）合作社变迁中的实践逻辑。作为合作社实践的开拓者，英国空想社会主义者欧文当之无愧。早期欧文兴办实业，在商业实践中，他亲历社会贫富悬殊，劳资矛盾尖锐。于是，他励志在自己企业尝试改革社会，如缩短工作时间、禁用童工、工人加薪，甚至设立工人互助储金会等。1817 年，欧文在《致工业和劳动贫民救济协会委员会报告》中提出建立合作社来解决失业问题的主张。1820 年，欧文在《致拉纳克郡报告》中提出消灭私有制，建立财产公有，权利平等和共同劳动的改革社会的理想主张。他尖锐地批判资本主义的制度，指出劳动人民的贫困是资本主义社会的必然产物。为此，欧文式合作社成为一种改变社会的工具，给当时资本主义制度带来了极大挑战，但不久便以失败告终。由此看，欧文式合作社具有一定的慈善属性与制度解构色彩（国家或慈善家出资、捐资办社），而社员却成为被救济对象。

失败乃成功之母。欧文合作社的失败给予罗虚代尔先驱者们创立合作社原则以极大的现实资源，以至于发展成为一套被后来研究者所肯定的适合市场经济要求的设社与经营原则。这些原则包括六大方面：（1）社员出资自愿，禁止红利；（2）社员身份平等，一人一票；（3）社员政治宗教信

〔63〕 孙锡麒：《合作主义》，3 ~ 5 页，北京，商务印书馆，1924。

仰自由；(4)社员平价交易；(5)社员以交易额分配；(6)社员教育。

从罗社原则可以看出，罗虚代尔公平先锋社是一个独立合作组织，在这个组织下，社员权在一定意义上得以得到尊重：一则，社员自愿交纳股金方式，吸收了股份制做法，与欧文所主张他者出资不同。这一做法使得社员在资金上与合作社联结起来，是合作社的真正主人。值得一提的是，引进股份制对合作制原则进行了改造，明确入股目的是为了取得社员资格，目的在于自助与互助，并不是谋取利润。此外，按社章退股，但股金不可转让上市，股息较低。二则，注重交易合作，而非欧文式的生产合作。工人缴纳一定股金组织消费合作社，消解了商人资本的中间环节。三则，合作社经营引入市场机制，但有所不同。合作社本小利微，因而以现金交易、不得赊欠；平价交易塑造了合作社的诚信人格；依交易额分配利润，社员权与合作社经营直接关联。四则，民主治理。社员一人一票原则，理事会与理事长由社员大会选出。

由于罗虚代尔作为先驱者和榜样，“罗虚代尔”作为一个词汇被视为“现代合作社运动的发源地”和“合作社原则”的指代。1895 年国际合作联盟按照罗虚代尔再次绘就了合作社原则。其中，1995 年，国际合作社联盟通过了《关于合作社特征的宣言》，指出了合作社宗旨为达到共同经济、社会和文化的需求和夙愿，连结一切以民主方式运营的企业，自愿结合组建自治组织；并将“自助、民主、平等、公平、团结”确立为合作社的基本价值；最新提出来合作社社员自愿且开放制度、社员民主治理、社员经济参与、自治独立、教育培训、社社合作以及关心社区等七项基本原则。由上述原则看出，国际合作社联盟及时调整策略，以适应经济与社会环境变化，借由原则加例外方式推动合作社的商业化趋势：其一，由“一人一票”向“一人多票”发展；其二，增加营利性比重，同时保证服务社员；其三，对外融资成为常态；其四，经营管理的职业化；其五，社员按比例分得合作社公共财。值得提及的是，这些原则的变动似乎泯灭了经典合作社社员所有者、劳动者、经营者、惠顾者的一体化特征，甚至影响到社员的主体性和民主参与。但是，这些例外变动仍然是在以恪守原则的前提下进行的。实际上，合作社商人与合伙、公司等商人之间仍然存在本质差别。合作社所有者在很大程度上就是其顾客，强调兼顾所有者和顾客利益，而后者则是将所有者和顾客完全分离，并且利益由所有者所得；虽然在一定限度内实行社员一人多票，但却受到严格限制，社员一人一票仍是合作社的主要原则；合作社可以实行利润分红，但这只是特例，惠顾返还仍然作为一项合作社的重要原则而存在。

总之,合作社实践从欧文试验开始,历经罗虚代尔公平先锋社,直至国际合作联盟。欧文合作社社会解构性的宏大理想失败了,但罗虚代尔公平先锋社立于解决具体问题的建构做法却获得了巨大成功,甚至得到当局的力挺。为此,从20世纪上半叶以来的合作社便径由理想主义向实用主义转变,最终演化为世界合作社运动之主流。曾困于贫富悬殊、劳资纠纷泥淖中的企业制度也借由合作社乃至其社员权的商事勃兴而趋于缓和。

(二)合作社变迁中的价值理念。从理念上说,组织与其自由往往是背离的,向往自由者有着逃离组织的冲动,而被组织化的人在很大程度上也就失去了自由。

在社会本位下,组织的主要目标就是为了实现社会正义、个体平等与弱者保障。从这一意义上,社会本位会促动私人制度的瓦解。以社会为本位而构建的制度,其中的政府计划机构会取代为了利润最大化而努力的企业家。而不同的是,个人主义主张用竞争来协调各种努力,但不是让事态放任自流。也即,个人努力创造出有效的竞争。个人主义赞成竞争,因为竞争的功能在于免除有意识的社会控制,每个人在竞争中都有一个机会,去决定其努力从事的职业是否足以补偿那些不利和风险。计划运动因为反竞争而或许会带来更大的不利与风险。〔64〕但反过来,劳资纠纷也是现代企业制度的重要症候。这种内部竞争太多地强调效率、出资人利益最大化。也许作为一种制度设计与选择,合作社借由民主治理与商业经营,在尊重竞争前提下能够最大限度的克服传统企业的内部竞争缺陷。

与企业内部劳资纠纷对应的是资资竞争,也即外部市场竞争。可以说,竞争理念已经渗透每个国人的内心深处。其对现在市场的积极意义不作赘述,但竞争的副作用仍然是存在的。有学者曾经天才式地论断,无论是动物界还是人类,竞争都从来不是规律。在动物界,只存在于个别时期,而自然选择也不需要它而另有更好的用武之地。以相互扶持来消灭竞争,从而创造更好的和谐环境。于生存大竞争中——耗费较少的精力以博得生命的最充实之强度,自然选择就是一种在不停歇地寻找尽可能避开竞争之路。竞争对物种永远是不利的,并且坚信人们能够寻求得繁多的避免竞争之法。此乃自然的倾向,虽然不能够为人们所永远认识,但却是永恒且真实存在的。这些都是丛山、密林、江河和海洋给我们的铭言。因此,只有合

---

〔64〕［英］弗里德利希·冯·哈耶克:《通往奴役之路》,王明毅等译,58,61,62页,北京,中国社会科学出版社,2013。

作才能使得个体和全体都处于安全环境，赋予他们生存、体力、智力、道德和进步的最有保证的最可靠的生命活力。此即自然给我们的启发。那些在各自的纲中达到最高地位的动物就是这样做的，正如同过去的人类，这就像我们在未来讨论人类社会中的互助一样。这就是人类为何达到了我们现在所处的地位的理由。〔65〕值得说明的是，从短期看，本书并不完全认同上述学者的借由互助而否定竞争的论断。但作为一种启示，互助合作可能在人类历史长河中解决市场激烈竞争所产生的负面作用上有着极为重要的缓和意义。为此，作为人类一项带有根本性的生存选择智慧，合作理念应该在目下占有一席之地。

将竞争合作作折中处理不失为一种有效的学术策略。合作社作为一个历史现象，乃社会经济发展至一定阶段的产物。在合作社里，社员自愿入社、入股，民主治理。从制度效果看，合作社突破了家庭作坊和个人生产的局限性，借由外部互助合作，能够有效节约交易成本，为弱者争取一席市场之地，求得公平竞争机会；社员在保存竞争可能性的前提下，通过互助合作得以缓和劳资对立，并最大限度地提升生产技术水平。

（三）合作社变迁中的理论支持。合作社理论肇端于空想社会主义。在上世纪初，以空想社会主义者圣西门、傅立叶和欧文为代表的先哲们，认识到资本主义原始积累的痼疾，试图构建一个无剥削和贫乏、互助平和的理想社会，其中，合作社就是这种社会的实现方式。他们将合作社奉为改革资本主义的良策，所以他们寄望于资产阶级的自觉支持，因而不支持阶级斗争与暴力革命，但最终空想社会主义实验失败了。随后，马克思、恩格斯创造了科学社会主义，并对空想社会主义的合作思想与合作社试验进行了充分肯定，但也指出他们失败的原因。马克思、恩格斯认为合作社会在本质上对资本主义制度的基础产生动摇。在合作社类型中，马克思、恩格斯特别推崇生产合作社，认为，生产合作社是农业的关键，应该落实示范与国家帮助原则，是一个自愿共同体，采取社员所有的资本结构。

列宁在马克思、恩格斯合作社论基础上，提出社会主义条件下的合作社与资本主义条件下的合作社的存在差异。这主要体现为因资本性质不同所产生的合作社产权性质迥异。私人资本主义下的合作社是集体企业，而资本主义企业则为私人企业；在国家资本主义下，合作社不仅是私人企业，而且是集体企业。在当时的苏联，因为工地、生产资料为国家所有，因此合作社是一种与社会主义企业无差别的集体企业。但需要强调的是，列

〔65〕［俄］克鲁泡特金：《互助论》，李平沤译，76～77页，北京，商务印书馆，1997。

宁着重强调的合作社是一个强制共同体，资本采取集体所有，社员占有的资本结构。这显然不同于西方国家经典合作社，也不同于马克思、恩格斯的"自愿"、"所有"合作社。列宁作出积极努力，将合作社经济看作社会主义社会经济的构成部分。然而，这种将合作社完全等同于集体企业的消极后果是苏联对合作社一直难以修复其盲目认知与无序实践。

合作社商人理论是合作社理论的新发展。在上个世纪末，合作社商人获得重大突破，并在美国、加拿大等国家如火如荼地开展。如前所述，传统合作社商人旨在服务，表现为产品经营的单一性与封闭性。这种合作社就像社员的储物柜，社员将各种初级农产品移交给合作社，再由其深层加工或销售。作为一种制度的新发展，合作社商人一般从业于一类农产品，在品种和数量上仅仅接受先前与社员的特定农产品，经过加工与销售而让其价值增加，最后使社员能够分享增值所带来的收益。换句话说，合作社商人更倾向于"投资－溢价"，而非传统合作社的服务导向。

这种"投资－溢价"主要表现为交易份额制与限制成员制两大特点。合作社商人凭借平台功能领受社员原材料，将原料农产品加工增值。从法律关系看，合作社商人与社员必须尊重交易合同，以防止传统合作社因契约目的落空所可能产生的任意性。合作社商人一般对社员最高份额与最低份额进行设定，以避免投资社员控股而可能偏离合作。依限制成员制，出资是合作社商人社员资格取得的必要条件。这种出资最大特征体现在合作社商人社员的交易份额上，它既表示为一定数量的交易额，又表现为一定的资本量。社员必须购买交易额，因此资本量可以通过单位交易额的价格算出。该价格通过对合作社发起时设定的初级农产品生产数量及其想要筹集的资本总额分化而来。一般来说，合作社商人会将发起资本之30%～50%设置为社员权益，剩余只能负债或发行优先股。优先股通过在社区个人或团体进行募集。但持有优先股出资人只能取得股息，而无投票权。由此看，社员借由认购交易量而完成出资行为，而依交易量参与盈余分配就是依社员股份参与分配，从而社员权利与资本权利就形成了一种难以分割的密切关系。在这种逻辑下，社员交易权具有了资本属性而得以转让与买卖。他人能够通过交易权转让与买卖而成为合作社商人社员。

由此看出，合作社通过投资—溢价机制而具有了现代商人属性：其一，社员通过购买交易权而获得社员资格。交易权购买制度满足了合作社商人经营资本需求，并将"利用"和"投资"一体化。基于经济人假设，这种利用投资制促使社员更为关心合作社商人的存续。其二，合作社商人恪守为社员服务原则，例外地，社员购买交易权时必须与合作社订立合同，接受合同约束。这种做法不仅有效保证了交易标的的质量，而且也可有效预防因合作社商人小微而可能导致的交易过剩，从而保障合作社商人得以盈利。其三，合作社商人秉承资本报酬适量和惠顾者返还的经典原则，以此确保社员权与资本权的无缝对接。合作社商人借由加工增值，并以交易量返还社员。这种依据合同买入的交易量具有社员出资属性，因而社员得依出资获取溢价。其四，合作社商人恪守服务取向，以在合作社与社员之间建立内在关联性。然而，合作社商人并非如公司一样，仅为获得投资溢价，而是借由经营为社员交易带来增值。在这种服务取向下，合作社商人作为社员权的组织载体，完全由社员控制与民主治理。

总之，从欧文解构性合作社失败开始，经过罗虚代尔建构性合作社的巨大成功，直至国际合作联盟的开放式改造，合作社商人在历史变迁中获得世人普遍认同，社员权也从无到有，从经典而发展到具有更多的商事性。这种实践背后所蕴含的竞争与合作的辩证理念也逐步内置于全部市场活动之中。而这一切几乎同步于各种合作社理论的发展。由此，本书可以谨慎地判断，合作社的变迁是变迁的社员权的有效实现载体。

二、变迁的社员权是合作社的变迁的民主推手

（一）基于连锁假设下的社员权。“人人为我，我为人人。”这句格言提纲挈领地将合作理论的基本内涵极为通俗地提炼出来。合作二字原本是从普通字典中借用而来的，并非专造名词。在经济学上，合作并非指一种广泛的共同做事的行为关系，而是一类含有特种意义的经济组织。基于此，我们不妨称之为“连锁”。实际上，当下人们已经对诸如自由、平等、博爱等价值词汇司空见惯，而论及连锁则倍感新鲜。域外，尤其是法国的社会学派，无论无政府主义还是集体主义均采取将连锁二字作为他们的标识。在政治经济学上，法经济学者季特氏甚至借由连锁创设了一种以合作为内涵的新学派。该学派旨在以历史视角研究当下社会，并反向地又从当下穿越到历史某个节点。这是一种游弋于历史与当下之间的连锁研究。科学上，连锁是一个基本的事实。无论哪种生物或个体，之所以得以生存，都是因为彼此互动而生成为一种连锁关系。可以说，没有连锁，就没有生命。值得研究的是，科学上的连锁是否在社会科学领域有适用余地，已故俄国学者克罗鲍特金在其经典著作《互助论》作了较为令人信服的论证。克氏详举了动物乃至人类的互助的事实，证明除了生存竞争外，动物与人类尚有另一方面的本能发展。在原始时代，人类生活与工作比较单独。但

随着社会发展，人类从单独走向复杂，连锁作为一种普遍存在应运而生。[66] 英国文学家季百灵曾写过一篇极其有趣的“独行其是的猫”的故事，非常妥帖地隐喻了从单独走向合作的自然逻辑。若干动物在一个合作的活动范围中，一方服侍主人，一方又利用了自己。一个女人创立了一个新家庭，她在洞口张了皮革以避风雨，在地上播布沙砾以避潮湿，在洞里又燃起火来以取温暖。当她丈夫出去狩猎时，她在家从事烹调与看护小孩。一只野狗来了，尝到一块吃剩的骨头，满心想跟着主人白天打猎，夜里守门，而换得一些鲜美的骨头来尝尝口福。于是，野马为要吃女主人割下而烘干的草，也情愿供主人驱策；野牛也拿白乳换取青草。独有野猫不肯随意附和，他很骄傲地说：“猫是独行其是的”；但是结果仍旧加入了这个合作的团体，和小孩逗趣及捕捉老鼠是他的职务，换来的报酬是以温暖的牛乳为主食的一日三餐，一块近火的安息住所。如此一来，大家互相帮忙，娱乐了自己又娱乐了他人。人类从一个文明进化到另外一个文明，莫不如此；为了共同目标，而渐悟连锁之必要，因而形成了当下极其复杂且难以沟通的连锁组织。[67] 需要点题的是，这种复杂连锁还尚未发展成一种较为固化的合作组织，因而也不存在依附这种组织而存在的社员权。

关于连锁关系的演化，早期学者季特认为有三个过程：一则，强制连锁。生物细胞的结合与动物族群的联络均有一种强制的元素存在，原始人类迫于自然界的威慑，也被迫团结起来，进而发生连锁关系。二则，自愿强制连锁。在这种状态下，彼此尚未摆脱强迫，但个体已有觉悟。他们知道法律或者事业的存在，而且也认同其存在的价值，因此他们才为规避个体行动风险而决然共同行动。如当下征兵制、工人养老院等均具有这种连锁性质。在这个社会里，假如你违反法律，或逃避课税，必会收到法律制裁；你对某种社会事业放弃责任，也会受同伙的责骂。同时，你若为良民，会觉得为公共利益而服务是你应尽的义务。三则，自由连锁。自由连锁是在一种去强制行为下存在的。个体结合与否，均由其自由意志决定。[68] 值得说明的是，到现在为止，“应使人人完全自由而却完全一致”的纯粹的自由状态尚未出现，还仅停留在理论假说层面。但随着合作的出现与发展，这种自由连锁已经践行，其中合作组织便是这种自由连锁的具体实施。[69]

---

〔66〕 ［俄］克鲁泡特金：《互助论》，李平沤译，17 页，北京，商务印书馆，1997。

〔67〕 王世颖：《合作运动》，3 页，上海，弘文印书局，1933。

〔68〕 王世颖：《合作运动》，5 页，上海，弘文印书局，1933。

〔69〕 ［法］查理·季特：《合作原理比较研究》，彭师勤译，15 页以下，北京，中华书局，1941。

而合作组织的出现，意味着组织何以存在的社员权也随之诞生，也即，社员—合作组织—社员权。

（二）基于竞争理论下的社员权。自由连锁为合作组织的生成提供了现实可能性。但作为一个合作的相对概念，竞争具有不可避免性。在市场经济条件下，竞争是实现经济效益最大化的一种有效方法。然而，有竞争必然有失败，而失败者是每个竞争参与者均可能遭遇到的命运。为此，无论任何人为了求得可能失败所导致的不幸，均有合作的欲望与动力。为此，在竞争夹缝中，那些处于竞争不利者便联合起来，组织合作社。在合作社组织内部，社员在行使社员权的过程中达到了互助与自助之目的。由此看，在竞争条件下，社员权在法律性质上演化为一种社会性权利。这种社会性权利需要得到更多的公权保障，也需要私权上的精细设计与必要限制，方求得权利行使的有效性。

但需要警醒的是，在自由状态下，合作组织需要防止来自自由的竞争对社员权的抑制。为此，合作以连锁作其基本理论支持，因而对近代工业组织的竞争理论持有一种不信任的态度。早期学者季特认为，竞争分为劳资竞争（劳工自由的竞争）与资资竞争（商人之间）两种。劳资竞争是一种组织制度下的内部竞争，从一定程度上，可使劳工获得某些经济自由，因而，一般放任自由学派持肯定态度，认为，自由竞争能够实现物价低廉、公平正义，进而改善合作者生活。然而，事与愿违的是，这种经济效果并没有出现，反而导致货物价格暴涨、自然资源破坏，贫富两极分化。为克服放任自由所带来的缺陷，人们设计出一种规则约束下的自由合作社组织。依据契约，合作社能够节约交易成本，最大限度实现社员权。与劳资竞争对应的是资资竞争，也即商人间的存续竞争。这种竞争发生于19世纪中叶，晚于劳资竞争，其理论根据就是进化论。该论得益于生物学的启示，之后演绎并践行到社会经济组织方面。可以说，到此为止，人们仍然坚信，竞争就是进步，优强的足以生存，劣弱的便要被淘汰。生存奋斗的竞争说凌驾于一切之上。然而，生存竞争论未必就是终极真理，甚至包治百病。伟大学者克鲁泡特金曾天才论断：“拥有数量最多的最富有同情心的成员的社会，将最为昌盛，并且繁育最多的子孙”。[70] 从现实看，优胜劣汰未必真实。我们可随处遇见，并可以断定，在才能上，资本家未必优越于平常之人。由此我们可以谨慎的推知，纯粹的商人间的外部竞争的确存在很多难以克服的致命缺陷。作为一种视角的合理转换，我们是否可以尝试竞争前

〔70〕［俄］克鲁泡特金：《互助论》，李平沤译，18页，北京，商务印书馆，1997。

提下，借由合作组织，并由其赋权社员，在组织内外寻求一种劣势互补，强弱互长的自由合作机制，以消解因过度竞争而可能引发的市场失败。

总之，基于连锁假设，合作社既不支持内部竞争，同时也反对单一的外部竞争。然而，在市场经济下，竞争是不可避免的。为此，本书认为，合作社借由社员权，在组织内部实现社有、社享与社用，由合伙、公司等商人所构建的单纯生存竞争格局之外再嵌入一种相对温和的合作模式，以平和的手段实现经济上的相互利益，重展已被淹没的人类间的相互连锁。[71] 在这种连锁-竞争主义下，合作社是一种有待于被进一步扶正的经济组织，而合作社社员权则是一种为了实现互助而存在的自然权，是一种纯粹意义上的团体私权。

三、合作社的变迁与变迁的社员权之相机互动

随着社会发展的复杂化，事物之间互相依存，彼此都可能成为对方的工具。然而，我们对工具认识似乎并不深入。实际上，工具本身是一个长期被人忽视而又极为重要的学术话题。本书认为，工具可以在主客观两种意义上使用。主观意义上的工具，其本身是一种人格主体，因而具有互益性；而客观意义上的工具则是一种非人格客体，仅具有为人所用的法益性。社员与合作社均为法律上的人，因而彼此可能会成为对方主观工具。既然是一种主观工具，社员与合作社都是彼此独立的，社员不是为了合作社去做事，合作社也不是为了社员做事，社员无非是借由合作社做事而已。

本书正是基于这种“主观工具论”来研究合作社的变迁与变迁的社员权之间何以同构于相机变动之中。这种同构如果放在纵向的、更为宏观的国家主义与无政府主义之下假设，也许线索更为清晰。在国家主义与合作社关系上，国家社会主义重在扩张国有生产事业，辅助并支配私人企业。这种扩张主要表现为国家管理银行与国际贸易，干预财富分配，甚至对人们的生存消费也横加管制。作为一种制度性缓和，合作社则是一种试图在国家问题上保持中立，进而改造社会的经济组织。这种组织由社员自愿设立，经营涉及生产、消费乃至服务等各方面事业。而在政治观念与合作社关系方面，国家主义具有改造社会、轻视人格，重视环境或者经济条件；而合作社则认为，个人乃社会进化的原动力；重视人格及信用；主张渐进式的阶层调和。在无政府主义与合作社关系上，无政府主义认为，政府存在无价值，因而社会可以被突然改造，主张自由结社。而合作社则认为，政府

---

〔71〕 王世颖：《合作运动》，1 ~2 页，上海，弘文印书局，1933。

是有存在价值的；社会需要渐进改造，并且主张依据法律自由结社。[72]

从某种意义上说，宏观纵向架构为同构范式设定了一个模型边界。在这种边界内，变迁的社员权与合作社的变迁之间相机互动才具有生发具体协作模型的法律可能性。在政府保持公权限度内，这种纵向协作表现为公司、合作社与社员之间的紧松关系。其中，第一类为契约范式，是一种松散型合作社，如图 A。合作社处于居间地位，是一种交易平台，社员均为一家一户的分散模式。此时，合作社除平台外并不为社员提供太多的服务，在产业链上下游上均建立一种契约约束关系，社员则成为与合作社进行交易的一方主体；第二类为组织-契约范式，是一种半松散型合作社，如 B 图。该种与松散型主要差别在于合作社不仅提供交易平台，还将社员集中在组织体内，集中提供各种生产、交易服务，合作社在产业链上游上建立一种组织约束，而在下游上仅建立一种契约约束，社员属于合作社的内部成员；第三类为组织范式，是一种紧密型合作社，如 C 图。这是纵向协作程度较高的合作形式，并在产业链上下游都建立一种组织约束关系，[73]社员既是合作社成员，也是公司控制下的员工，如下图：

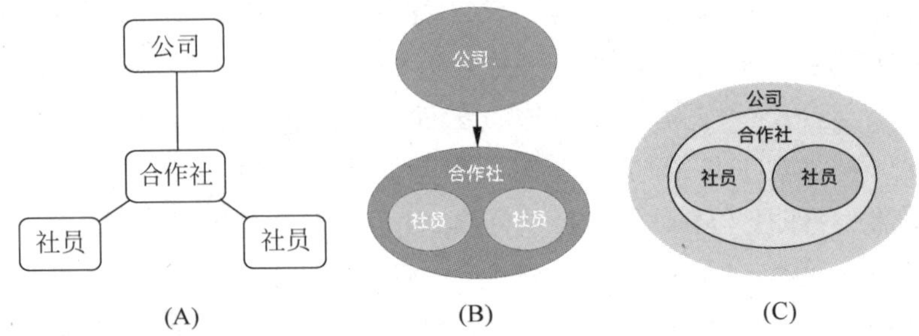

(A)　(B)　(C)

值得注意的是，在这种纵向控制中，合作社的主体地位以及社员权的权利属性如何？一般认为，根据公私法划分理论，规范权力者及服从者的法，为公法，而规范对等关系者的法，则为私法；然公法中也存在着对等关系，如两个地方国家机关的关系；私法中也有服从关系，如父母和子女之间。然而，自人类社会步入现代以来，按照日本著名法学家美浓部达吉之看法，公法由国家法以及经国家认可的公团体的社会法构成，而后者则包括了教会法、地方团体法和公共合作社法（国际法）；私法的范围不断扩大，包含个人法和未编入公法的社会法，后者又由家族法、公司法、其他私

[72] 童玉民：《合作运动纲要》，10～13 页，上海，上海新学会，1932。

[73] 钟真，孔祥智等：《转型中的奶农合作社研究》，258～259 页，北京，中国农业出版社，2014。

团体法构成。[74] 依此论断,公共合作社法即为公法,而作为公共合作社成员的社员自然受到公主体规制所影响。本书认为,这种论断恰恰反映着变迁的社员权与合作社的变迁之间的相机互动关系。从著作产生的历史背景看,论者正值20世纪30年代,西方处于垄断资本主义阶段,合作社社会化已然发展为较普遍之社会现象,但由于处于二战期间,国家干预渗透于社会生活的各个方面,大多数合作社因公权渗透而丧失了私主体性,社员权作为一种私权也因合作社组织的公共化而逃遁为社会本位。当然,随着二战结束,市场经济回归本位,合作社以及合作社下的社员权的私权运动一直在完善发展,直至今日,这场合作社商法化进程仍在进行。

小　　结

职业、区域、主体类型与性质是合作社社员资格必备之四要件。社员权的获得或者丧失以社员资格为标准。社员资格是专属性的,普通入社是社员资格取得的唯一方式。为保证合作社商人的存续,合作社章程或者协议禁止社员退社,但也并非无期,期限不超过五年。国家无涉论认为,因社员权而引发合作社的产生,如文中所述的罗虚代尔公平先锋;因国家无涉论而引发的合作社决定论认为,国家权力的有限渗透,使合作社得以存续与强大。而国家论则认为,国家权力的绝对强大使得合作社去主体化,社员受制于政治国家,社员成为国家权力下的政治主体("国家主人");每个社员均为"国家主人",社员权利流变为政治权力,社员私权也因此被淹没。合作社与社员关系呈现出形式化和法定化,而同时,彼此却成为对方无关的"他者"。

---

〔74〕［日］美浓部达吉:《公法与私法》,黄冯明译,31~32页,北京,中国政法大学出版社,2003。

第五章　合作社商人的资本安排
——对社股财产与盈余分配的法律控制

合作社商人的制度设计难以绕开资本与政治之间的优位关系问题。从某种意义上说，合作社政治先于资本发展，可能会导致集权制度的抬头；反之，合作社资本优于政治发展，则可能会倒逼民主机制的产生。合作社是一种农民自治组织，理应为农民自有、自享，但实践中，作为第三人，我们并不愿意选择合作社做交易；作为社员，合作社商人也并未为我们提供特别的合作服务。究其原因，本书认为，这实际涉及合作社恪守政治限度下的资本安排问题。[1] 本书认为，合作社商人是一种互益性的非营利企业法人。作为一个企业法人，合作社应有自己的社股财产，并由此而可能产生盈亏；作为一个非营利性团体，社股财产的扩张应是有限度的，盈亏的享有与负担必须进行公平配置；作为一个互益团体，社员出资形成了团体的初始财产，盈余也自然由团体社员所享受与负担。但从实践上看，我们如何通过对社股财产与盈余分配的双重控制来有效遏制合作社的商业扩张，又与公益主体划清界限，从而秉持为社会第三力量所特需的信用构造？这些问题值得研究。

第一节　合作社商人的社股财产及其限制

合作社商人的社股财产构成了自身独特的资本安排的一部分。而何谓社股财产，其内在构造与法律性质如何，需要探讨。

一、社股财产的概念

在合作社商人的一般理论中，不管是社员的出资，还是合作社的社股

---

〔1〕 从货币银行学角度看，所谓信用，实际上是指财产使用权的有限让渡。具体来说，信用可以指还本付息的债务关系，也可以指投资受益的产权关系（曹龙骐主编：《货币银行学》，81页，北京，高等教育出版社，2000）；而从民事法律主体制度角度看，此处信用主要指合作社商人构成之物的要件。

财产,均为合作社构建与运行中的物的要素,这没有争议。但社股财产如何界定,其与社员出资是何关系,学界观点各不相同,有以下三种理论观点:

第一种,物的要素否认说,即合作社商人的成立条件,既不要求社员出资,也不要求社股财产。从其组织形式和制度设计上看,采取无限公司或者合伙形式是这种产权最适宜的安排。在此制度框架下,社员一般需要承担无限责任。与此制度相呼应,社员出资并非社员资格取得的先决条件,也非社员应该履行的附随义务。据此来看,出资并不意味着社员资格的最终获得。这可能会出现合作社商人成立了但还没有资本的情况。当然,合作社商人的物的要素不仅包括社股财财产,也包括通过接受捐赠和借贷等方式来获得团体的运行财产。[2] 从法律性质上看,公益性是这种合作组织的特点。例如1844年罗虚代尔公平先锋社就采用消费合作社形式,并在其公开的宣言中第一次阐明:“一股规定为一英镑,资本之汇集,俾供业务之使用。”[3]一般认为农村信用合作运动起源于德国。世界农村信用合作运动的先河由雷发巽开创。在他看来,合作社之目的在其精神价值,并非在于增加物质利益。为此,他所秉持的合作原则为:(1)农民作为社员的唯一主体,合作的区域为小农村,社员资格的取得条件包括经济信用和道德信用并且予以证明;(2)合作社无限责任制,社费不是取得社员资格的必要条件;(3)合作社成立之时,认股不作为必要条件,后来,哈斯(Haas)则提出,合作社社员缴纳股金与否应该区别对待。由此可见,物的要素否认说在社会发展进程中有所淡化。但就整体而言,社员资格关乎特殊身份,而非出资行为;合作社商人所需资金可通过社员存款、向外借贷等方式取得,而并非通过社股财产获得。

第二种,出资设立要件说。该说聚焦合作社商人社员出资而对社股财产作淡化处理。此学说主张,社员出资是社员资格获得的必要条件,是社员享有社员权的先决条件。为此,依合作社商人章程或相关法律规定,社员必须向合作社商人缴纳财产或履行某种给付义务。[4] 这作为社股财产的唯一来源。可以说,此学说是以近代经典合作运动实践为根基。在各国合作社的不断向前发展的背景下,国际间的交往日益密切,联系愈加频繁,

---

〔2〕 张则尧:《比较合作社法》,118页,北京,中国合作文化协社,1943;李锡勋:《合作社法论》,107页,台北,三民书局,1983。

〔3〕 李锡勋:《合作社法论》,107页,台北,三民书局,1983。

〔4〕 徐小平:《中国现代农业合作社法律制度研究》,129~130页,西南政法大学博士学位论文,2007。

雷发巽的不缴股金、不分利润的道德原则被合作运动的实践逐步否定。国际合作社联盟将入股作为社员资格取得的条件之一。各国合作社商人法均规定社员的出资义务(除苏联的消费合作社法令)。[5] 作为一种逻辑延伸,出资设立要件说还进一步强调合作社商人的价值中立,不允许任何形式的政治和宗教干预,同时商业公司的资本渗透也被排斥在外。实践中,巨型企业间的竞争压力正逐步施加在这种经典合作社的产权构造上,经营环境和状况面临巨大挑战。

第三种,社股财产构成说。社员出资的平等性并不在此学说的考虑范围之内,而仅仅将合作社社股财产当作法人构成要件。此学说的观点是,拥有财产是法人不可替代的必要条件,但是对于社员出资和社股财产的关系问题不得而知。在实践中,合作社商人不仅允许商业资本的渗透,还积极主动地透过增资扩股参与商业竞争。由此看,社股财产构成说更加重视合作社商人资本总量的增加。其中,股份制产权模式是其最适宜采取的方式。

总之,上述诸说产生于特定的历史环境,并曾经被定义为正确的理论,但现在看来仍然有进一步探讨之余地:关于出资的定性是社员资格的认证条件还是社员资格取得后的附随义务?社股财产和社员出资之间究竟为何关系?

其一,社员出资问题。看似简单的一个出资概念,其实质上却是一个极其复杂的问题,很难作出简单的判断,第一,从时间上来看,社员的出资既包括了原始出资,也包含着后续的出资。日本学者从公司的角度分析,认购股份是取得社员资格前置条件。这是因为组织体的完整形成和获得法律上的人格是法人存在的目的,而财产要想独立必须以人格独立为前提。对于法人而言,社员出资是社股财产的基础,所以,认购社股标志着法人拥有财产基础并进一步形成法律人格。而法人成员的确定是从发起人认股开始的。这种认知一直影响着我国台湾地区和韩国的公司法。[6] 对此,本书认为,我们可以将社员资格的取得要件界定为初始出资,而后续出资则为社员取得资格后所必须负担的附随义务,即只有取得社员资格才涉及后续出资问题。第二,就出资交付角度而言,将社员的出资划分为名义出资和现实出资。在法人起初设立阶段,发起人仅在没有通过创立大会审核的章程上签名的,然而并没有进行现实出资时,该怎样界定这种出资?

---

〔5〕 张则尧:《比较合作社法》,118页,北京,中国合作文化协社,1943。

〔6〕 [韩]李哲松:《韩国公司法》,吴日焕译,183页,北京,中国政法大学出版社,1999。

本书认为,基于对当事人意思自治的尊重,并且发起人在认购股份以前已经在原始章程上签字,所以也将其认定为法人成员,即所谓的名义社员。但要求此名义社员尽到由此而派生出的出资义务。由此看来,基于初始出资可以取得社员资格,也可以通过签章(意思自治)获得。其三,初始出资为社员之法定义务。初始出资对合作社商人的作用不言而喻,无初始出资,即无法人。财产在法人中占有举足轻重的地位,正与所谓的“无财产即无人格”相吻合。后续的出资义务既有约定的义务,也有法定的义务。但二者都是一种必须履行的义务。这种义务关涉法人成立后的经营活动。

其二,合作社社员出资和社股财产之间的联系。第一,在财产结构上,一是法人成立时的财产。此财产来源于他人(对合作社商人出资的人)而不是由法人自身的行为所获得的财产;二是法人成立后的财产。此财产是由法人自己的行为所取得的财产。既然法人成立时的财产源自他人,其在获得方式上必须具有合法性,通过的途径是传来或继受取得;相比在法人成立后的财产取得方式就相对宽松,既可以通过经营等原始取得,也能通过继受取得。第二,在设立法人时的财产问题上,在设立法人时,只要通过合法的财产转移程序社员的出资财产即变成法人的设立财产。[7] 第三,就社股财产来源而言,合作社社股财产来源之广、范围之大,既包括了原始出资,也包括国家税收的优惠和财政的扶持,还包括个人和一些社会组织的捐助和赠与等所获得的财产。这些财产摇身变成社股财产,相应的就会引起社股财产的增减。这种变化会在社员出资利益上映射出来,如果某个2000人的社会团体恰巧向合作社商人捐赠2000元人民币,按照社股平均计算,那么社员每人有一元的出资增值,由此看来,虽然社股财产和社员出资不是一一对应关系,但是有影响价值大小的作用,盲目否定二者的联系,是不科学的。

其三,资本的扩张与限制。对于社员出资与国家税收减免、财政支持、社会捐赠等来说,本书主张扩大社股财产的各种来源;就社股财产来说,本书坚持社员出资在各种来源中占主体地位;在社股财产和社员出资两者间的关系上,本书赞同合作社商人在合作为基础下的资本扩张。这样,合作社商人既秉持了合作的原则,又保持了资本适度扩张的开放态度。

依据上述分析,合作社之社股财产,是指主要由社员出资形成的,为合作社所享有的、独立于其他任何社会组织、个人、发起人以及团体成员的财产。依据该定义,我们可以得出合作社的社股财产具有如下构成及特点:

---

〔7〕 屈茂辉等:《合作社法律制度研究》,127页,北京,中国工商出版社,2007。

（一）社股财产的构成。合作社社股财产的来源非常复杂，既有社员的初始出资，也有因国家税收减免与财政支持等所形成的财产，但当这些财产进入法人后均成为社股财产。为此，域外银行广泛认同 1988 年国际清算银行通过的《巴塞尔协议》中的银行资本标准并自觉参照执行。巴塞尔委员会并未就合作社制定特别标准，因此合作社可自愿参照巴塞尔协议的资本标准执行。按照《巴塞尔协议》之规定，合作银行的资本构成有两个层次，第一层次为核心资本，由股本与公开储蓄构成；第二层次为补充资本，也即附属资本，是银行资本的另一个组成部分，包括未公开储蓄、重估储蓄、普通呆账准备金与长期次级债务等内容。结合我国实际，中国人民银行于 1994 年对国有及其他商业银行（包括合作社）的资本金构成作了规定。合作社资本构成包括核心资本与附属资本两个部分。核心资本有资本公积、实收资本、盈余公积以及未分配利润之类；附属资本包括呆账准备金与累计折旧两个部分。[8]

从我国台湾地区看，合作社的社股财产具有社员主控性和混合性双重特征。在其混合性方面，社员承担全部出资义务，但这种做法在实际上是不可行的，也与企业经营原则相悖，对于合作社商人的经营活动产生不公平的后果。而在现实生活中，合作社商人可以维护社会安定和谐、促进经济平等和人性进步，所以，公共团体对合作社商人采取积极的态度，给予相应的帮助，甚至制定了一些奖励措施。在一定意义上，合作社社股财产结构的复杂性进一步增加。合作社作为经济组织，其资金主要由社员来筹集，以符合自立与自治之要求。合作社所需资本，鼓励社员承担义务，尽量提供资金，共同兴办事业。鉴于此，合作社社股财产呈现出如下构成：（1）社员出资金。社员的出资金通常是股金。这既包括社员为取得社员资格而缴纳的入社费，也包括社员加入合作社之后为履行社员义务而依章程规定所缴纳的股金。实际上，社员提供的资金，不限于这些认缴的股金，还包括合作社保留未分配结余款，以及向社员的借款等。这是合作社最重要的资金来源。（2）充实公积金：将结余款中提列一部分作为合作社的公积金。（3）职员提供的资金。（4）合作社之合作，其他合作社之资金协助。（5）合作社体系以外之团体或者个人的资金协助。（6）政府或者其他公共团体的资金协助，如政府税收减免与政策支持等。[9]

---

〔8〕 岳志：《现代合作金融制度研究》，171～173 页，北京，中国金融出版社，2002。

〔9〕 陈伯村、赵荣松：《合作社组织管理通论》，204～205 页，财团法人台湾省合作事业发展基金会，2001。

当然,合作社社股财产是一个有序排列的而又主次分明的结构。首先应求之于社员,合作社本身以及其聘任人员;其次求之于合作社之间的合作;最后求之于合作社体系以外的外来资金。合作社唯遵此顺序,方能维持其特质。值得说明的是,现代企业不可能不利用外来资金,公司企业如此,合作社也一样。惟合作社对于外来资金采取谨慎之态度。按照自治与独立原则,合作社与政府等其他组织在订立契约时,或者从社外募集资本时,须确保社员民主的掌控,以及维护合作社的自治。从这个声明中可以知道,合作社商人要时刻秉持社员民主控制,保持自治能力并且不受外来资金的干扰。因此,合作社求助外来资金应该遵守社股不能流通于证券市场、外来资金对合作社商人的决策不能拥有决议权,也不能享有共同财产分配权等三个原则。〔10〕

（二）社股财产的特点。1. 社股财产主要由社员出资形成。这里包括几个要点:一是社员出资是社股财产的主要来源;二是社员初始出资是取得社员资格的前提之一;三是社股财产除社员出资外,还有诸如政府、其他公共团体或者个人的资金协助、公积金充实等。但这些外来资金不享有对合作社的资本绝对控制权,也不享有对合作社共有财产的支配权。

2. 社股财产为合作社法人人格所享有。依民法原理,自然人的财产与人格分别属于两个不同法律范畴。无论我们怎样定义财产,它都是人格之派生物,但是人格是完全可以脱离财产而独立存在的,即所谓“穷汉亦有其人格”。因此,财产保护与人格保护完全是两个不同层面的问题。〔11〕但就法人来说,物是合作社法人人格构成的必须要件,没有物的团体则不能具有独立人格。所以,作为法人财产的社股财产具有极为重要的构成性意义,它将为合作社商人的法人人格取得提供物的保障。社员出资形成社股财产后必为合作社法人人格所享有。

3. 社股财产为合作社所独有,他人不得分享。法人的财产,无论归法人所有,还是归法人占有,法人一旦设立成功,法人财产就是法人权利与义务的基础,具有了排他性。无论是法人发起人,还是个人、国家或者其他组织,未经依法或者法人依法许可,均不得干涉法人财产权的行使,不得侵犯法人财产权。〔12〕我国合作社法将合作社作独立企业法人看待,并以其全

〔10〕 陈伯村、赵荣松:《合作社组织管理通论》,205 页,财团法人台湾省合作事业发展基金会,2001。

〔11〕 尹田:《再论无财产即无人格》,载《法学》,2005(2)。

〔12〕 马俊驹、余延满:《民法原论》,132～133 页,北京,法律出版社,2006。

部资产对其债务承担责任。法人权益受法律保护,不得侵犯,不受任何单位与个人干涉。

4. 社股财产独立于其他社会组织与个人的财产。合作社商人具有独立人格,自然有其意志与利益,并因此自主经营、自担风险、自负盈亏、自我约束。

5. 社股财产独立于发起人的财产。尽管合作社设立时的财产是由发起人出资或者认购的,而其一经设立成功便具有独立的人格,拥有独立的财产。社股财产独立于发起人的财产,这是合作社发起人对其债务负担有限责任之逻辑前提。

6. 社股财产独立于合作社的社员个人财产。合作社作为一种社团法人,是人与财产之结合,但其社员并不能直接支配法人财产,而须以法人名义,依据法律或者章程之规定来占有、使用或者处分法人财产;社员个人财产也不为合作社所有,因此合作社无权经营管理其社员个人财产。合作社法人财产与其社员个人财产是彼此分离、相互独立的,二者分别属于不同的主体。

二、对社股财产的限制

对社股财产的限制有静态和动态两种控制。就静态来讲,社股财产是从源头和组成上对社股进行控制;而对社股财产的转让和退还进行控制是动态限制的表现。

(一)静态限制。1. 对社股财产的限制是通过社员出资进行的。社员资格的认定有一个前置条件即认购社股,并且对认购标准的限度进行了规制,这种限度有两个方面的体现:(1)出资最高额的限制。对出资进行最高额的限制会使合作社的资本保持在一个相对稳定和充足的状态。相反,如果不进行限制,当一个社员所持的社股占绝大多数时,一旦出现退股,将会对经营的业务产生影响,即使不退股,对社务的完善也会产生或多或少的影响,另外,合作社商人基于对社员财力的考量,以及对增加自有资本的考虑,正如我国台湾地区“合作社法实行细则”第19条之规定:将其“股票得分为1股、5股、10股、50股等数种,必要时并得分别或一致规定每一社员应购的股数”。最低数额的规定表示合作社商人并不反对资本,而最高额的规定则是对资本多数决主义的否定。[13] 从世界范围看,合作社法多有此明文规定。在英国,其《合作社法》规定,登记合作社以外的社

[13] 张则尧:《比较合作社法》,120页,北京,中国合作文化协社,1943。

员不得为超过200英镑的出资。在美国马萨诸塞州，其《合作社法》规定，社员不得为400美元以上之出资。泰国《合作社法》规定每一社员不得认购5铢以上之社股。上述皆以金钱定最高限额；在德国，其《合作社法》规定，“章程规定，对于责任保证额社员应缴纳一定追加款，来补偿破产财产之不足，同时还规定其不得低于社员的社股”。第121条规定：“社员认购较多社股时，而其保证金不足，则应提高相应的保证金额，章程另有规定的依规定”。在日本，其《中小企业等合作社法》规定：“信用合作社将社员的出股数限制在百分之十以下”。在我国台湾地区，其“合作社法”规定，每个社员认购社股的区间规定在一股至股金总额的百分之二十以下这个范围内。上述大多采取对出资额的最高限制，还有少数辅以保证金制度。(2)出资形式的限制。关于出资形式，从世界范围看，各有差异。我国台湾地区的“合作社法”只认可货币形式出资，不认可实物出资；但日本目前并未规定出资形式，也即，可以多种形式。

2. 限制社员资格意味着对社股财产的必要减缩。为此，通过对前者的限制以达到限制后者的目的。行使社员权和后续认购社股都离不开社员资格的取得。从制度设计上看，控制社员资格就是控制合作社商人资本。因此，在一定程度上，拥有了社员资格就拥有了社股财产规模的控制权。

3. 通过控制社股财产结构限制社股财产。如上文所述，合作社商人一个重要的特性就是其社股财产的开放性，同时需要其他社会团体的资助，但又需要维持社员的控股地位。由于资金筹集的限制，社员在一定情况下也显得无能为力。这就使得社股财产不能持续扩张。

依此来看，域外合作社商人法大多对社股财产进行周延地规制，尤其对社员资格、社员出资和社股财产等方面的规制更为细致。我国合作社商人立法能否在具体制度上受到某些启发，值得研究：(1)在社员出资问题上。我国合作社法对此没有作出系统规定。《农村信用合作社管理规定》只限制了社员最高出资额，持股比例过低，[14]明显存在着法人资本不足的制度缺陷。本书认为，不妨参照域外社员出资比例百分之十的经验。这样，既可以充实合作社社股财产，还可以有效保护债权人利益。在出资形式方面，基于公司的成功示范与法人资本的安全性考量，在加强监督和进行资产评估的情况下，发起人可以货币、实物或者知识产权出资，以增加合

---

〔14〕 我国《农村信用合作社管理规定》第16条规定：“合作社所有社员必须用货币资金入股，单个社员的最高持股比例不得超过该合作社股本金总额的百分之二。”

作社商人的资本金。(2)社员资格问题。依《农村信用合作社管理规定》,农村信用社社员包括向法人入股的农户及农村各类具有法人资格的经济组织两类。我国法律没有对社员人数作出最高额限制,但由于我国现行合作社多以县为法人单位,再加上农户与农业经济组织的弱势地位,这些都限制了社股财产的规模扩张。(3)关于社股财产的结构问题。如前所述,我国对于社员资格的限制过于严格,社员涵盖的范围较小,其可以在对社员控股加以限制的基础上将社员扩大到非农业。如果采取这种做法,也许与我国合作社商人经营现状更加契合。

(二)动态限制。通过社股变动实现社股在一定条件下的转让与退还。这是对社股财产的动态限制。

第一,社股的转让。合作社商人具有人合性,持有社股只是一种人格义务,是一种专属权利,视为限制社股流通转移。英国合作社法将社员让与出资的行为规定为出社;印度合作社法对社员转让社股作出了各种限制,特别在负有无限责任的情况下,原则上不得转让,少许转让的情况,也仅限于其内部社员。此外,还规定一般情况下合作社社股不得强行处分;德国合作社法规定社员未出社时,合作社商人不得退还其股金或利用其股金充作业务往来之押金,其未交股金不得释免。合作社商人不得贷款给社员作为缴纳股金之用,并且社股具有专属性;奥国合作社法规定合作社商人财产对出资财产上的债权人和质权人不发生效用。当然,这种情况适用无限责任的场合。另外,在不违背章程原则和理事会决定的情况下,社员出资可以转让。在保证责任的场合适用此规定;日本中小企业等合作社法规定,在合作社商人未同意的情况下,社员不得出让其所有社股。受让人须取得社员资格;受让人应按社股承继出让人之权利、义务;社股不得共同持有。一旦社股共有,共有人出现争端时,由于社员责任意识不强,此时,合作社社员的互助精神很难发挥其效用,相关事务更加棘手而难以解决。所以,社股共有应予以禁止。此外,该法并未提及相关质权。本书认为,社股的载体为股票,是一种有价证券。无记名股票的权利转移方式是交付,但合作社之股票却为记名股票,且社股由其社员认购,属于法人成立的附随义务。唯有征得合作社商人的许可,社员方可对其股份担保债务。对此,我国台湾地区和德奥立法均规定社股的出让以合作社商人许可为前提,另外,用社股对债务担保也作了相似规定。由相关继承人对社股继承,并享有和承受原社股之权利义务。[15]

---

〔15〕 张则尧:《比较合作社法》,121 页,北京,中国合作文化协社,1943。

第二,社股财产的退还。在所有权形态的框架下,合作社社商人的股财产存在可分和不可分两种形态。

其一,就可分财产形态来说,社股财产退还的方式有:第一,社股。社股为合作社商人的物的基础,其取得社员资格的附随义务,且不能在社内单独存在。即使社股总额为多数财产关系的财产,但当出现合作社商人解散或者社员出社的情况时,相关人仍然可以要求返还其之前认购的社股。这是一种所有权的分割方式,同罗马法上的共有形态颇为类似。[16] 德国《合作社法》规定合作社商人资产充盈的六个月内,得退还社员的股金。其二,社员盈余金。在合作社商人出现盈利并且获得纯利润时,抽取一定比例的积累资金,由社员通过转让或者继承方式取得其所有权。在合作社商人的所有盈余金中,一部分具有公积性质,这部分由交易社员共有。通过分配社员按比例分别享有其所有权。在分配之前,社股财产和其所有关系保持一致。总之,合作社商人的社股财产和社员盈余金具有可分性和共有性。正是基于这种可处分性,这些共有财产才可交易与流通。我国台湾地区"合作社法"第30条规定,根据章程,对于股金的退还,须依出社社员的申请,由合作社商人决定其退还股金的多少。退还股金请求权的期间为社员在未出社前至保留社员地位这段时间。一旦出社就成为合作社债权人,变成第三人的权利,当然有权请求退还其股份。至于退还一部或全部,视出社的原因与合作社的财产而定。退还社员全部股份的情形包括法定出社(死亡、破产等)。相反,如果是由于除名的情况而退社,日本《中小企业等合作社法》规定,只退还其所实际缴纳股金的50%。[17] 我国台湾地区"合作社法"第30条规定社员在出社时的股金,按照合作社营业年度终之时的财产来计算,但合作社章程另有规定者除外。如合作社商人章程可以规定,无论自身处于盈利还是亏损,出社社员请求其退还股金的,其均应当履行退还义务。对于合作社商人营业年度终了之时的财产,此处所称财产,包括合作社商人的年度报表、资产负债表及损益表。依年度盈亏,决定其退还的数额。

其二,对于不可分财产,退还社股财产的规则有:其一为合作社商人的物的要件。这是合作社法人财产框架下的财产,是为了达到生产和交换方式的公有。这种公有只是在一定范围之内达到共同所有的目的。而每人均无独自利用和处分的权利。事实上,这是合作社商人财产权独立性的

〔16〕 马俊驹、余延满:《民法原论》,346页,北京,法律出版社,2006。

〔17〕 李锡勋:《合作社法论》,113页,台北,三民书局,1983。

表现。公有主体是单一的。由此看,合作社社员并非这种公有财产的所有权主体。因此,就社员来说,该财产是不可交易的,而只能被置留在交易之外。如果把公有概念融入现代民法话语中表述,也许更类似于日耳曼法团体所有权,即总有权的构造。[18] 在此场合,社员虽可使用合作社商人的物的要件,并因此而获得一定的收益,但物件的处分权能则归属于合作社商人。简而言之,社员可以使用合作社商人的物的要件并获得收益,而合作社商人拥有对物件的处分和管理之权利。因此,合作社商人与社员就物件形成了一种总有关系,这是对所有权进行的质的分割形式。[19] 其二,社员公积金。全体社员创造了社员公积金,为合作社财产的第二来源。法国的毕薛(P. Buchez)和英国的威廉·金(William King)曾提出合作社商人提存公积金的思想。他们认为合作社商人必须储备公积金并为其公有。不管出现何种状况,社员不得对公积金分割。当合作社商人的实体消灭时,应该把该公积金捐赠给其他相关的合作社商人或公共组织。虽然合作社商人的实体消灭了,但其精神和信念依然留存。这种思想对欧洲的某些国家影响深远。例如法国合作社商人解散后,公积金当作社会的财产,不允许社员进行分配。德国雷发巽式的合作社主张社员不分红,全部盈余扩充为公积金。自有合作社立法以来,对于合作社商人之盈余,世界多数国家的法律规定应该从所有的盈余中按照比例提取相应的数量以充作合作社商人的公积金,但关于提取方式的规定则各不相同,如有的为法律授权章程规定,有的为社员大会定夺或法律直接规定。例外地,罗虚代尔原则则有按社员交易额分配给社员之规定。在合作社商人存续期间,任何社员都不拥有这种公积金所形成的财产,也即,合作社商人所有,社员不得私分。新入社的社员所缴纳的股金,不会因为合作社商人公积金的变动而增加新入社员的额度,而原社员进行社股流转,其价值也不能改变。当解散清算之时,合作社商人公积金不是剩余财产,社员取得所有权是通过罗马法上的共有权的量的分割形式进行的。因此,公积金的所有权形态形成的基础是不可让与性和不可分割性。[20] 由于意识形态的影响,在 1970 年代以前,我国实行合作社商人公积金不分配制度。随后因市场经济发展,合作社商人化倒逼这种公积金不分配的制度渐渐衰败。也许这可归因于公积金主要功能不再定位于创造财富来抵达理想新社会的宏大目标,而类似于公司

---

〔18〕 张则尧:《比较合作社法》,127 页,北京,中国合作文化协社,1943。
〔19〕 马俊驹、余延满:《民法原论》,346 页,北京,法律出版社,2006。
〔20〕 张则尧:《比较合作社法》,128 页,北京,中国合作文化协社,1943。

制度，用以弥补亏损与扩大再生产，借以增加合作社商人的对外信用。基于此，部分国家把盈余不分配的规定下放给章程，以避免了法律的刚性约束。德国《合作社法》规定盈余不分配，并将其转化为法定公积金或为其他项盈余积累所用。出社社员可以在 2 年内对股金和公积金行使“支领权”。公积金在合作社商人解散之时可以分配给社员。根据不同标准，确定分配比例，包括社员对合作社商人的交易量多寡，或者按照社员在合作社商人中的年资长短等因素。值得说明的是，该规定难以有效约束那种藏于人们内心深处的人性弱点。如一些合作社商人为了将来分享更多的公积金则会通过拒绝新社员入社的方式来保持合作社商人公积金的保有量。为此，有些国家规定，当合作社公积金数额大于社股金数额时，即取消强制拨付。〔21〕 当然，合作社商人为了特殊需要可提取特别公积金，提取的方式和数量依具体情况而定。如合作社商人建设专门工作场所，收取特别公积金，筹集到资金达到预设目标为止。公积金的筹集方式，部分是从合作社商人每年盈余中分拨，有时也征收于交易过程之中。如合作社商人可从社员存贷款提取部分作为公积金。美国和丹麦的合作社商人中多用此法。此外，例如捐款、入社费和罚金等特别收入也能作为公积金取得的方式，还有其他盈余方式，如合作社商人与非社员的交易数额等，都为潜在的社员入社留足了股金，或者补充为合作社的公积金。〔22〕

隶属于我国合作社法的《农村信用合作社管理规定》第 18 条规定社员在履行登记手续后可将所持有的股本金转让。第 19 条规定在经过理事会同意后，社员可以请求退股，但在年底决算之前退股的，不能取得当年的股息红利。该规定缺陷在合作社法具有普遍性：(1)在社股转让方面。没有在社员和非社员之间就社股转让进行区分。为此，本书认为，将来可以借鉴上文所提及的立法经验，作出规定，未经合作社商人同意，社员不得出让其所有社股；经合作社商人同意，社员出让社股，如果受让人并非本社社员，应以入社为前提，并符合相应程序；受让人获得相应的权利和义务；社股不能共同拥有。(2)关于退股问题。未对社股财产进行明确区分，可分财产和不可分财产界定不明。为此，如何出现对不可分财产进行社股财产退还？本书认为，我国合作社商人法可借鉴域外，对社股财产的退还需要

〔21〕 我国台湾地区“合作社法”第 23 条规定：“合作社盈余，除弥补累计损失及付息外，在信用合作社或其他经营贷款业务之合作社应提 20% 以上，在其他合作社应提 10% 以上公积金。公积金已超过股金总额 2 倍时，合作社得自定每年应提之数”。

〔22〕 尹树生：《合作经济概论》，145 ~ 146 页，台北，三民书局，1984。

考虑多种不同的因素，例如不同的类型、事由和比例等并为此进行类型化规定。

总之，对合作社商人盈余和分配限制需具备一个物的前提，即通过对社股财产的静态和动态进行规制。

第二节　合作社商人的盈余分配及其限制

合作社商人通过经营取得赢利乃至盈利。当然，也会因为经营不善而致亏损甚至破产。但在常态下，因为法人的独立性，合作社商人对其财产享有占有、使用和处分的权利，而收益则归于社员。鉴于合作社商人的利用营利特性，因而对收益分配进行必要的限制就存在着充分的法理依据。

一、合作社商人盈余的界定

何谓盈余，有不同称呼。一般来说，盈余是指合作社商人的纯粹财产与原有财产的差额。从比较法角度看，域外也有相似说法。实践中，法国将“补义”(Boni)或者“利市多纳”(Ristounne)作为盈余的一种称呼，其含义为在年度归还以前，交易之时所向社员收取的“不正当财物”。对此，法国学者则表述为“公平价格”；英国学者直呼“交易剩余款”；而日本学者则简化为“剩余金”。上述名称不同反映了域外对于合作社商人盈余性质和来源的不同认识。合作社商人将其当年社员多收取的和少赋予的价款，按交易的额度进行盈余的分配。这体现了社员储蓄性质。[23] 顺便提及的是，合作社商人是一种非营利法人，能否取得盈余，在多大限度内取得盈余，值得探讨。

关于盈余的特点，本书借由对合作社商人与公司的比较，可大致勾勒其轮廓。按照美国学者亨利·汉斯曼观点，资本合作社(也即商事公司)与合作社商人之间在盈余问题上并无本质区别。他认为，资本合作社归于投资者所有；而合作社商人则是企业所有权归客户。而客户的种类是多样的，客户中也有为企业投入资本的那一类人，因而，从这一层面而言，资本合作社在本质上是合作社商人的一种特别类型。在资本合作社中，资金是由社员出借的，该资金被合作社商人控制与经营。对于借入的资金，合作社商人需支付对价利息。对于合作社商人净收益分配问题，可以依据社员出借资金所占比例或相应的股息等方式进行分配。社员提供资金所占

〔23〕 李锡勋：《合作社法论》，118页，台北，三民书局，1983。

的比例是表决权分配的依据。合作社商人也可对融资方式作出补充，即非社员投入资金，合作社商人向该债权人支付利息。其利率的高低可不同于社员利率，但合作社商人的民主治理与收益分配必须为本社社员。〔24〕 总体讲，商业公司与合作社商人之间存在着异同。相同点方面，在商事公司里，企业把盈余支付给社员债权人，该债权人即“股东”，其利率一概定为零，而这事实上遮蔽了社员投资的贷款性质；二者也有差异，在商业公司里，提供贷款的期限是无限制的，虽然个别股东收回其投资，但就其整体性的股东而言，欲想收回股本需在公司解散时才得以实现；〔25〕合作社商人与其社员之间在交易上是自由的，甚至可以拒绝“惠顾”。但值得注意的是，此种区别只是相对的。在不同的情况下，商事公司对股东撤资的要求不同，如合伙企业。然而合作社商人却与之相反，它时常要求其社员进行承诺即长期“惠顾”。

交易自由是市场经济的内在要求。但合作社商人因其目的乃至构造上的制度局限性，仍然存在诸多约束机制，如合作社商人的盈余何以确定，理论上早有争议。合作社社员存贷款的利率，有的比原资本金的价格高。该高出部分即社员行为所致，被称之为盈余，应归于社员共同享有。但高出的部分，也即交易价格。这在理论上存在实价主义、高价主义与平价主义等分歧。实价主义者认为，合作社仅为社员服务，交易价格只能包括成本和经营费。对此，本书不敢苟同：合作社商人经营的目的是产生盈余，若没有盈余，收支平衡难以为继；在营业年度之前，不能决定实价；对于合作社商人的交易对象难以把握。如将交易对象扩大到非社员，那么合作社商人可能将部分盈余转化为利润而收入囊中。若将交易对象限定为社员，基于经济人的本性驱使，社员会实行转贷，转手营利的现象难以杜绝；还有，如果实行实价主义，那么合作社商人的资本充足率很难维持，当一些意外情况来临时，只能以社股金额救济，别无他途。最终，合作社商人的事业理想和目标不仅难以实现，而且维持现状都是奢望。对于高价主义，本书

〔24〕［美］亨利·汉斯曼：《企业所有权论》，于静译，17～19页，北京，中国政法大学出版社，2001。

〔25〕 值得说明的是，基于利益平衡，为保护不利益中的股东利益，当代公司股东撤回投资之禁止规定也趋于缓和。如我国《公司法》第75条规定：有下列情形之一的，对股东会该项决议投反对票的股东可以请求公司按照合理的价格收购其股权：（一）公司连续五年不向股东分配利润，而公司该五年连续盈利，并且符合本法规定的分配利润条件的；（二）公司合并、分立、转让主要财产的；（三）公司章程规定的营业期限届满或者章程规定的其他解散事由出现，股东会会议通过决议修改章程使公司存续的。自股东会会议决议通过之日起六十日内，股东与公司不能达成股权收购协议的，股东可以自股东会会议决议通过之日起九十日内向人民法院提起诉讼。

认为，该论为商业企业所普遍追求之目的，对其结果难以预料。对于平价主义，或称时价主义，是指合作社商人的交易价格，一般与市场的时价相当，而高于实价，现已成为域外合作社商人之通例。[26]

二、对合作社商人盈余分配的法律控制

正如前文对社股财产的静态与动态分析，我们对合作社商人盈余分配限制的探讨也可从静态与动态两个方面进行把握。

首先，从静态角度把握合作社商人盈余分配原则。如上所涉，域外合作商人大多采取盈余时价主义，并由法律加以确认。然而，合作社商人盈余如何分配，域外有所不同。罗虚代尔先锋社将社员之交易数额量作为盈余分配原则。例外地，德国《合作社法》第 19 条和英国《合作社法》第 10 条第 6 项授权章程对盈余进行定期处分；奥国《合作社法》第 27 条规定社员大会决定社员利益分配，在解释上应该确定按交易额或其他，如按公积金等分配方式。[27] 对此，盈余分配原则大致经历了按交易量或额返还原则——罗虚代尔分配原则（按惠顾额分配盈余）——1966 年国际合作联盟修订的合作社商人分配原则（从剩余中提取一部分作为合作社商人经营发展和为社员提供服务的公积金；对于社员来说，通过交易额的比例划分部分剩余；股份资本如果有利息的话，只接受严格限制的利率）——1995 年国际合作联盟重新阐明合作社商人分配原则（扩大投资的部分可按股分红）等四个阶段。[28]

其次，从动态角度把握合作社商人盈余分配顺序。第一，弥补累积损失。譬如，我国台湾地区“合作社法”将合作社商人盈余界定为补损。但较为困难的是，仅在一年度计算如何得出真正的盈余，这在限定盈余时确实存在一定的难度，也即，合作社商人只有将积累的损失填补完成时才可以判断出积极财产是否高于消极财产。从保护第三人合法利益和合作社商人资本充实角度出发，弥补累积确实有益于保护交易安全。

第二，支付社股息金。譬如，我国台湾地区“合作社法”规定，以盈余弥补累积损失后，若还有盈余，可用于支付社股息金。从某种意义上说，合作社商人在弥补累积损失后才形成真正的盈余，并将此盈余用于社股息金

---

〔26〕 我国台湾地区“合作社法”第 3 条第 4 款规定：合作社之业务“为谋金融之流通，放贷生产上或制造上必要之资金于社员，并收受社员之存款。”

〔27〕 张则尧：《比较合作社法》，123 页，北京，中国合作文化协社，1943。

〔28〕 孔祥智、周振：《分配理论与农民专业合作社盈余分配原则》，载《东岳论丛》，2014（4）。

的支出。

第三,提取公积金。公积金是为合作社商人存续乃至强化其经营发展而提存的资金。如前探讨,早期,合作社商人提存所有盈余作为公积金,但这存在一个重大的缺陷,即未能预见合作社商人可能亏损的事实和社员出资的原有目的。为此,该做法很快被矫正。对于合作社商人在盈余中确定公积金之比例和用途的规定,域外合作社法大都有两种方法:立法直接规定,或将此权利授予章程进行规制。如美国华盛顿州《合作社法》RCW23.86.160规定合作社商人必须利用一定比例的公积金回馈于公共利益,而公积金由董事从净利润中提取;纽约州《合作社法》规定合作社商人公积金的设立必须缘起于预定目标,并且为章程所许可的公债等相关财产。该法第92条第4款规定合作社商人甚至可以在集体公积金账户中划入一部分净盈亏。董事会对集体公积金账户中分配的净利润拥有自主决定权以实现合作社商人的目标。第113条规定合作社商人还应创设折旧、损耗、退化和呆账公积金之外的为保持最低限度综合性目的的公积金。按照一定的时间提取此种公积金,已经或至少达满足以下比例:(1)大于或等于每年毛收入的1%或规定的其他比例,达到前5年平均毛收入的2%方可停止;(2)大于或等于每年净利润的10%或其他规定的比例,达到已付股本或社员资格股的总数方可停止;(3)大于或等于每年净利润的10%或其他规定的比例,用于创设并维持至少净资本的60%,合作社商人的总资产的60%为净资本中已付资金与盈余之和。欧盟《合作社法》规定,合作社商人如有盈余,必提法定公积金,由章程中详细载明,法定公积金数额达3万欧元方可停止提取,且净盈余投入法定公积金的数额不得低于15%。第3款规定法定公积金只能由在社社员分割。第4条第8款规定,合作社商人可将全部或部分公积金转增成股份资本,但必须经行政或管理机构提议,再由社员大会作出表决。原社员的持股比例作为该股份资本分配的标准。芬兰《合作社法》第33条规定合作社商人应设置并留存准备金(也即公积金),其所占比例达到决算表总量的1%,但必须大于等于15000芬兰马克;该法第34条规定:合作社商人公积金在没有满足法定或章程规定之前,在填补年度损失之后,应该将不少于5%的年度盈余转化为公积金。该法第37条第3款规定合作社商人公积金如若作为弥亏使用,亏损的数额在没有被公积金填补完成前,3年内盈余不可分配于社员。日本《农业协同组合法》规定:(1)合作社商人每年应提取10%的盈余充当公积金,以章程规定的限制为止。(2)章程所规定的公积金总额必须大于或等于股本总额的1/2。(3)公积金的功能是弥补亏损。(4)合作社商人应保障社员公益并且至少从盈余中提取5%。以盈余弥补累积损失后，若还有盈余，至少提取总额20%作为公积金。直至合作社商人提取的公积金高于股金总额方可自定每年所提数量（该法第20条第2项）；若公积金提取的数额高于股金总额时，社员大会就拥有了部分权能，比如可以决定每年应提的数目，对于多余的部分，而且可以决定用于公共事业等（我国台湾地区“合作社法实施细则”第23条）。然而，按照我国台湾地区“合作社法”，社员不得请求分配公积金。有的国家合作社商人由章程规定公积金的数额和方法等而立法不直接干涉。德国《合作社法》规定：由社员享有或承担年终决算带来的盈亏。其中，出资比例作为第一年办理的标准；第二年则在第一年盈亏的基础上按社员股金享有或负担。盈余分配累计到社员个人股金账户，社员交满股金方可停止。但章程另有规定的从其规定，如弥补亏损的公积金的筹集、筹集方式和比例等。

第四，提取公益金。公益金一般为满足社员需求而开展合作教育、职工福利等公益活动所必需的资金。依照规范来源的不同标准，公益金有法定和意定两种。我国台湾地区采取法定公益金模式，即公积金提取后，应该提取5%以上为公益金。但除此外，域外很少法定公益金的规制。本书认为，这可能基于如下原因：其一，从纵向看，合作社商人法定公益金是经过长年累月所形成的，在公益金的积累过程中经历了职工的流转变换，由于种种原因，部分职工离开组织，若将现存的全部公益金使用于现有员工之上必然有失公允。在这种境况下，可以尝试通过全体职工代表大会决定将公益金依照适当程序转化为合作社商人的资本公积金，以增强实力，促进其发展。其二，法定公益金制度存在将社会保障制度和职工报酬制度混为一谈之虞。我们在计划经济时期产生了强制提取法定公益金的制度设计。这使得原本应由政府承担的社会保障职能转移到合作社商人，由其承担本应由政府财政所需承担的社会责任。随着社会的发展，社会保障制度也得到进一步完善，此时，合作社商人对职工的工资性保障成为其主要的责任，而职工的社会保障则由政府负责，尤其是在企业职工住房制度和社会保险制度改革之后，合作社商人已经无需筹集职工住房资金等福利性资金，随之法定公益金制度渐入无用武之地。实践中，公益金问题确实比比皆是，挂账闲置已不能再发挥其原有的效用。所以，法律已无继续设置公益金制度之必要。其三，法定公益金可能引发合作社商人的资产权属不清问题。合作社商人从税后提取部分法定公益金，而所有者享有税后利润，其不能任意冲减，否则，很难维系合作社商人的资本稳定。当合作社商人为职工（我国农村信用社的职工即社员）购买住房等福利时，假如将房产登记在职工名下,则实际上这部分财产属于职工,如果这部分财产不从合作社商人的社股中冲减,则必然虚增合作社商人的社股财产;假如将该部分住房留在合作社商人财产中,那么这部分资产依然归所有者享有,用于合作社商人对外偿还债务之责任财产。如此看来,法定公益金既不是职工的福利性财产,也不能在法律上得到保障。其四,法定公益金可能会引发合作社商人高管人员的道德风险。实际上,公益金的运作背后涉及高管人员的权力分配问题。在这种权力运行中,高管人员享有主动权和话语权,而普通员工的影响力微乎其微。基于此种利益格局,高管人员更有可能将公益金用于谋求自身的福利。其五,法定公益金会使合作社商人所得税增加,进而加重职工的负担。合作社商人得以从税后利润中提取法定公益金。从表面上看,这有利于职工利益,实则相反。因为,税前扣除的既包括工资性支出,也包括其他福利性支出。作为“经济人”的合作社商人基于利益的考量,极有可能将企业所得税部分地转嫁到社员身上。这就使得社员负担增加,更谈不上社员优惠了。最后,实践中,法定公益金生存的空间极小。法定公益金是一种税后分享模式。在法律的框架内,合作社商人为了增加职工工资性收入,会想尽一切办法来冲减法定公益金的提取比率。我们每天所需的食物和饮料,不是出自屠户、酿酒家或面包师的施舍和恩惠,而是出于他们自利的打算。[29] 合作社商人并非慈善机构,因而法定公益金也不具有公益性质。从历史角度看,在计划经济条件下,法定公益金制度曾经发挥过一定的积极作用,但随着向市场经济转型,并进一步深化,合作社商人化成为一种历史趋势。而意定公益金上的出现必然倒逼着法定公益金制度寿终正寝。

第五,提取酬劳金。由于合作社商人的定位,合作社商人在人力资源和人力资本分配制度上更强调其差异性。所实行的工资制度一般约束员工,而薪酬制适用的对象一般是技术创新者、职业经理人。由此可见,工资是通过人力资源劳动而获取,而薪酬则是将人力资本作为资本回报的。值得进一步分析的是,此处所指的薪酬是一种酬劳金用以支付理事、经理和其他职员的酬劳金。我国台湾地区“合作社法”规定公益金提取后,剩下的10%为理事、事务员及技术员酬劳金。社员大会有权决定他们的酬劳金数额。该决定一经做出即具有约束力,不能轻易改变。职业性已成为时下合作社商人的迫切需求与经营特征,所以采取特殊的激励方式,对相关

〔29〕［英］亚当·斯密:《国民财富的性质和原因的研究》,郭大力、王亚南译,13页,北京,商务印书馆,1983。

专业人员给予工资之外的特殊薪酬将会成为一种常态。

需明确的是,合作社中的理事、经理、主任以及其他职员的酬劳金,在我国合作社法中并未作出规定。本书以为,我国目前的合作社商人带有计划经济的烙印,其工资的含义非常广泛,囊括了工薪、福利甚至酬劳等诸多因素,因此部分合作社商人为进行区别,统称之为薪酬。很明显与现代营业理念相悖,其他国家和地区的成功经验是我国合作社商人所应学习的,对于不同类型的企业人员酬劳金作出规定。

第六,分配余额。合作社商人盈余按上述顺位提取之后,若仍存在盈余,得向社员分配,用以激发社员的积极性。域外关于分配模式,立法通常有三种规制:一是社员平均分配。这彻底地体现了社员之间的平等关系,但实际上,社员无论从入社时间还是持股比例,各有差异,社员之间并非无差别化。而如何在这种差异中平衡分配,实践中存在一定难度。随着合作制度的发展,合作社商人中出现资格股和投资股。如果在资格股和投资股之间进行平均分配,投资股的投资积极性将极大降低。这也有违效率法则。二是按照社员出资数量进行分配比例。此原则是合伙、公司等传统商人的利润分配原则,而合作社商人是一种人合性的组织,实行的是最原始、最简单的一人一票制的民主原则。所以,此方法可能会引发适用对象混乱的情况。三是分配原则上,用社员交易额作为衡量的基准。合作社商人既然是取之于社员,那么自然也就用之于社员,因此,该方法成为组织通例,甚至上升到组织宪章的高度。我国台湾地区"合作社法"规定合作社商人盈余首先用于其发展的准备金,剩余金额按社员交易额多寡标准进行分配。

实际上,社员参与合作社商人的真正目的并不在于盈余的分配,而是为了自身独立生产或为经营提供服务,所以,借由章程或者社员大会,合作社商人可以作出不进行盈余分配的决定。当然,这是为更好地互助而达到自助之目的。如《德国合作社法》授权章程规定盈余不分配,而转充法定公积金和其他盈余积累之用。

最后,分担损失。合作社商人的盈余分配取决于交易量的大小。反过来,如果合作社商人发生损失,交易量的多少则与之直接挂钩。正因为合作社商人的人合性,所以理应由社员共同分担。我国台湾地区"合作社法章程准则"规定"公积金——股金"二元分担顺位。依我国台湾地区"合作社法",责任组织的类别不同,分担制度有别。在有限责任下,社员得承担欠缺部分,而不区分新旧社员(依该法第 15 条);在无限责任和保证责任下,社员出社后 6 个月内,合作社商人由于某种原因而解散,则视该社员未出社,仍然承担相应的责任(依该法第31条)。由于历史原因,我国合作社商人亏损现象大面积存在,所以,如何分担损失,具有重大的现实意义。一般而言,合作社商人弥补亏损的顺序是先公积金,再股金,最后为其他财产。如果合作社商人出现资不抵债的情形即消极财产大于其积极财产,此情况又当如何处理,则取决于合作社商人的法人性质。在有限责任下,社员仅以其出资额为限对外承担责任。这与现代公司法人制度异曲同工。

在当下城镇化进程的大背景下,合作社商人面对市场竞争如何生存以及开展经营活动,将是一个巨大考验。从立法策略上看,合作社法应兼具强制性和任意性,以保障公积金、公益金等盈余提取的合理性,形成相关制度的必要弹性。具体来说,合作社商人在起步阶段,由于资金规模、社员信心等问题,无法提取各种资金。如在开业年适当增加社员的盈余分配额度,并可不提取公益金和酬劳金,以此来增加合作社商人自身的吸引力,吸纳更多社员入社;根据合作社商人每年的经营状况,而进行有差别的处理。如逢业绩看好、盈余乐观的年度,可以根据实际情况而增加公积金、公益金和酬劳金,而相对降低社员的分配额度;反之亦然,以此来减轻合作社商人负担和防止社员退社。从理论上讲,这种灵活而简便的方式依然遵从了社股财产的相关制度,而同时将效益原则完美地体现在合作社商人盈余分配之中。所以,未来合作社商人法中的任意性条款应逐步增加,直至去除组织盈余的种种数额限制。

小　结

合作社商人的资本安排可从社股财产与盈余分配两个方面加以构思。一是,合作社商人通过对社员出资、社员资格以及社股财产的静态限制,使其不至于资本短缺,又不易受到资本之控制;通过对社股转让与退股的动态限制,合作社商人可以保持法人格的稳定性,社员也可以得到公平报偿。二是,有序规制合作社商人的盈余分配,达到合作社、社员乃至债权人之间的利益平衡,以实现盈余分配中的程序正义。社股财产与盈余分配两者之间的关系,前者为后者提供了一个物的前提,而后者是前者运行的必然结果。可以说,二者在构建合作社商人资本制度中相辅相成,缺一不可。正因为如此,作为第三人,我们才愿意选择合作社商人做交易;作为社员,合作社商人也才能为我们提供特别的互助服务。

第六章　合作社商人的同构范式

人生而自由，但无往不在同构关系之中。[1] 这种同构关系不仅存于个人与团体之间，而且在人类主观方面也留有余地。在商法研究中，学者们也注意到这样一个问题，那就是，市场主体既追逐利润，也关心着基于效益或者公平所产生的分配问题。这些问题不单纯是由市场所能解决的，几乎还关涉到无处不在的国家权力的渗透。在这一情况之下，商法作为规制市场之法，从文本走向现实，必须在一套内外同构的组织体系中才能发挥应有之作用。该组织体系的市场主体为商人。[2] 众所周知，我国商法学中商人组织形式包括个人独资企业、合伙企业与公司，而合作社则并不属于商人组织。[3] 但事实上，合作社在市场经济下早就深度融入各种经济活动。传统的理论与规范不得不与时俱进地作出修正，以往偏好于国家三

---

〔1〕 套用“人是生而自由的，但却无往不在枷锁之中”（[法]卢梭：《社会契约论》，6页，商务印书馆，1997年版）话语结构。但枷锁并不等于同构。实际上，同构理论是一种生物学理论。该论最早由德国生物学家德贝里提出，认为，不同生物可以一定方式密切地生活在一起而形成彼此同构关系。由这种关系生成6类利弊模型：(1)互利同构。各方均赢；(2)偏利同构。一方得益，一方无损；(3)无关同构。双方均无益无损；(4)寄生。一方寄附于另一方身内或表面，双方形成利害关系；(5)竞争同构。各方均受损；(6)偏害同构。一方有害，他方无损。在这6种模式中，后三种存在同构中的消极后果，是一种消极同构；与其对应的是，前三种类型则呈现积极或者偏于中性，是一种积极同构。值得探讨的是，简单的有机体同构论能否适用于复杂的人类行为，尤其对法学研究是否具有启发与适用意义？为此，有学者认为，有机体同构论对社会科学（包括法学）的影响是通过类比、借用、联想与借鉴来进行的。社会科学中人与人之间、企业与企业之间等也是相互联系、相互影响的，类似于生物学的同构关系。因此，同构现象不仅仅存在于自然界，同样也可移用于社会科学领域（参见杨玲丽：《共生理论在社会科学领域的应用》，《社会科学论坛》2010(16)）。关于来源生物学上的同构理论能否被移用到法学，甚至用于分析合作社商人化的方法，是一个应被谨慎对待的真假学术研究的问题。本书认为，二者不仅具有同构的相恰性，而且还具有融合性，也即，同构是对合作社商人化进程的一种描述。就此来说，本书以同构论研究合作社商人化无虚假问题研究之虞。值得说明的是，本人曾在《政法论坛》(2016(2))撰文《合作社商人化的共生结构》，将同构表述为共生。

〔2〕 在商法学上，“商人”是个特殊概念。商人并不等于商事主体。商事主体可以有一方是商人，一方不是商人。也即，在商事主体与商人之间，二者并非“等同”关系，而是一种“包含”关系。

〔3〕 值得注意的是，我国早期民法草案试图将合作社与国有企业、集体企业等组织形式作并列规制，但其法律地位尚难确定。参见何勤华、李秀清、陈颐编：《新中国民法典草案总览》，11～13，23～24，33，55～56，105～106页等，北京，法律出版社，2003年。（主要规制在第二部分“60年代”）。

农政治与政策导向下的合作社研究已经过时。当下,合作社转化为商人已经迫在眉睫,合作社商人化问题作为一个重大理论问题必须得到重视。[4] 为此,本书拟借由同构理论探讨合作社商人化的内涵拓展、横向规制与纵向规制等三个面相。

第一节　合作社商人化的内涵拓展

学术界对于合作社的特质存在多种学说,譬如,有学者认为合作社为公益法人,亦有认为其为私益法人,还有所谓非营利法人说。[5] 产生这些争论的原因,源于合作社本身定位的不明确,一方面依附于政府组织,另一方面在很多场合却是独立的民事主体。当今市场经济充分发展,合作社逐渐剥离了过重的政治色彩,我们也不得不从合作社的自身利益角度来探讨其内涵,也就是,就合作社所具有的商事营利性特征进行理论重构。

一、合作社商人化同构的内部驱动

如前探讨,所谓营利,是行为主体为获得投资利益以上的利益并将之分配给投资者的行为。[6] 对于如何分配这种利益,法学界不同学科的研

---

〔4〕 值得说明的是,本书探讨“合作社的商人化”是把重墨放在“商人化”问题上的,而对于“合作社”本身言之甚少。但这并不意味着合作社本身并不成为一个问题,或者说它是一个众所周知、不言自明的问题。实际上,合作社本身是一个极为棘手且至关重要的问题,甚至构成了本文的一个前提性的问题。因为,合作社无论在理论还是实践方面都经历了极为复杂的历史流变。在理论上,至少从空想社会主义到后来的马克思主义乃至东欧的社会理论都展开了非常重要的讨论。在实践上,无论是在资本主义国家还是在社会主义国家,合作社都曾存续过。特别在我国(不同的历史阶段)还发生了极大变化。就此而言,合作社的核心问题在于它相较于以往的历史提出了一种新的人与人的联合方式,以及由此形成的一种新型社会秩序和新的生活形式。这意味着,它是对以往人类联合方式、社会秩序和生活形式的一种突破——我们不是仅能选择以往的那些联合方式的生活,而是还能做出新的选择。它的意义甚至远远超过了商法中所谈的营利性(虽然它不排斥营利)。但这里有一个问题是无法回避的,就是本书着重论述商人化问题有可能是合作社商人的理论家和实践者在起初有意避免或力图突破的。他们可能认为,为了突破资本主义社会或现代社会“商人”这一主体以及商事关系的局限,我们需要设计出合作社商人这一新的模型。因此,从宏观来说,合作社商人化研究涉及两个问题:第一、当下有待商人化的合作社到底是一种什么性质的合作社,它和历史上的(包括理论上的和现实存在过的)以及现在的其他国家的合作社之间是什么关系?这种合作社是当下中国既有的还是我们试图在理论上予以建构的理想模型?第二、如何阐释合作社理论家们和早期实践者们试图用合作社来突破资本主义社会或商人社会中商人和商事关系的局限性问题?就第一个来说,本书曾在合作社商人目的与法律属性探讨较多,并且公开发表论文多篇,可以视为构成本文的潜在前提,因此不作赘述;而对于第二个问题,这才是本书试图探讨并力求解决的。

〔5〕 郑景元:《合作社法律目的二元论》,载《法学杂志》,2009(6)。

〔6〕 江平编主编:《法人制度论》,53页,北京,中国政法大学出版社,1994。

究指向造成对分配原则的理解是不一样的。在民法学者看来，营利分配应该强调其正当性；而在商法学者那里，基于商事外观主义，主张营利是以获取经济利益为目标的交易行为。但无论民法的分配论还是商法的交易论，在营利观念发展的历史变迁中，权威规则始终是存在的。[7]

营利观念的变迁在第一阶段，其生成已然为合作社商人化同构创造了某种可能性。近现代市场经济的发展，物质条件越来越丰沛，农业产品剩余而使得交易成为必要。但此时的交易主体多为个人，并不需要组织形态，自然不存在今天的“营利”概念，或者是有些许元素而已。在发生学意义，对“营利”早期的理解，即为由经营（交易）而得利，所谓“通财鬻货曰商”（《汉书·食货志（下）》）；或者是英文“commerce”，即商品交易行为。事实上，从近代市场形成以来，营利法律关系的要件都已经满足。其一，从主体要件而言，当时营利主体为家庭或者家庭成员；其二，从客观要件而言，交易目的或是谋取超出成本以上的利益，或者是为了取得财货的使用价值；其三，从客体要件而言，对象大都为实物。由于此时社会分工初始，交易单一，因而交易后的分配缺少相应的制度安排。

但需要注意的是，支配在家庭内部的存在，支配性权力也应当在家庭内部有所反映。当一个家庭的收入为家长独占，其实家庭成员内部矛盾就会出现，而家庭分工的不协调也就必然会出现。因分工不当，往往导致这个家庭收入堪忧，而分配困难也时常发生，因分配而产生冲突导致家庭作为生产共同体也就往往落空了。[8] 总之，在早期营利观念中，交易、分配与权力所构成的三位一体结构已经存在。然而，营利理论尚不健全。但这也为合作社的产生提供了理念基础。

营利观念的变迁在第二阶段为合作社商人化同构提供了基础性的制度安排。欧洲中世纪是商业真正意义上的开始。农业长足发展，城市扩张，商业变得空前繁荣，而商人作为一个职业和一个阶层也应运而生，也就有了商人社会。[9] 这种商人社会由公司、合作社等经济组织构成，且成员依靠其支撑。此时的营利观念在进化，制度构建也已经具备了基本条件。

---

〔7〕 从群体的自由角度看，权威有自愿型与强迫型划分。自愿型权威，如学术权威、明星等；而强迫型权威主要指早期的家父支配权，国家产生以来的政府、法院等的公权。就其价值来说，清华大学江山老师认为，权威是一项与群的存在直接关联的规制。一个群，不论它是绝对的，还是相对的，都需要权威来维持秩序。在某种意义讲，权威是一个群生死存亡的福祉。江山：《法的自然精神导论》，152～153 页，北京，中国政法大学出版社，2002。

〔8〕 王诚：《分工性分配论理论发展和现实演变》，载《浙江学刊》，1999(3)。

〔9〕 ［英］约翰·希克斯：《经济史理论》，厉以平译，32 页，北京，商务印书馆，1999。

这些条件包括两点。

其一,对于交易行为的法律规制思想。"交易"包括政府交易、市场交易和企业交易。其中,等价交换是市场交易的基本原则,来自于市场主体之间;企业交易则是管理关系,来自于上下级间;政府交易存在于国家权力部门,是权力配给关系。康芒斯赋予了交易概念普适性价值,可以表述一切经济活动。康芒斯的交易类型理论让我们看到,市场交易实现了营利,同时效益也来自于企业的内部管理,为营利作出保障,而来自政府的财税支持与反垄断法的规制,也不能不影响到营利。除了交易类型的划分以外,康芒斯对交易边界进行界定,所谓交易,并非物品交换,而是产权的让渡。[10] 产权才是经济活动的真实基础,合法控制权才是生产和消费的开端。[11] 由此,在康芒斯以产权为起点构筑了制度经济学大厦[12]。社会经济事实成为法律意义上的"交易",经济学本身也从重视物质产品的物质经济学转到重视法律因素的制度经济学。[13] 其后,交易更加趋于多元,但市场中公司法人开始一统天下,而自由竞争导致有者愈有而无者愈无,政府干预作为制度性安排也长期存在。这就是合作社生成的现实条件。[14]

其二,以效益为导向的分配制度。出资收益原理告诉人们,没有出资人的出资,就不会有收益的可能,由此出资人便自然有资格取得收益;如果对出资作出单位划分,每一份出资与收益中的一部分相对应,每一个投资人也相应会获得一份收益。在公司制度中,股东获得收益所依据的是投资股权,他们对创造收益过程不具有任何直接作用。[15] 公司的分配制度的设计目标就是股东获得最大利益。这种分配就是效益导向的分配。出资人设立公司组织,并借公司组织的营利而取得出资收益。因此,商人团体化后所形成的商人组织是一个不可或缺的先决条件。不同于传统农业社会的交易主体的个体化,商人法通过制度设计而促使商人稳定地从事交易,使得商人成为一种固定的职业。追求利益最大化的一个重要途径就是提高效率,因而,效率构成了是商人法设计的关键要素。提高效率的目的就是为团体成员的谋取投资价值利益,而并不是服务于商品的使用价值,

---

〔10〕 [美]约翰·康芒斯:《制度经济学(上)》,于树生译,74 页,北京,商务印书馆,1962。

〔11〕 [美]约翰·康芒斯:《制度经济学(上)》,于树生译,14 页,北京,商务印书馆,1962。

〔12〕 [美]约翰·康芒斯:《制度经济学(上)》,于树生译,107 页,北京,商务印书馆,1962。

〔13〕 黄立君:《康芒斯的法经济学思想及其贡献》,载《中南财经政法大学学报》,2006(5)。

〔14〕 19 世纪以来,自由竞争下导致社会两极分化加剧,劳资对立,一些受欧文合作思想影响的弱势群体开始探索新的生活方式。1844 年,具有现代意义的消费合作社在英国应运而生,罗虚代尔创立的公平先锋社。

〔15〕 王诚:《分工性分配论理论发展和现实演变》,载《浙江学刊》,1999(3)。

这就是营利利润说的生成逻辑。当一国市场经济进一步迅速发展,商人团体的典型——公司便开始占据市场,成为市场具有主导型的主体。众所周知,公司由股东出资设立,目的在于获得投资收益,因此,公司目标就是谋取股东利益最大化。现代企业理论自然也就围绕着交易成本、委托—代理与团队契约等展开。[16] 理论家们强调股东本位论,即企业产权归属股东。股东出资是公司创造收入的前提,股东本位也就在情理之中。在公司创造收入的过程中,股东也许没有起到直接作用,但他们因为具有这种公司构建的原动力而仍然具有出资分配资格。此时,效益导向的分配制度已经不是为家庭权力所控制,而是受到公权保障。在这样一个历史时期,也就是中世纪后半期,社会中开始普遍出现一种倾向,那就是,对公平导向下的分配制度有所期待,具言之,基于对以交易额为标准来分配盈余的期待,从而对股本利息予以必要限制。

第三阶段,合作社商人化同构的因营利观念的扩张而成为现实。市场自由竞争导致两极分化:作为优势者的公司在市场竞争中获得胜利,会继续在营利动机驱动下展开竞争,淘汰劣势者;但劣势者也不会甘心被淘汰,同样作为市场主体,他们为了继续生存而挣扎在竞争的汪洋大海之中。但现实的问题在于现有的营利机制难以容纳这些市场竞争的劣势者。为避免竞争失败,后者以合作社商人这种另类组织来试图摆脱传统机制。

这种新的组织首先要解决交易制度的拓展问题。在传统的营利观念中,交易的目的是实现利益。利益的本质在商业上就是利润。但在现代商业社会,随着社会需求的多元化,利益的内涵还拓展到“利用”方面。[17] 这种所谓的“利用利益”甚至在某些领域是至关重要的。譬如,“三人购买冰柜行为”,如果购买目的在于对外经营,可以采取合伙或者公司形式;而如果是为了共同利用,则可以采取合作社商人形式。需要区别的是,设立合伙和公司的目的是为了获得投资溢价,而合作社商人的目的则在于实现成员之间的交易利用。

随着交易利益的逐步扩张,实现这种交易利益的路径也在发生改变。以利益实现作为标准可以对交易作出划分,即现实交易、期待交易与去交

〔16〕 交易成本理论认为,企业的本质就是对价格机制的取代,市场资源配置由非人格化的价格来调节,而企业资源配置则依赖于企业家的权威;委托代理理论认为,资本家通过代理关系去激励和约束代理人,在委托代理中股东本位论得到了更为充分的贯彻;团队理论认为,企业的本质不是雇主与雇员的长期合约而是团队生产,企业是多人共同工作的团队组织,成员的边际产出与成员的努力程度有关。

〔17〕 郑景元:《商事营利性理论的新发展》,载《比较法研究》,2013(1)。

易。所谓现实交易，是一种实现意义上的交易，比如买卖，其本身就是交易；所谓期待交易，是一种尚未实现但有实现可能的交易，比如生产，生产的目的多数情况下是服务于交易。而所谓的去交易，则为消费，不存在进一步交易的可能性，不会再进入交易领域，因而也自然不受商法规制。在国外，对期待交易与去交易予以规制的典型——《俄罗斯联邦民法典》，其中，生产合作社在主体上作为商人而对待，但是消费合作社则不是商人。〔18〕此外，我们还需要注意到，交易制度扩张是伴随着政府对市场态度的转变而进行的，即从"守夜人"到"干预者"，通过财政补贴与反垄断豁免，政府在制度上对合作社商人进行帮扶。

交易制度的拓展也带来分配制度的变化。单纯的效益导向的分配制度显然不再符合现代市场经济的要求。因为随着市场的复杂化，每件商品即来自于劳动者的劳动，也有着资本元素。商品收益需要在所有这些贡献者之间进行分配，仅仅效益导向难以再进一步推动市场和生产，为此，公平性分配模式必须受到重视。从分配的规律而言，效率分配使得贫穷者的财富向富有者积聚，有者愈有，无者愈无；如果以公平原则来分配，则富有者财富向贫穷者发生转移。〔19〕两者之间必然存在张力，这几乎无法彻底医治的法律两难问题。本书认为，采取多元化的分配方式或许可以缓解这种张力。黑格尔的哲学可以有所启示。他认为，当一个东西正在发生变异（becoming）时，它既存在（being），又不存在（nothing）。〔20〕其核心在于：对于一个矛盾体，一味地肯定或否定它，都是不正确的，我们要做的只是动态地看待这一矛盾体。为此，分配制度适度加以扩充，效益导向的分配与公平导向的分配相向而行，以求得两者的积极同构。

在这一问题的最后，交易制度的拓展与分配制度的扩充需要进一步融合和同构。营利观念的变迁历史使我们看到，交易利益是多元的，既有利润，也有利用；由此带来的是分配类型也是多元的，既包括效益导向的分配，又包括公平导向的分配，还包括了交易与分配多元化之后的制度同构。这种同构的制度中，政府权力也会全面介入到交易与分配之中。从本书所

---

〔18〕该法第 50 条第 2 项规定："作为商业组织的法人，可以是商合伙和商业公司、生产合作社、国有和自治地方所有单一制企业的形式成立。"第 3 项规定"作为非商业组织的法人，可以是消费合作社、社会团体和宗教团体（联合组织），由财产所有人拨款的机构、慈善基金会和其他基金会的形式以及法律规定的其他形式成立。"参见《俄罗斯联邦民法典》，黄道秀等译，25 页，北京，中国大百科全书出版社，2007。

〔19〕杨燕绥：《社会保险法》，23 页，北京，中国人民大学出版社，2000。

〔20〕［英］伯兰特·罗素：《西方哲学史》（下册），文利译，454～455 页，北京，商务印书馆，2006。

探讨的合作社商人制度来说,政府基于公权要求合作社商人服务三农而进行交易,同时,通过法律对合作社商人内部的分配方式进行控制,最为常见的就是“按交易额分配”。

二、商事营利性作为合作社商人化同构的理论前提

营利与营利性是两个不同的概念,营利强调一种以获取经济利益为目标的交易行为,而营利性是一种属性。要解答合作社商人化观念的形成与被接受的过程,我们首先需要回答这样一个理论问题,那就是,营利性是否构成商法的本质?

所谓本质,是事物内在的根本属性,当人们可以抽象出某一事物的本质,也就意味着人们开始脱离具象而有了创制的理论前提。从某一事物角度,若脱离其本质,则此事物也就发生了改变。同时,本质的抽象性决定了其凌驾于事物表象之上,而具有了创制功能。因此,本质具有事物结构的固有性与功能的创制性。以这一哲学原理观照某一具体的商事法律规范,那么,我们研究的目的即在于发现其背后那些隐藏着的固有的东西,即商法的本质。学界多从对商法理念开始探求其本质,有商法理念的一元、二元,乃至多元等理论。〔21〕 从商法的营利性本质而言,这些理论大致有肯定论与否定论之分。

其一,商法营利性的肯定论。持该观点的学者皆认为商法本质在于营利性,但因为论证视角存在着差异,也有不同观点。从规范分析角度,有学者认为,商法规则商人和商行为,其本质也即规范商人的营利行为。商法是企业法,这种企业特性在于营利性。〔22〕 这与民法的本质属性有着差异。民法侧重保护民事主体的一般利益,而商法侧重对企业营利的规范与保护。但值得一提的是,所谓商法的营利性,不是规范本身的营利性,也不是指导企业如何营利,而是规制商行为,商行为以营利为动机。在规范本身,诸多商法制度,比如商事登记、商号、商事账簿等制度,以及证券交易、代理、仓储等特别法,皆与营利性相关。〔23〕 但需要注意的是,商法“营利性”

〔21〕 一元论者认为:作为人们在实践过程中形成的有关商法的理性认识,也即商法理念,不仅反映着商法规范的共同规律,也表现为商法理论的内在逻辑,具有理念的单一向度性;二元论者主张:商法理念不是单一的,应主要体现为效益与安全这两个互为补充的价值理念;多元论者认为:商法应由平等自由、效率安全、崇尚营利、效率优先等多种理念而构成的有机整体。参见雷兴虎、李长兵:《商法理念及其在商事立法和司法中的适用》,载《甘肃社会科学》,2013(2)。

〔22〕 王保树主编:《商法》,22 页,北京,北京大学出版社,2014。

〔23〕 陈本寒:《商法新论》,11 ~ 12 页,武汉,武汉大学出版社,2009。

内涵应该仅限利润交易与效益分配，与合作社商人项下的营利性意义有着很大差异。因此，这是否可以得出结论，即不承认合作社商人项下的营利性属于商法本质？学术界目前尚未对此进一步探讨。

其二，商法营利性的否定论。营利性不是商法的本质，在商法非营利性本质上，还有无价值论与局限论之分。所谓无价值论，主张企业营利是其内部事务。如果不是这一前提，商事簿记条款不约束，或企业无权任命经理人，或不得组成商事合伙和有限商事合伙等，都是没有根据的。如有违反报酬规则参与经济活动的，也不应仅由于他放弃利润，而被待之以不同于其他商事交易主体。营利是营业概念与商人身份的结果而非原因。〔24〕而且，"营利"思维不属于近代商法范式，营利现象也是缘于市场发育的不充分。不适应现代市场发展的交易实际。这一思想却是震耳发聩，但是，大陆法系民商法思维，譬如，《德国商法典》《日本商法典》以及我国台湾地区的商事规范中"营利"概念随处可见，营利性被视为商法之圭臬。须知商法发展到现代阶段，规制的对象已经是具有知识经济性质的资本或智力的经营行为，商法的本质也自然会发生变化。早期商法因为受制于科技落后或是市场狭小，也只能是小规模营利而已。〔25〕理论皆有其限度，局限论在国家投资专用于社会公共事业等问题上具有一定解释力，即商事活动关注点在生产经营领域，而不是利益和利润的分配。与之类似，有学者认为，在国有企业营利性问题上，其本质是资本，〔26〕是投资者暨股东依法得获取资本的收益。既然营利性本质是资本，那么这种资本利润是能够用于满足社会利益，它只与大资本争利，而不与民争利。但本书感到遗憾的是，该论点发生了偏离，即所探讨的是营利性本质，却不是商法的本质。在主张否定论者看来，合作社商人项下的营利性根本就不是商法本质。

对于商法的本质是不是营利性这一问题上，本书认同肯定说，但其证成过程与目前学界主流的肯定论是大相径庭的。这可以从四个方面进行分析。第一，营利性是基于主体的内在动机而创制的塑造机制。如同慈善是公益法人基于自身内在动机而塑造，营利构成了营利性法人的塑造机制。否认商法的营利性本质导致了商人真实的动机缺失，从而回归政治关怀与道德叙事，这无论对商人或是商行为都是缺乏解释力的。第二，营利性在固有性上与商法本质最为相恰。从结构上讲，商人营利性既具有初始

---

〔24〕［德］C. W. 卡纳里斯：《德国商法》，杨继译，35 页，北京，法律出版社，2006。

〔25〕徐学鹿：《论我国商法的现代化》，载《山东法学》，1999(2)。

〔26〕史际春：《论营利性》，载《法学家》，2013(3)。

意义，也具有连续性，换言之，只要商人没有消灭，它就从来不会间断谋取利益；从功能上讲，因营利性内涵的拓展使得商法具有了创制性意义。我们知道，法益是利益的属概念，而资本、利用、利润均为法益，而法益始自原初交易，只是在不同时期，或表现为资本，或表现为利润，或表现为利用而已。第三，如果否定商人营利性本质势必导致本质问题现象化。持否定论得出资本本质论的结论，是试图撇开商法诞生于非市场经济的历史背景，将高度发展的市场经济社会作为背景来考察。然而，须知资本只是交易与分配的对象，不具有本质的固有性特点。但商法的特点在于，它总是规制社会最有效率的部分，对于合作社商人这类市场竞争的弱势者往往是不屑一顾的。第四，合作社商人在营利性本质上与公司有着同质性，营利性无论传统与现代，均可归于商法本质。因为，公司与合作社商人都属于市场经济组织，是企业；进而，合作社商人与公司都要参与市场交易活动，交易外观上并无区别；目前分配制度已经多元化，一味强调效益或者一味注重公平，均失偏颇，兼顾公平效率而有所偏重是各类商人间互相借鉴的结果。最后，无论合作社商人，还是公司，都有各自的社会责任。因此，商法最核心的部分，无论其以合作社商人形式存在，还是以公司形式存在，都不会逃离于营利性的交易、分配制度，国家权力的渗透等。商法也无非就是对这种三元结构的规制。

三、遁入商人体系的合作社之同构关系

合作社是不是商人？学界对商事营利性的探讨对一国立法会产生一定影响。我国现行规范性法律文件中规定合作社是企业法人，[27]而有些立法并未规定合作社是企业法人。[28]我国合作社有供销合作社、信用合作社、住宅合作社和专业合作社等四种类型。从营利性的交易、分配制度、国家权力的渗透三元结构入手分析，那么，信用合作社和住宅合作社早已分别异化为公司与公益组织，只有供销合作社和专业合作社目前基本保持了合作社本性，但后两者能否成为商人，我国立法尚未规定。而在域外，有

---

〔27〕 我国《关于深化供销合作社改革的决定》规定：“各级供销合作社是自主经营、自负盈亏、独立核算、照章纳税、由社员民主治理的群众性经济组织，具有独立法人地位，依法享有独立进行经济、社会活动的自主权”；我国《农村信用合作社管理规定》（第2条）、《农村资金互助社管理暂行规定》（第4条）均规定：合作社、农村资金互助社是独立的企业法人；《城市信用合作社管理办法》第2条规定：城市信用社是一种具有独立企业法人资格的合作金融组织。

〔28〕 我国《城镇住宅合作社管理暂行办法》第3条规定：住宅合作社是一种不以营利为目的的公益性合作经济组织；《农民专业合作社法》第2条规定：农民专业合作社是一种互助性经济组织。

两种立法范例。一是以单独的合作社法来予以规制。[29] 二是，以民法典来予以规制。[30]

合作社、公司与政府之间的积极同构关系的构建，既需要理论证成，也需要立法实践支持。采取民商分立国家和民商合一国家有所不同。前者合作社法作为商法的特别法而存在，凡合作社法未规定事项，准用商法。如《日本中小企业法》的第115、116条，均有准用商法的规定。后者则将合作社法作为民法特别法，凡合作社法未规定事项，准用民法。我国即为如此。[31] 不可否认，将合作社纳入民法典加以规范，可以保证私法理论和逻辑体系的完整性，但弊端也很明显，那即是缺乏灵活性与适应性。而合作社采取单独立法，自成体系，则无须顾及私法体系是否完整，灵活性和应变能力也就毋庸置疑。因此，到底采用何种立法形式，我们应该从营利性理论上对不同类型合作社进行具体分析。其一，住宅合作社不属于商人，因为住宅是消费品而无交易之可能性；其二，消费合作社也不是商人，因为消费是交易的结果；但消费者可基于各种目的设立合作社，只要其不以消费为目的，就具有交易可能性，就是商人。如何有效构建此种商人同构关系，除作为商人之间的同构以外，合作社的公权支持以及反垄断豁免等措施也是其中的关键所在。

从历时性角度，从营利到营利性，利用交易论、公平分配论和公权干预说这些另类元素内置于营利观念之中，与现行通说之利润交易论、效益分配论及其政府干预说逐步形成了同构关系。显而易见的是，公权力的干预在其中无法回避。将这种内含同构关系的营利性作为商人本质是具有历史逻辑的。在这种逻辑支配下，合作社商人化的横向同构模型与纵向同构模型也就具备了有效证成的先决可能性。

第二节　合作社商人化的横向同构

营利性理论的内涵拓展为商人同构提供了理论证成的可能。[32] 基于营利性扩张理论，合作社商人化以后，作为商人的合作社面临处理与其他

---

〔29〕 孙亚范：《新型农民专业合作经济组织发展研究》，367页，北京，社会科学文献出版社，2006。

〔30〕《俄罗斯联邦民法典》第50条第2项将生产合作社规定为商业组织；《意大利民法典》将"合作社与相互保险社"一体纳入第五编第六章规定等。

〔31〕 李锡勋：《合作社法论》，15页，台北，三民书局，1992。

〔32〕 需要说明的是，多元商人与商人多元并不属于一个范畴。多元商人是指基于不同设立目的与设立条件而生成的不同类型商人；而商人多元仅指一个商人内部诸如股权设置、资本整合、人事安排等多样化安排。

商人间的同构关系问题，这是一种横向关系，故而通过横向规制来建构商人多元体系就是一个不得不解决的理论与实践问题。在目前的实践中，合作社商人化的横向关系混乱，横向规制也极为不健全。这一状况下的多元融合效果自然也就差强人意。在2015年农业部的调查中，数据统计显示，我国农民专业合作社约有120万家，出资总额2.46万亿元。按目前中国大约六十万个行政村计算，每个行政村就约有2个合作社。但是，数据在多大意义上说明中国三农问题的解决程度呢？学者曾质疑，勤劳致富在当今农村已很少见，大量农民进城谋生，留守村庄的所谓有头脑的人，可能仅仅关注自己的财富，发了财，但生态环境破坏严重，虽着力治理但效果甚微。〔33〕不少合作社商人基于"政策性收益"而成立，合作社商人的民主治理难以实现，大股东控股现象严重，一般成员几乎难以获益，他们对合作社商人的发展与前途非常冷漠。〔34〕这些现象反映了合作社商人化之后的横向规制与同构都存在着比较严重的问题。

一、消极同构现象的浮现

我国幅员辽阔，合作社商人数量在国家政策的刺激之下而激增，同时也出现了"异化"现象，消极同构开始浮出水面。这种消极同构因追求自利而导致，具体有寄生、竞争以及偏害等三种表现。〔35〕

公司与合作社商人之间的消极同构首先表现为"寄生"，其中一个作为寄主，或公司寄生于合作社商人，或合作社商人寄生于公司。从合作社商人构成而言，公司参与合作社商人属于正常，但如果这种参与因为追求投资利益最大化，而导致社员利益受损，则偏离了合作社商人设立的初衷，构成本书所谓"寄生"同构。在现实中，由公司和大户所主导的合作社商人的"寄生"同构现象尤为明显，公司和大户几乎攫取了全部"政策性收益"，吸收普通农户加入合作社商人仅为满足合作社登记条件对社员数目的要求。〔36〕合作社商人参股上市或经过变更商人形式而直接上市的已有近百家。比如敦煌种业(600354)参股股东中有敦煌市供销合作社、金塔县供销合作社以及瓜州市供销合作社；新野纺织(002087)、湖南发展(000722)等均有供销合作社参股；黄山市供销合作联社甚至是永新股份

〔33〕 蒋高明：《千疮百孔的中国农村》，载《环境教育》，2015(8)。

〔34〕 马彦丽：《北美农业合作社修法对我国的启示》，载《中国农业合作社》，2014(9)。

〔35〕 除公司外，商人体系还有独资、合伙、民办事业单位等类型。但在同构理论上，合作社商人与公司的横向规制同样适用于其他商人，具有代表性。为此，限于篇幅，本书不作赘述。

〔36〕 马彦丽：《论中国农民专业合作社的识别和判定》，载《中国农村观察》，2013(3)。

(002014)的实际控制人；而辉隆股份(002556)的大股东就是安徽供销商业总公司,隶属于全国供销合作社系统,但为了市场发展,率先登陆证券市场而成为首家上市公司。本书认为,合作社商人参与公司而发生异化属于合法的市场行为,但异化后就再不能以合作社商人名义争取政府优惠支持。这有可能破坏市场的有效竞争。比如阳春市信德合作社资本金高达上亿元人民币。这种超级规模不仅是合作社商人中的庞然大物,在一般公司规模中也不让须眉。尤其是,该合作社商人有 5 个社员,其中 4 个公司社员。〔37〕 由此看,这种商人,在法律形式上属于合作社,而在其交易、分配制度上已经异化为公司法人。〔38〕

公司与合作社商人之间的消极同构其次表现为“竞争”。合作社商人化的目的是融入商人体系,从而参与市场公平交易,但如果一国政府经济干预过度,或者对经济完全放任而在近乎自由交易下展开竞争,那么,公司与合作社商人可能会两败俱伤。这一状况在合作社商人政治化与公司化情况下经常发生。

公司与合作社商人之间的消极同构最后表现为“偏害”,即一方有害,他方无损。作为“偏害”,是消极同构,多发生于某极端情形。其中,一种情形是合作社商人过度参股公司而产生的“偏害”。合作社商人的这种过度参股可以增加公司投资,提高效率,对公司本身是无害处的。但对于合作社商人而言,却会因为过度依赖外部交易与效益性分配机制而导致背离合作社商人设立之初衷,实际上构成了对合作社商人的实质性损害。另一种情形是公司过度参与合作社商人而产生的“偏害”。当某一公司参与合作社商人,按照合作社商人民主治理而被视同为社员,这也就影响了以效益导向为分配原则的公司社员利益。此时,理论上而言,公司可以退股或者不参与,但问题在于,公权往往渗透合作社较深而捆绑其构成,公司对此种偏害往往无力回天。

二、合作社商人化横向规制的制度支撑

合作社商人化的产生缘于法治社会的建立和市民社会的发展。在日本,大量人口向东京等一线城市集聚,农村地区人口流失,而且老龄化问题

---

〔37〕《中华民国合作社法》(2011 年 6 月 15 日修订)第 12 条规定:“法人仅得为有限责任或保证责任合作社社员。但其法人以非营利者为限。无限责任合作社社员,不得为其他无限责任合作社社员”。

〔38〕 社论:《须防合作社公司化“变种”》,载《南方农村报》,2010。

比较严重。但基层社会通过发挥民间力量协同治理，自然社会环境得到极大改善，农民也因此安居乐业。在德国，城乡互相依存而非对立，因此，乡村并没有在政治、经济、社会等层面与城市相区隔。为此，有学者断定德国乡村地区不是农业范畴所能涵摄。〔39〕 当今世界城乡融合成为一种趋势，合作社商人以公平为理念，公司法人以效率为导向，两者功能各异，但若能以制度来协调与相互支持，则有可能得以积极同构。同时，合作社商人化必须以法律形式加以稳固与定型。合作社商人与公司等商人的积极同构，并不是排除竞争。通过竞争来达到繁荣才是实质的正义。在美国，农业合作社法强调"成本经营"，即合作社商人不得对社员赚取利润；〔40〕在日本，《农业协同组合法》也强调，所谓农业协同组合的目的是最大限度服务于社员，而不是赚得利润；〔41〕在德国，合作社商人作为非营利法人，在有管辖权的地方法院的社团登记簿上进行登记，取得权利能力。〔42〕 而德国《合作社法》也规定，章程与理事会成员，在有管辖权的地方法院的社团登记簿上进行登记。〔43〕

相比之下，我国合作社商人的制度背景难以让人满意。因为处于买方市场阶段，中国当前的产品过剩已不可回避；市场开放的条件下，国际和国内竞争普遍存在，对农业和农民形成巨大压力，农民单凭自己的力量早已无法应对市场竞争。为此，组织合作社，并试图使合作社向商人转化是强化农业竞争力的重要途径，同时也是一种理性选择。但是，在这种转化的不经意之间，合作社商人化与合作社公司化的界限被模糊化。按照上述商事营利性理论，合作社商人化需要恪守营利性的三元结构，公司设计中的有益元素也可以被合作社商人所借鉴，以股权方式进行激励、资本多元化、社员的多元化等等。但无论怎样，公司法人仅为一种外在示范。合作社商人的人格塑造虽然较为缓慢，却更为关键，也更有前景。如果贪求速度，让合作社公司化，即直接转化为公司，则造成合作社与公司间的二元混同，而非同构，其消极后果不可小觑。因为这样的混同无疑会导致过度简化商人体系、减少农民的投资选择。为避免这样的状况，我国合作社商人进行了制度建构，如"服务社员、决策程序一人一票"被《农民专业合作社法》奉为合作社商人宗旨。但这种宗旨与中国当下提倡的效率优先导向相

---

〔39〕 应强：《发达国家如何治理"空心村"》，载《瞭望》，2015(34)。

〔40〕 米新丽：《论农业合作社的法律性质》，载《法学论坛》，2005(1)。

〔41〕 日本《农业协同组合法》，昭和61年修正案。

〔42〕 《德国民法典》，杜景林、卢谌译，4～5页，北京，中国政法大学出版社，1999。

〔43〕 《德国合作社法》，1994年修订案。

左,在政府超经济干预的社会状况下也显得另类。尤其在加速城镇化进程中,社会成员整体素质和权利意识在提升,但精英分子的自利性亦在日益提升,传统企业家的合作精神也逐渐消散。与此同时,普通社员也放弃了以共担风险、共享收益为传统的经典合作社制度,更多地希望依附于强者,以规避风险、保障收益。在国家层面上,我国农业政策多偏向产业而非社会政策,侧重效率多于看重公平,对那些真正需要资金扶持和政策倾斜的农民合作社,公权力机关认为其太弱而扶持投入过多,是欠缺效率。结果往往是,不扶弱,仅扶强。[44]

合作社商人化进程中,横向同构的制度支撑不足,异化现象严重。所以,我们要么被动接受目前的制度环境,在合作社政治化或者合作社公司化的道路上与合作社真正商人化渐行渐远;要么转向市民社会的培育,促动合作社商人自生自发;要么谨慎地走上第三条道路,即在制度与环境的张力之间进一步通过公权力推动横向同构。选择的本身或许就是一个觉醒过程。

三、多元商人横向同构的建成可能

如前文所述,现行合作社商人化的横向同构有着政治化或公司化的倾向,与合作社设立之初衷相去甚远。本书认为,或许寻求一种制度替代,即多元商人新模型值得尝试。这一方面希冀超越异化形态,另一方面也顺应当今中国社会之需求而同构和再构商人体系。

其一,关于多元商人横向同构的建构原则。有别于传统商人体系准则而进行创新,可以从四个方面着力:(1)营利性拓展原则。这种拓展在交易上,表现为从追求利润到追求利用的发展;在分配上,从单纯的效益导向分配向公平导向的分配。(2)差异性宽容原则。无论是对于个体商人的人格构造,还是组织行为的专业与区域限定,允许多元差异存在并为其预留空间。宽容差异的原因在于,事物千差万别,一味强求一致往往难以达到统一。如政府根据不同情形对不同类型商人所给与的反垄断豁免与财税支持是有所不同的。(3)专业性强化原则。专业性强化原则首先是强调商人同构的经营共性。比如,根据三农业务的技术或者服务需求,合作社商人与公司根据各自能力展开各尽其能的合作;专业性强化原则还意味着对地域隔阂的排除。合作社商人应该去社区化,因为假如采取社区原则,那么跨越社区则合作社商人就不适法,但公司则不存社区性,可超出

---

〔44〕 马彦丽:《北美农业合作社修法对我国的启示》,载《中国农业合作社》,2014(9)。

登记地而自由经营。两者之间明显存在着区域歧视。专业性要求公司与合作社商人在超出登记地可以自由在各地进行经营。(4)积极性同构原则。上文对消极同构的三种形式作了界定,诸如寄生、竞争与偏害,积极性同构,就是多元商人之间的融合需要有意识地克服消极同构,致力于相互有利的同构模型。

其二,多元商人融合体系的时代背景。任何新制度的构建都需要新理论的指引。当下意欲在市场经济条件下推动多元商人融合,并使之体系化,商事营利性理论就一定要有新突破。在这个新的时代,商法学界已经就商行为动机在两个层面上提出新观点:一是从利润向利用的拓展,二是从效益主导型分配向公平主导型分配的扩张。可见,观念的多元化已经显现。正是在这种多元观念下,多元商人体系才有了生成的时代背景。根据现代商事营利性理论,我国商人谱系应为:由独资—合伙—公司—合作社—民办事业单位—经营性事业单位。

其三,多元商人融合模型的构想。模型建构本身就是需要创意,而在制度层面上就是需要具有创新性的法律行为。本书认为,多元商人融合模型的构建需要遵循一个基本原则,那就是在坚持商人类型法定的情况下打破成规,趋向多种选择。选择具有开放性,多元商人融合意味着,既可以商人类型多元,也可以商人构成的多元,此外,资本也可以多元。投资者的选择具有极大开放性与自由度,模型设计的空间也是很开放的,但这并不意味着毫无原则,多元商人融合模型仍然需要鉴别。目前,我国合作社商人包括农村社区合作社和农民专业合作社。前者则又涵盖社区股份合作社、社区土地股份合作社和村经济联合社。这些虽被冠之以“合作社”,并非真正合作社,也即与合作社的专业性原则不相恰,在性质上属于农民集体经济组织之类;后者包括农村专业技术协会和农业股份合作社。农村专业技术协会也不是合作社,而是为合作社提供服务的互益法人;农业股份合作社有着公司化之虞。因此,从法理角度,上述组织不受《农民专业合作社法》调整。[45] 但从建设性角度看,我国需要一套具有示范价值的多元商人融合模型,从合作社与公司两种企业法人同构角度,可以有 4 种融合模型:其一,农户直接成为公司的合同工的公司主导型;其二,农户与公司建立利益共同体而尝试合办型;其三,农户组成合作社,后由合作社与公司市场基于主体间之平等关系而缔结的契约对接型;其四,农户为主体的纵

---

〔45〕 马彦丽:《论中国农民专业合作社的识别和判定》,载《中国农村观察》,2013(3)。

向一体化的合作社自办加工企业型。[46] 总体而言,这些模型都是以多元融合为原则的同构,但其实效如何尚需检验。

多元商人融合模式构筑需要考量该体系与合作社属性之间的张力,换言之,合作社商人要不断提醒自身的合作制,避免被公司类型所同化,从而保持其自身的独立性与特殊性。商人体系的融合是希冀保证多样性而非某一类商人一统天下,以丰富与整合多元商人类型的法律体系。但我们也应注意到,多元元素共存也存在竞争,合作社商人与公司之间的制度优越性之争将始终存在。如果在纯粹自由主义下展开这种竞争,合作社商人将难以为继,最终也背离了多元化而陷于公司一元主义的宿命。因此,只有横向同构远远不够,构建合作社商人化的纵向同构关系必将提上议事日程。

第三节　合作社商人化的纵向同构

所谓合作社商人化的纵向同构,是指有关处理合作社商人所处的纵向权力关系的问题,即合作社商人化过程中如何与公权力间协同进行制度建构。在这种系统化的建构中,合作社商人化的纵向同构通过公私合作方式来得以实现。[47] 艾哈德在阐述德国经济振兴时候,认为,如果要保证我们这个年轻民主国家的光明前途,现在正是回到道德的康庄大道上来的时候。在这条大道上,经济与社会政策已结合成一种力量。在二十世纪的中叶,经济繁荣是与国家命运紧密相连,一国的经济政策如果失败,这个国家与政府会立刻受到影响。这种经济与政治相互依存的关系,不容许人们抱有任何偏狭的见解。[48] 为此,经济依附政治还是政治依附经济,这可能是

---

〔46〕 苑鹏:《"公司 + 合作社 + 农户"下的四种农业产业化经营模式探析》,载《中国合作经济》,2013(7)。

〔47〕 一般来说,公私合作指政府与合作社商人为满足各自需求而展开的利益交换行动。西方国家 20 世纪 30 年代就展开对公用事业私有化转向、公用事业公私合作的实践与研究,并致力于企业与政府共同计划、投资和组织项目,建立一种合作伙伴关系,我国政府也于 20 世纪 80 年代开始对公用事业公私合作制的试验。在这种公私合作模式下,发达国家重建政府财政、提高政府效率,而私人部门也因此取得了公共资源,提升了自身的市场竞争能力。遗憾的是,这种公私合作实践与研究范围仅限于城市供水、供气、供热、公共交通、垃圾处理、污水处理等领域。从制度理念上讲,农业事关国计民生,具有很强的公益性。而专门解决农业问题的合作社历来为各国政府所关注,并试图将二者合作关系以立法方式确定下来。这种以公私合作定位政府与合作社的立法模式值得我国借鉴。

〔48〕 [德]路德维希 · 艾哈德:《来自竞争的繁荣》,祝世康、穆家骥译,17 ~ 18 页,北京,商务印书馆,1983。

两种不同路径进而生发出两种不同结果。一种具有现实可能性的现象是，若经济依附政治，经济便成为一个被政治控制的稀缺资源，在政治内部，围绕经济利益分配形成为一种纵向政治食物链——可能导致集中制的产生；反之，若政治依附经济，经济获得多元化自主发展，政治有可能成为被因多元经济而生成的压力集团所控制。由此，在经济体内部，围绕政治权力分配形成为一种政治博弈——可能激发民主制的勃兴。而本章所涉政府与合作社商人的关系恰恰蕴含着政治与经济之间的紧张关系。

一、合作社商人化纵向同构的制度背景

合作社商人与公权力之间存在着无涉、手段、管制等紧张关系。这种紧张关系，构成了公权力对合作社商人的三种方式的“独白”。

近代自由资本主义阶段在其发展过程中，逐渐确立了理性主义、市场经济与民主政治，自然构建了市场“看不见的手”和政府“守夜人”的模式，政府恪守“不要站在我的阳光下”之禁令。[49] 20世纪初，西方资本主义国家进入垄断阶段后，经济危机频发、贫富分化加剧等社会现实与自由主义者的理想之间矛盾重生，“看不见的手”失灵，即市场失败。由此，以强化国家干预为特征的凯恩斯主义兴起。然而，历史发展一波三折，二十世纪末期以来，经济持续衰退、福利国家危机频频，凯恩斯主义的失效已经非常明显。可见，政府与市场一样都存在失灵的可能，皆非万能。无论是市场的失败，还是政府的失败，其深层原因或许在于二元对立的限度，保持国家与社会、权力与权利、自由与干预之间的张力，在两极之间保持动态调整是任何时候都必要的。[50] 政府与市场，除了这两个选项几乎难以有第三种选择——虽然它们都是不完善的选择——现状就是，我们只能在政府与市场的不同组合间进行选择，换言之，也就是，在资源配置的不同方式和不同程度上进行选择。[51]

在西方发达国家，合作社法大都作为私法而存在，故而政府多采取消极态度。作为私主体的合作社商人也就可以自主地决定自身行为；而在绝大多数的非发达国家，合作社法大都归属公法，被国家作为调节经济的工具。这种工具主义使得合作社不是目的，而是手段，自觉或不自觉地沦

〔49〕［英］L. 罗宾斯：《过去与现在的政治经济学》，陈尚霖等译，176页，北京，商务印书馆，1997。

〔50〕马长山：《法治进程中的“民间治理”》，57页，北京，法律出版社，2006。

〔51〕［美］查尔斯·沃尔夫：《市场或政府》，谢旭译，132页，北京，中国发展出版社，1994。

为公权力的附属。我国城镇化进程成为一种趋势,乡村社会中凡有智识者都进入进城市,剩下的留守者皆为妇孺。[52] 中华人民共和国成立以后,所谓农民真苦、农村真穷、农业真危险的三农问题不断凸显。政府面临着极其严重的三农压力,而积极地对农民、农村和农业进行监管,甚至直接参与农业经营,情有可原。为此,政府着力于在此基础上培育合作社商人,以及社员的自主观念。不得不承认,非发达国家合作社基本采取的是管制方式而不是合作机制。值得人们反思的是,对合作社的现状,公权力一反常态地一方面满怀道德上的忧虑之情,另一方面却倒因为果地逆向干预。长此以往,合作社商人前景着实堪忧。

二、公私合作:合作社商人纵向同构的路径

为克服政府对于合作社商人的"独白",公私合作作为一种新理念就被赋予了制度创新的意义。本书认为,公私合作理论对于合作社商人的纵向同构既具有可能性,也有现实性与功能性。

其一,可能性意义上的公私合作。社会学研究者指出,社会体制有着极为强大的惯性,当社会原子进入国家体制之时,他们在宏观结构上,表现为一种多边合作、互相依赖的关系。[53] 同样,西方学者基于文化比较对中国城市中私人企业进行研究,发现这些私人企业虽然在发展,却无法成为一股体制外的力量。这些企业虽然不属于正式国家机构,而是在其体外循环,但仍受国家的支配。新的商业阶层虽然已经生成,并获得了很快发展,却不能不依赖正式体制的支持。官商之间的分立并没有实现。因为,一方面,国家的合法性基于绩效而需要商业资本的支撑;另一方面,中国特殊的传统与国情也使得商人意识到获得市场优势地位仍离不开国家权力的支持。于是,官商合作,各得其所。[54] 合作社商人与公权力具有合作的可能性。从公权力角度,通过垄断流通渠道,具有灵活的选择空间,与那些非官方的同时非对立的社会经济力量进行合作;[55]从合作社商人方面角度,寄希望于国家力量阻止农村人才流失以及进一步通过政策吸引知识分子为农村建设做出贡献。众所周知,中国农村有着六千多万留守儿童,而城

〔52〕 刘奇:《中国农业现代化进程中的十大困境》,载《行政管理改革》,2015(3)。

〔53〕 张静:《法团主义》,164 页,北京,中国社会科学出版社,1998。

〔54〕 张静:《法团主义》,164 页,北京,中国社会科学出版社,1998。

〔55〕 D. J. Solinger, Urban Entrepreneurs and the State: the Merger of State and Society, China's Transition from Socialism: Statist Legacies and Market Reforms, 1980 ~ 1990; M. E. Sharpe Inc., 1993. p. 256.

市中有着两千多万出生于农村的"小漂族",中国未来农村和农业的希望也在他们身上。也就是说,城市出生的儿童到农村发展的可能性是很小的,中国农村未来职业化农民绝大部分都是从这些留守儿童和"小飘族"中产生,其素质是实现农业现代化的关键点。因此,农业现代化问题最终是教育问题。日本在二战后也曾面临农村人才短缺,但通过"接班人计划"最终解决了这一难题,其做法或可借鉴。〔56〕 而关于合作社商人的财政匮乏问题,学界已作较多探讨,不再赘述。目前,合作社商人与公权力的同构依然困境重重,但从体制内外调整、域外成功经验来看,并非没有有效解决之道。公私合作之可能性是存在的。

其二,现实性意义上的公私合作。自西方阿伦特、哈贝马斯等学者对商谈民主论进行有益探讨以来,学界在这一问题上基本达成共识。从实践角度,20 世纪中叶以来,公共治理模式在西方发达国家兴起,私人参与、公私协商、公私共治为国家与社会的发展注入了更多活力。但这并不意味着国家的不在场,事实上,这种基于契约的合作治理模式是在政府责任导向的制度安排之下产生的。也就是说,政府而非私人团体在这种制度中负担更多责任。〔57〕 合作社作为一种私人组织,与政府间具有合作的利益驱动力。当然,这种利益机制需要借由法律形式予以确认。

其三,功能性意义上的公私合作。公私合作之所以被世界上很多国家在推动社会发展上大力运用,正在于其功能的有效性和稳定性,而这种有效而稳定的功能也促使了公私合作常态化。从法律实效看,公私合作与合作社商人化纵向同构之间的互效体现在以下三个方面。

1. 合作社商人化纵向同构有助于商法思维指引公私合作。合作社商人化的实质就是以商法来调整合作社的设立与经营。而营利性是商法的本质。因此,合作社商人化纵向同构也就是将商法的思维模式运用到合作社与政府之间的法律构建之中。这也就意味着,政府要正视和尊重合作社商人的特殊性,以公平和理性态度予以对待,并对之进行制度性扶持。同时,合作社商人按照商法特质,以外观主义、自由、快捷等原则来自我

---

〔56〕 1993 年,日本在《农业经营基础强化促进法》提出了"认定农业者"概念,即那些在提高农业经营效率以及扩大经营规模上的积极的农业经营者。这些人由日本政府从大学毕业生中进行招募并培养,然后由市町村进行选择和认定。这一做法着眼于农业经营者的本身素质,其目的就在于培养掌握现代技术的农业经营接班人。从国家政策层面,"认定农业者"可获得国家农地经营上的诸多优惠政策,以资鼓励。参见刘奇:《中国农业现代化进程中的十大困境》,载《行政管理改革》,2015(3)。

〔57〕 [美]朱迪·弗里曼:《合作治理与新行政法》,毕洪海、陈标冲译,4、9 页以下,北京,商务印书馆,2010。

型塑。

2. 合作社商人化纵向同构助推公私合作的民主化。从现象学角度，合作社商人的诞生是西方社会民主思想与制度的产物，同时，合作社商人反过来也进一步推动了民主化进程，而现代民主早已被思想界和实践者们论证了其合作精神与主体自治特质。合作社，顾名思义，即为以合作原则为导向，社员自愿入股、相互帮扶，以期在市场竞争中获得一席之地。同时，合作社强调主体自治，社员从自身利益的维护与自我发展角度，理性而积极地投身国家与区域治理。在这一层面上，公私合作不是基于道德关怀的叙事，而是通过压力寻求利益，具有可持续性和民主性。

3. 合作社商人化纵向同构化解政治风险而有助于一国政治的良性发展。自近代以降，中国问题就是农村问题，尤其在当前社会转型期，农村稳定是国家与社会稳定的根基。中国政府一直强调稳定之大局地位，而事实上，风险是一直存在的，稳定意味着政府要有化解风险的能力，农民是否坚定地站在政府一边是这个关键问题的关键所在。〔58〕 因此，无论是国家政治稳定，还是社会经济发展，政府在处理与合作社关系的问题上，不能再一味“独白”，而是要积极建构一种公私合作的新常态。学界有见识者曾论及价值序列理论，即统观世界上古往今来的所有政治制度，绝大多数情况下，政治具有经济性，而经济也具有政治性。〔59〕 当然，不同国别的社会形态，一国的不同历史阶段，政治经济序列是不同的，价值偏好的不同——或偏好安全，或偏好财富，或偏好公正，或偏好自由等。〔60〕 而合作社的定位与存续无不受到这种价值偏好的影响。进言之，偏好安全，在这些价值张力中，合作社商人化纵向同构就会由公权力来主导，公权力规划全局，发号施令。如果偏好财富，但合作社商人化纵向同构就会由合作社占据主动，合作社创造财富，推进民主。纵观人类社会之历史，往往比较吊诡，当稳定成为唯一任务时，其结果却是不稳定的常态；而当财富优位，其结果却会超出其射程，政府的稳定要求反而得以实现，或者说在政治风险较小的区间内而得以保全，从而一种稳定的积极同构模式也得以实现。

---

〔58〕［美］塞缪尔·P. 亨廷顿：《变化社会中的政治秩序》，王冠华等译，266～267，268 页，上海，三联书店，1989。

〔59〕［美］查尔斯·林德布洛姆：《政治与市场：世界的政治—经济制度》，王逸舟译，9 页，上海，上海人民出版社，1995。

〔60〕［英］苏珊·斯特兰奇：《国际政治经济学导论》，杨宇光等译，6 页，北京，经济科学出版社，1990。

第四节 政府与合作社：民主商谈的法治可能性[61]——以公私合作为路径

顾名思义，合作社商人以互助与合作为本质。从内部构造看，合作社商人内部借由合作互助而成为一种自愿共同体；而从外部行为关系上，各合作主体之间也往往通过合作互助而形成外部合作关系。在实践中，合作社商人之运行，单纯依靠内部互助是难以自足的，而通常借助外部支持求得存续。据此，合作社商人是一种由社员自愿设立的内部组织体，但在经营存续中仍然需要与第三人发生关系。本书认为，除商人之间合作外，外部合作主要指政府与合作社商人之间的互动，具有公私合作性质。[62] 从历史角度来说，合作社商人自始即处于政府干预与商业竞争的腹背夹击之中。为此，一方面，若秉持政府中立，合作社商人将因丧失政府经济扶持而无力参与商业竞争。上世纪末我国农业政策主要集中支持传统商人——龙头企业，从而严重挤压了合作社商人的生存空间。合作社商人只能在龙头企业与农户之间以居间方式存续。这种居间组织，或者通过龙头企业争取利益，因而国家给予适度支持是应该的。也就是说，农业政策对龙头企业的支持可能远远大于合作社商人；另一方面，若一味任由国家干预，也许可以消解一定的商业竞争，但合作社商人又可能沦为公权稻草人。而稻草人意义上的合作社商人是没有独立自主的。为此，本书拟在检讨法律文本基础上，剖析组织内部合作，以建构一种良性的公私合作关系，使得合作社商人有“向死而生”的可能。

---

〔61〕 法律意义上的企业“存续”概念（Remainder enterprise）有三种解释：一是在企业兼并语境下使用的，特指一个企业吸收目标企业，目标企业解散，接纳方继续存在，因而被称为存续企业。二是在企业上市语境下使用的，特指企业将其核心业务及相关优良资产进行剥离、重组、改制上市，而企业在改制重组后，以集团公司或母公司的形式存在的未上市企业，被称为存续企业。三是在企业经营语境下使用的，特指企业设立成功后，只要不被注销或者被宣告退市，企业始终保持着经营的固定性、持续性、反复性。本文即是在第三种意义上使用存续概念的。

〔62〕 本书在两种意义上使用合作概念：一是内部合作，由社员结社而成立的农村信用社；一是外部合作，指政府与农村信用社为满足各自需求而展开的利益交换行为。书中所涉公私合作是在第二种情况下使用的。然而，“去合作社化”成为一种客观现实。这种去合作社化通常表现为在法律失范下，政府通过控制与异化合作社商人来实现三农任务；而合作社商人在公权支配下往往陷于客体化、工具化。

一、合作社商人存续的法律困境及分析

实际上,到目前为止,大多数人并不看好合作社这种商人类型。[63] 法律并不能阻止这种社会现实,也无法预设这种浪潮的去向,但可以明确规制这种商人类型并予以制度性保护。特别在三农服务方面,合作社商人具有合伙企业、公司无可替代的功能——互助。因此,合作社商人所遭遇的现实困境并不能成为去法律化的任何借口,反之,我们更应通过制度检讨来发现其时代局限性,进而为克服其弱点,发挥其优势进行制度性建构。

(一) 合作社商人存续的法律困境。其一,从法律规范的位阶上,合作社商人的有关规范层级太低。目前,我国合作社商人组织体的规范主要为效力层次较低的决定规章(《农民专业合作社法》除外),如 1997 年人民银行的《农村信用合作社管理规定》、银监会的《农村合作银行管理暂行规定》等。其二,合作社商人规范前后抵牾,且变动不居。譬如,1996 年出台的《国务院关于农村金融体制改革的决定》明确指出,合作社商人属于股份制,但随后《国务院办公厅转发中国人民银行关于进一步作好合作社管理体制改革工作意见的通知》则要求恢复"三性"而变为合作制。[64] 可见,一年之间,"通知"遭遇了"决定"的否定。而 1998 年《加强农村信用联社建设问题的若干意见》又发生了变更,原则上对合作社商人"按合作制规范",但却允许个别发达地区按股份制组建合作社。让人不能不疑惑的是,这种相抵牾的规范是否存在着公权操纵的可能性。其三,合作社商人规范名称多冠有"管理"之名号,具有明显的公法性标识。除外在标识外,规范内容多为政府对合作社商人的权力支配关系,且其所追求的法益也仅限于三农目标。其四,合作社商人组织形式的规制过于宽泛而陷于混乱。根据产权原理,合作社商人是纯粹合作制;农村合作银行具有比重不同的合作性;而农村商业银行则属于纯粹的公司股份制。这已经超出了合作社商人的范畴,但基于农业功能性考量,我国现行规定仍然将其视为合作组织。事实上,政府就是以上述部门规章来规制合作社商人组织形式的。进言

---

〔63〕 自国务院发布《关于印发深化农村信用社改革试点方案的通知》(国发[2003]15 号)以来,在经济比较发达、城乡一体化程度较高、信用社资产规模较大且已商业化经营的地区,已经逐渐在农村信用社的基础上组建起股份制农村合作银行。对于尚未进行股份制改组信用社,有的主张实行国有或准国有化;有的主张由私人入股实行商业化改造;在 2006 年召开的"全国农村信用社工作会"上,中国银监会主席刘明康和副主席唐双宁表示,10 年内将把农村信用社改成社区银行,按照通常解释,社区银行属于商业银行。参见张德峰:《农村信用合作社:民主困境与法律突围》,载《政法论坛》,2011(6)。

〔64〕 "三性"即组织上的群众性、管理上的民主性、经营上的灵活性。

之,合作社商人组织形式是由政府主体根据规章来决定的,而非依据法律的规定。

最后,从法社会学角度,合作社商人治理方式选择存在着“行动中的法”与“书本上的法”的脱节问题。虽然我国规定合作社商人治理实行由社员入股组成、实行社员民主治理,但现实中很难真正落实法人自治。之所以如此,其中与大政府格局下的超经济干预不无关系。从宏观角度,有关合作社商人分立、合并以及兼并等事宜必遭遇政府之干预。从微观角度,合作社商人选择服务对象亦会受到来自各级公权之挤压。[65] 其次,政府公权介入。竞争局面之下,金融机构信贷更加具有选择空间,同时其监管亦日益严格。合作社商人的历史包袱也使其风险承受能力更为脆弱,由此,其资金供给显得捉襟见肘。在这一背景下,公权机关就很容易通过财税优惠等政策支持而成为合作社商人的“当家人”,从而进一步侵占法人高管提名权、经营决策权等重要权利,[66] 而真正权利人——社员却成为了组织意思表达的“稻草人”。

(二)对合作社商人存续的法律困境的分析。我国合作社在经济绩效和民主进程上都获得了一定进展,但在该组织所具有的商人属性及其与政府关系上看,法律并没有正视公私合作机制的制度价值。

第一,政策优位而立法滞后。这首先体现在立法意愿的缺乏。1923年,我国诞生了第一个合作社商人——由华洋义赈总会设立的河北香河信用社,距今已近百年。[67] 在这种漫长的合作社实践发展中,我国在更多时候以政策促进而仍缺乏专门法律予以规范。而之所以存在如此立法滞后问题,本书认为,这可能归因于以规章与政策来规范合作社商人似乎更为灵活与便利,盖缘于我国社会经济的转型状态导致的权宜之计。从认知上,我国学界对合作社商人的立法认知争议不断,而未有大致定论。应该说,我国农村市场远远滞后于城市发展。严格意义说,作为农村金融供给的主要力量,我国合作社商人仍然生存于传统计划经济思维之下。因此,合作社商人如何在私法自治下存续是一个需要认真对待的法律命题。而在理论界,对于合作社商人法律性质的认识并不统一,且争论多于共识,目前至少有五种学说,即营利法人说、非营利法人说、公益法人说、互益法人

---

〔65〕 陈福成等:《农村信用社法人治理结构研究》,载《金融研究》,2005(1)。

〔66〕 王军伟:《我国农村信用社公司治理的缺陷及改进对策》,载《经济纵横》,2006(12)。

〔67〕 1923年6月,中国华洋义赈救灾总会辅导组创办我国第一个农村信用社——河北香河农村信用社。

说和中间法人说等,各种观点之间不尽相同。[68] 从某种意义上讲,这种无休止的理论争议对于政府推动合作社商人的立法具有较大的阻碍。而从立法层面上,选择性规制现象导致立法的普遍性受损,因为立法资源的有限而导致立法机关会对所谓社会生活的某些重要方面优先考虑。基于此,当城市的发展优位于农村时,商业银行与公司等必然被放在优先立法的位置上,而合作社商人自然被搁置于后,甚至遥遥无期。在尚无专门法律的情形下,合作社商人的设立与经营也只好参照上述《商业银行法》、《公司法》等,进而政策具有了制度弥补的功能。可以肯定的是,长于灵活与针对性的政策有时确实显示其药到病除的速效,但这对制度的长效伤害也是毋庸置疑的。另一方面,这种政策速效可能会在一定程度上稀释了合作社商人的立法需求和法律价值。人们似乎认为法律无足轻重,尤其现实中的合作社商人——包括农村商业银行、农村合作银行——近年来的盈余绩效加剧了这种法律虚无论。而这种绩效主要来自于政府扶持,如降低支农再贷款条件和利率,加大支农再贷款规模等。而一旦政策停止,合作社商人将随之陷于困境。因此,法律虚无论会大大阻断合作社商人的持续发展。

其次,合作社商人法人资格失据乃是立法滞后之必然逻辑结果。这背后实际存在合作社商人的定位问题。一方面,企业法人资格只能是法定主义。在我国,农村经济发展主要依靠合作社商人提供组织支持,因此,合作社商人作为一种商人类型应该由全国人大及其常委会制定专门法律加以规制。另一方面,合作社商人的规制必须统一化。合作社商人因参与市场竞争而必然发生各种交易关系。基于外观法理,这些关系必须标准化,以节约交易成本。但现行的地方及部门立法都有着明显的利益条块分割状况,非常不利于统一市场的建构与运行。

因立法滞后而导致法人失据,进而引起公私合作失范。实践中,政府与合作社商人之间存在互相依存关系,政府通过合作社商人解决三农问题,而合作社商人在市场竞争中的弱势地位也确实需要政府扶持。但问题就在于,这种利益交换如何得以规范实现呢?当政府通过“父爱式关怀”来渗透,对合作社商人进行超经济的公权干预,后者也只能接受现状。

第二,组织形式多元化与公私合作宗旨的背离。关于合作社商人的组织形式,学者大多认为,应采取股份制或者合作制与股份合作制等多元组织形式,这是因为我国区域经济不平衡,各地文化,尤其是互助精神也不尽

〔68〕 郑景元:《农村信用社法律属性》,载《武汉大学学报》(哲学社会科学版),2009(4)。

相同。[69] 但是由于我国公司企业的成功效应，股份制论开始占据优势。从资金支持角度，人们以为嵌入股份制可以减少政府的财政负担。同时，合作社商人引入股份制，还可激活自身活力。正所谓一举两得。但这种制度借鉴必须保持在一定限度内，如果合作社商人因引入股份制而使得自身异化，那就超越了制度边界，最终背离公私合作。

首先，组织形式多元化缺乏逻辑自洽。真正的多元化就像超市陈列的各种商品。消费者依其所需与意愿而选择。也许牛肉不适合素食主义者，但总有人视为美味佳肴；农药与城市上班族更是无所关联，但对菜农却是必须的。由此看，超市商品只有多元，才能满足每个需要者。你可能排除某种商品，但这并不意味着该商品也不适合其他人，更不意味着该商品应该下架。这就是多元化的意义所在。合作社商人也像超市商品一样，应该在多元化上进行相关的制度安排。为此，这种多元化应包括以纯粹合作为制度内核的传统合作社商人、以股份合作为制度内核的股份合作社以及以纯粹股份制为基础的农业公司等三个方面。但如何看待三者相似性并据此加以整合，值得研究。从表面看，合作社商人多元化可以满足市场多样化需求，也可以增进农民社员结社的选择。但实际上，多元化借由制度竞争而可能偏向于纯粹股份化。而纯粹股份制是无法与合作制兼容的。最为直接的就是，如果合作社商人异化为股份制后，是否涉及与其他商人的不当竞争？政府扶持的法理何在？当然，本书并非否认股份制，实际上，农业公司作为股份制的杰出形式早已成为商法实践的荣耀；本书只是强调，在市场经济下，合作社商人可以变更为股份制形式，但此时再也不能称之为合作制了。基于竞争，合作社商人多元化通常会减少市场主体对组织形式的选择可能性，不符合制度理性，最终与公私合作制相去甚远。

其次，组织形式多元与公私合作目的南辕北辙。农业问题的解决既是政府不可回避的三农任务，也是合作社商人存续的价值所在。现实中，农业问题往往被定位为政府的任务，并借由政府公权力强制设定为合作社商人的经营目标，进而出现了三农任务与经营目标之间的紧张关系。此时，多元说似乎成为前者的不二法宝。从政府角度讲，多元化为其权力扩张提供了更大可能性，同时也为其滥权“免责”提供了更有力的背书。这种公权触角看似合理地伸到合作社商人内部以实现其三农任务，而另一方面，合作社商人一旦成为股份制，政府即以市场竞争的名义进行逆向选择，取

---

〔69〕 谢平：《中国农村信用合作社体制改革的争论》，载《金融研究》，2001(1)；刘艳琳：《农村信用社产权模式的法律分析》，载《时代金融》，2011(5)。

消对合作社商人的财税资金扶持,从而使得合作社商人失去任何有实质意义的优惠政策。这促使我国合作社商人不得不寻求自救而向商业化发展,从而背离其合作初衷。比如,我国《反垄断法》第2条仅规制垄断行为,而并未在垄断主体上对合作社商人进行排除。譬如,河北肃宁县尚村合作社商人被依法破产案件,该案的背后动因也许并未涉及国家债务。如果该案存在着国家债务,可能就会陷入破产的困境。[70] 从合作社商人方面讲,多元化同样会为私权滥用提供更多的机会。当下,合作社商人,一方面以股份制营利性为借口求得市场机会,另一方面又以合作制的互助性理由而求得公权支持。实践中,这种投机性的道德风险不但使合作社商人偏移了农业目标,而且也加剧了去农化趋势。基于权力的傲慢和私权的任意,政府与合作社商人对组织形式多元存在着明显的知行分歧,而这种知行差异分割了公私合作。

二、域外合作社商人存续的法律证成

域外合作社商人存续的法律证成涉及法律移植的可能性问题。本质上,单一的制度移植通常借由忽视规则背后的事实而将制度本身置于世人面前。从某种意义上说,通过制度对事实的一体矫正来实现国际接轨,而不管一国国情如何;而与之对应的是,事实导向型则在制度移植时谨慎考证规则生成的事实,更强调法律是土生土长的,是一种事实对制度的“拿来主义”,经常呈现为只讲特色而淡化接轨。在本书看来,作为最抽象意义的人类行为规范当然具有普适性;但到具体层面,则变得复杂起来。一般说来,实践意义上的国情与接轨之间存在着难以协调的内在紧张关系。因此,若选择特色,势必要矫正某种接轨的东西,反之亦然。那种试图借由拼凑而折中的想法必然既可能失去法律实效,也会异化法律性质。目前世界上的合作社商人制度持续发展。放眼域外,不难发现,该制度之所以存续,多是缘于合作社商人与政府的关系中,域外立法更倾向于践行公私合作模式,并据此证成与强化两者之间的法律关系。基于以上分析,本章试图从抽象层面来考察域外立法。

（一）域外立法的相关规制。我国当下的合作社商人相关问题虽有特

---

〔70〕 全国首个被批准破产的农村信用社——河北肃宁县尚村农村信用社进入司法程序。2010年底,银监会首次批准该农村信用社实施破产。2011年8月,尚村农村信用社向河北沧州中级人民法院递交了破产申请材料。法官称,他们不是通过兼并重组,也不是靠上级政府来管,而是通过破产程序来最大限度地保护债权人利益,维护金融秩序和社会稳定。参见李静瑕:《首例农村信用社破产样本:“消失的”农村信用社》,载《第一财经日报》,2012-07-23。

殊性,但也具有普遍性。域外合作社商人在其历史发展过程中同样遭受过公私对立的境遇。但正视问题而不是消极取缔,是很多国家的主要做法。他们通常能结合本国特点,通过相关的法律进行制度性修复。值得强调的是,这种做法取得了显著成效,并各有特色。

20 世纪初,美国家庭农场因欠缺信贷投资而处于萧条状态,为此,出台了各种农业金融法案,进而建构了较为完善的农业合作信用体系。其中,1909 年《信用社法》奠定了各州与联邦的信贷基础;1916 年《联邦农业贷款法案》联邦土地银行可以在政府支持下设立;1922 年《卡帕 - 沃尔斯坦德法》正式确立合作社商人的商法地位。〔71〕

德国早在 1849 年就设立了世界上第一个合作社商人。1871 年颁布《合作社法》,以法律为合作社商人及其他合作经济之需求提供保障。1975 年《德意志合作银行法》进一步确认股份合作制的法律地位。由此,在 20 世纪中后期,德国就已经打造了世界上最完备的合作法体系。〔72〕其中,最值得一提的是,《德国合作社法》第一次将合作社规定为商人,并赋予了合作社商人章程自治。依据合作社商人章程,合作社可以采取商人形式,也可以选择非商人形式。除选择自由外,法律还规定社员大会决议违反法律或章程,可借由诉讼来提出异议。由此,合作社商人选定了相应组织形式,就应服从自愿强制。值得强调的是,这些均是合作社商人获得财税支持与反垄断豁免的重要证据。

日本是在二战之后扶持农村发展的。1947 年《农业协同组合法》是调整合作社商人的基本法,〔73〕特别对法人治理作出了具体商事规制;除此外,1923 年《农林中央金库法》对农林中央金库由政府与农、林、渔业团体共同组建作出规定;〔74〕1949 年《中小企业等合作社法》〔75〕赋予了基层农村合作金融组织以传统合作社商人的特质。

(二)域外立法相关规制的特点。其一,立法先行。上述三国农业经济窘境构成立法的背景与动因。而这种困境成因,也许归之于农业作为一个行业的竞争劣势地位,也许来源于农业本身的经营不善问题,三国不约

---

〔71〕 按照《谢尔曼法》,除政府反垄断外,私人组织也可提起反垄断赔偿诉讼,如果胜诉,可得到三倍的赔偿费外加合理费。由此看,美国反垄断法具有商事性。参见李艳华:《美国联邦法院与反垄断法》,何勤华主编:《20 世纪外国经济法的前沿》,274 页,北京,法律出版社,2002。

〔72〕 刘颖:《国外农村合作金融立法经验及其启示》,载《广西金融研究》,2008(7)。

〔73〕 《农业协同组合法》,日本昭和 61 年。

〔74〕 刘颖:《国外农村合作金融立法经验及其启示》,载《广西金融研究》,2008(7)。

〔75〕 《农业协同组合法》,日本昭和 61 年。

而同地通过法律而非政策来进行规制。在内容上，三国都是以公私合作模式来确立了合作社商人与政府间的法律关系。

其二，利益契合是公私合作的内在动力。合作社商人为了参与市场竞争而需要政府的财税与资金扶持，政府则借由合作社商人解决国家农业经济问题，同时，政府振兴农业也与合作社商人的目标相一致。这些利益契合促成了公私合作。不可否认，股份制公司与政府之间也有着合作的内在冲动，但因其逐利性，主要通过市场竞争求得生存，而非依赖政府扶持存续。实际上，政府也没有将公司作为农业问题上的最佳合作伙伴。由此看，两者之间缺乏必要的、相对稳定的利益交换连接点，因而很难建立公私合作关系。为此，我们发现，西方通常将合作社商人与农村合作银行分别立法。这两类法律分别以合作关系与股份合作关系为调整对象。譬如，美国《联邦信用社法案》规定合作社商人为互益法人。[76] 在法律运行中，各国有所侧重，如日本秉承合作制；德国合作社商人有向股份合作制转型趋势；美国农村机构最初依赖政府直接投资下设立的，实行股份制，但后来随着农场社员进行社股收购而转化为完全由社员所有的合作社商人。[77] 但无论如何改变，域外在合作社商人形式上并不采取纯粹股份制。

其三，民主治理是公私合作的必要条件。合作社商人民主治理要求给予社员充分的选择权，尊重社员主体性，从义务主体，更从权利主体来看待社员。在理念上，合作社商人的民主治理与私法自治之间并无二致。而私法自治即当事人有权依据自我意志而自由选择。该自我意志是一种契约关系，因此，当事人可以并且应该对自己的选择负责，[78] 也即，人只有在自己意识活动中进行选择，才能被称为自由。[79] 所谓管理的民主化是公私合作的必要条件。但我们必须注意，民主治理并不是充分必要条件，因为合作社商人有意志自由，但其不一定选择与政府的合作，进言之，是否与政府合作，则取决于它与政府之间的利益交换。

（三）域外立法对我国合作社商人制度的示范。其一，立法及时性。早期阶段，域外即对合作社商人设立乃至经营作出周延规制，实行立法先行。这种法律控制做法能够较快通过立法形式对其法律性质、组织人格、经营行为等加以规制，并不断完善。同时，在立法体例上，域外能够结合本

---

〔76〕 刘颖：《农信社应立法先行》，载《中国农村信用合作》，2007（1）。

〔77〕 刘颖：《国外农村合作金融立法主要经验及启示》，载《哈尔滨金融高等专科学校学报》，2008（12）。

〔78〕 李建华、许中缘：《论私法自治与我国民法典》，载《法制与社会发展》，2003（3）。

〔79〕 ［德］康德：《法的形而上学原理》，沈叔平译，29 页，北京，商务印书馆，1991。

国合作社商人实践与产权安排特点，对合作社商人与股份合作商人进行分别立法，为其创立与发展提供高效的法治环境。而这恰恰是公私合作的制度前提。

其二，政府义务法定化。为在政府与合作社商人之间立起一道安全防火墙，域外借由法律将政府的扶持义务进行法定化，以避免因扶持而进行所谓的“父爱式关怀”，同时也避免合作社商人通过自身弱势地位而向政府转移经营风险。法律明确规定，合作社商人只能在法定条件下才可取得税收优惠与财政支持的规范救济。这为公私合作提供了制度保障。

其三，合作社商人的治理方式由私法规制。域外将合作社商人的法人人格塑造作为制度发展的主体要件。如上探讨，美国《联邦农业贷款法案》、德国《合作社法》以及日本《中小企业等合作社法》等在塑造法律人格经验上莫不如此。值得提及的是，在历史传承与国情发展方面，我国同域外存在着诸多差异，一味地立法借鉴不但是不理性的，还会导致法律中的僵尸条款，而且往往与立法者的本意大相径庭。因此，我们只有对域外立法进行结构性过滤，找到中外的某种差异与暗合，才有可能作出有益探索。域外通过法律形式赋予合作社商人的独立自主权，并在此基础上与政府就农业问题展开合作，这种经验也许正是我国当下所急需的。

三、合作社商人得以存续的法律重塑

如前探讨，合作社商人虽在我国存续多年，但诸多诟病已到了不得不进行改革的当口。为此，本书认为，目前我国合作社商人仍然有很大的存在空间，无论对于政府，还是农民，若求得涅槃重生，必然可以焕发生机。而所有这些愿景尚需实现以下三个转变：独立法律地位、设定主体类型和公私合作。

（一）合作社商人从附属到独立。这需要以法律形式确立政府与合作社商人之间的平权关系。从实践上看，我国社会转型的现实仍然残留合作社商人附属于政府之严重弊端。而如何超越这种制度困境，借由合作社商人运行的制度背景，我们或许可以找到问题之出路。从政府角色看，发达国家与发展中国家大为不同。发达国家合作社商人一般作为私人而存在，其立法是整个私人法律体系的有机组成部分之一。在这一框架之下，合作社商人可以依法自主开展活动。因为法律的完备性和政府的守法意识，政府不会对合作社商人强行管理。但在发展中国家，合作社是一种特殊企业组织形式，通常被赋予了更多的推动社会经济发展的政治任务，故而大多被沦为政府的一个附属部门,其人格独立几乎不可能。〔80〕事实上,这种希望一举两得的整合政策在实践中经常被落空。为此,自20世纪90年代以来,发展中国家立法开始弱化合作社商人对政府的依附性,以增强其主体性。通过这种立法,合作社商人将政府角色由无所不包的合作社商人事务的管理者转变为纯粹的执法者。这种新型立法将政府对合作社商人的促进功能与控制功能进行区分,防止政府借口公共管理而对合作社商人的内部事务进行干涉。我国作为发展中国家,合作社商人的生存状态也是如此,即国家倾向于将合作社商人作为促进社会经济的手段。当然这与我国正处于社会转型阶段有很大关系。政府的政治权力极其强大,往往以超经济手段干预市场主体,异化了合作社商人的主体地位。值得玩味的是,国家对三农问题越加重视,合作社商人对三农任务就越加不可推卸,而政府也由此越加对合作社商人实施公权控制。但从法治角度,我们知道,即使是这种公权控制,也决不意味着政府对合作社商人的直接参与。为此,我国合作社商人法应将政府对合作社商人的关系由事务的直接管理者转型为纯粹的制度创建者,并据此将政府对合作社商人的公权控制纳入到法治轨道。〔81〕由此,一方面,我们需要对政府进行限权,另一方面,我们需要以法律形式保障合作社商人的市场主体地位,直至合作社商人可以与政府形成平权关系。进言之,政府对合作社商人的参与也必须是合作基础之上参与。〔82〕应该说,这将使得政府对合作社商人的公权控制更富有效率,也使得合作社商人作为一个独立市场主体来落实政府的公共政策。〔83〕这并非意欲在这个层面上构筑一个公民社会,而只是国家与私人团体间的制度基础上的统合。〔84〕从根本上,这是保守,或是渐进的。

其次,以《合作社法》确立合作社商人的私人地位。市场经济是法治经济,因此,合作社商人的独立在于取得法律上的独立人格。就我国实际情况而言,合作社商人的存续不能仅凭低位规章,而必须借由高位法律进

---

〔80〕［俄］安德兰尼克·米格拉尼杨:《俄罗斯现代化与公民社会》,徐葵等译,4页,北京,新华出版社,2003。

〔81〕马震宇:《农村合作金融立法若干理论问题研究》,载《农村经济》,2008(2)。

〔82〕从某种意义上说,当下社会转型格局决定了现阶段我国合作社商人治理制度的发展逻辑。因此,只要我们尚未步出转型期,政府与合作社商人间的互动关系研究将是一个一直有待探索与"扶正"的命题。

〔83〕我国《农村信用合作社管理规定》第2条第2款规定:"其财产、合法权益和依法开展的业务活动受国家法律保护,任何单位和个人不得侵犯和干涉。"由此我们看到现行法对于农村信用社的权利关怀,但这并不等于农村信用社获得自主地位。实际情况是,农村信用社的法人独立性越来越多地受到挑战。

〔84〕张静:《法团主义》,167~168页,北京,中国社会科学出版社,2005。

行保障。合作社商人在法理上属于私人，因此，合作社商人的相关法律应围绕塑造合作社商人人格，调整合作社商人内外关系来加以创制，正因为如此，本书认为，《合作社法》更能包容现行所有合作社商人类型，[85]国家在分类管理上也更有法可依，社员投资选择更为便捷。

最后，《合作社法》明晰产权以确立合作社商人的独立法律地位。从比较角度，合作社商人较易于为低收入者所接受，但事实上，并非所有的低收入者都有条件为其成员。从合作社性质来说，只有那些秉持诚信、具有一定物质能力的人才能通过创设共同体——合作社商人——来实现社员自助；而那些真正生活在贫困线以下的人可能基于各种原因而难以加入这种互助共同体，只有通过慈善组织或者社会保障系统来寻求救济。就此来说，绝对贫困是无法通过个人和社会力量来解决的，设立合作组织之前，人类首先不可以在绝对贫困状态，[86]也即，先设立合作社商人，然后来救济贫困，这是不可行的。如果合作社商人秉持公益性则势必回到我为人人的虚幻之中，不但不利于消除贫困，反而会削弱其服务社员的功能，进而会使得这种合作机制失去存在基础。从现实看，这种商人目的错位正是当下须要矫正的。明晰产权是合作社商人取得独立地位的内在要求。

关于明晰产权的制度，本书从两个方面考虑：其一，恪守资产分割法则。通过资产分割，社员、合作社商人与债权人之间形成一道破产风险隔离屏障，既可满足各自法益，也可有效控制风险，同时还能形成彼此制衡的利益约束机制。从当前发展阶段而言，我国合作社商人产权观念尚处于商事交易之内部性阶段，而没有发展成较为完善的资产分割法则。[87]这势

---

〔85〕 就农村信用社这种合作社商人来说，有学者认为我国农村信用社产权改革主要存在四种组织形式：一是农村商业银行；二是农村合作银行；三是以县（市）为单位将信用社和县（市）联社各为法人改为统一法人；四是在完善合作制的基础上，继续实行乡镇信用社和县（市）联社各为法人的体制。参见都本伟：《农村信用社法人治理研究》，124页，北京，中国金融出版社，2009。本书认为，上述观点值得商榷，因为上述前两种在具体地讲法人的产权类型；而后两种在抽象地讲法人之间的相互关系，因此他们并非基于同一标准，不能并列作为农村信用社的商人形式。

〔86〕 管爱国、符纯华：《现代世界合作社经济》，30～31页，北京，中国农业出版社，2000。

〔87〕 我国对合作社商人产权结构与资产分割法则有很多不够明确的地方。《民法通则》第74条规定："劳动群众集体组织的财产属于劳动群众集体所有"。该条从所有制方面规定了集体财产，然在法律如何认定，没有明确规定。据此，有学者主张"要把集体所有制改造成共有制"。参见唐德瑄等主编：《股份合作制理论与立法的基本问题》，142页，北京，中国检察出版社，2002；又如《农村信用合作社管理规定》第2条第2款规定农村信用社"以其全部资产对农村信用社的债务承担责任"。该规定仅使用"全部资产"一词，但并没明确农村信用社对该"全部资产"是享有完整的财产权还是不完整的支配权。对此，我国《农民专业合作社法》第4条明确规定："农民专业合作社对其财产享有占有、使用和处分的权利"，但无"收益"权利。这是否意味着法人财产权受到分割而影响到合作社商人的独立性呢？

必导致权能归属的路径依赖。其二，降低大股东入社门槛，免于专业合作社、农村小微企业及家庭农场等入社受到行业、职业约束，以强化合作社商人的运营资本。大股东具有价值投资偏好，又有资金利用需求，因此，合作社商人通过赋权大股东，既可减少社员权行使中的搭便车现象，也可秉持三农问题的绝对优位，更能解决我国特殊制度背景下外部人控制问题，以保持其独立人格。

独立法律人格是合作社商人的内在要求，但却正面临着一些深层次问题而亟待改革。我们若想超越这种制度困境，可以参考域外立法的成功做法。而这只有通过先行立法与明晰产权等两项条件均得以满足时才能继续接下来的步骤，那就是，合作社商人抛开过往被动的父爱式关怀，而展开与政府间的商谈，并在此基础上促成私法上的互动关系。

（二）合作社商人由三元到二元，或曰从多元到有限多元。此处三元即指纯粹合作、股份合作与纯粹股份等三种制度形式；二元则指纯粹合作与股份合作两种制度形式，而排除纯粹股份制。《合作社法》应严守合作原则，缓和合作社商人形式规制中的法律性质与功效之间的紧张关系。一味地秉持合作社商人法律性质，可能会降低其法律功效；而过分夸大其法律功效，则必然引起相关法律性质的异化。也许可行的路径就是在二者之间达成一种平衡。本书认为，这种紧张关系必须在我国区域差异与合作社商人形式取舍间进行权衡。

基于上述分析，我国经济多元化与不均衡性的背景需要《合作社法》在权限所及的范围内规制更多类型的合作社商人形式，其中包括：

其一，对于西部及经济贫困地区，立法规范纯粹合作制。从当下看，我国真正要创设纯粹合作制下的合作社商人，可能需要付出较大的教育成本与较多的时间成本。但这些成本是我们制度选择时应该付出的。为此，纯粹合作制下的合作社商人需要端正办社宗旨，也即为社员服务；完善民主架构，建立现代企业制度意义上的三会制度；国家对合作社商人财政支持应该作为一种制度性安排，而非关爱式的“恩惠”；展开社员乃至尚未入社农民的合作教育，以普遍提升民主参与意识。

其次，对于东部及沿海经济发达地区，应首选股份合作商人形式，以与经济现实相匹配。在这些区域，经济比较发达、城乡一体化基本实现，合作社商人资产规模也已经有所积累且已实行商业化经营，为此，经济及其组织载体均已发生质的变化。这种变化有待于组织形式由合作制向股份合作制转化，如果经济进一步发展，则不妨改制或者组建股份制。但我们再次强调，纯粹股份制产权结构——正如西方国家的立法启示——与政府之间就农业问题并不存在利益交换的内在需求,并且这种超越合作社商人的合作方式已经被异化为公司类型,因而理所当然地受公司法调整。

最后,在人口较为密集或农业商品基地等中等经济发展程度的区域,合作社商人在秉持法律性质限度内实行股份合作制。这样,一方面可确保政府财税的适当支持,解决其融资需求,另一方面也可满足资格股社员的资金需求。

概言之,《合作社法》应根据不同地区的经济区域,列举规定不同商人形式,并赋予这些形式商人的不同设立要件。值得注意的是,立法规定这些相关类型商人设立要件时,必须充分考量诸如政府支持、企业需求、城镇进程、区域差异、文化认同等因素。

(三)合作社商人治理由集权到民主的转型。我国合作社法付之阙如,政府对合作社商人的支持与管理是在法律失范下进行的。从严格意义上说,这种撇开法律谈干预的做法就是一种集权思维。在这种思维模式下,合作社商人如何选择治理方式,均由公权替代。

从应然角度,合作社商人与民主制度之间存在着极为密切的联系。这种关系最为典型之处在于民主制度为合作社商人存续提供了较为有利的法律资源。比如,托克维尔曾对美国结社进行过深度分析,认为,在民主国度里,所有人都是独立的,但却又是天然弱势的。他们很难单凭一己之力完成一番事业,一个人无权强制他人作为或不作为。故而,他们若不能设法互助,都将陷于无可奈何之境地。[88] 因此,逻辑上,合作社商人本身便是民主的产物。在集权主义下的社会环境是不可能有着合作社商人这样一种结社组织。从内部组织看,民主原则是合作社商人运行的基本原则,同时也是制度创设之初衷。如前所述,域外合作社商人均遵循民主原则,并在社章中规定,社员大会是其最高权力机关,一切重大事项皆由社员大会议决。社员无论持有股份多寡,均遵循一人一票规则。借此来说,民主原则有效保障了合作社商人享有排他性的决议选择权。

我国政治文化长期积聚了太多的集中主义法统。为此,公权思维长期居于主导地位,因此,我们很难期待合作社商人治理在短时期内取得成效。[89] 但是,我们仍然可以基于立法,通过制度安排,逐步使合作社商人

---

〔88〕[法]托克维尔:《论美国的民主》,下卷,董果良译,636~637页,北京,商务印书馆,1988。

〔89〕刘颖:《发达国家农村信用社产权形式考察及对我国的启示》,载《中国农村信用合作》,2009(1)。

从集中走向民主。

首先,合作社商人对治理方式要有自主选择。社员互助是合作社商人选择治理方式的应有之意。但这也只是其法人目的,在与政府密切相关性这一点上,合作社商人不能不正视政府目标——三农任务。该任务因被公权强制赋予而仅为合作社商人的外部目标。而经营目的才是合作社商人内生的,是一种社员基于利用而积极追求的。换句话说,内生性要求合作社商人在选择何种治理方式时旨在“自己认为合适”,以真实表达其自主意思。[90] 然而,理想总是超越现实的,通常理想设计是,借由利益商谈,合作社商人目的与政府目标趋于一致。但这在以往政府权力特别强大时是难以实现的,随着城镇化进程的快速发展,农村市场逐步规范,而渐渐有了现实可能性。当然,合作社商人对治理方式要有自主选择并不意味着对政府的绝对排斥。实际上,合作社商人要想在激烈的竞争中立足,还是需要政府的资金与财税支持的;而政府也往往将具有与解决三农问题相契合的合作社商人作为第一对象。

其次,以初始选择推动公法强制向私法自治转换。在这一问题上,克服路径依赖是极为重要的,治理方式的选择不仅由合作社商人目的来确定,而且更是由初始选择所确定。道路的选择往往比本身的努力还要关键,错误的选择方向只能离目标越来越远。因此,初始选择时应该对以下几点予以重点考量:一是,选择之初的充分论证,并随着情势变更,保持治理方式的开放性;二是,基于路径依赖,合作社商人治理方式以秉持其主体地位为宗旨;三是,坚决排除公权力直接干预合作社商人具体事务,政府角色须是谨慎的执法者,而非积极的管理者。

最后,合作社商人治理方式选择的理性化。从理论上说,合作社商人外部关系来自于与政府的利益交换,内部运作则由章程规范。[91] 但由于法律失范,公权力可能随时以不同方式进行着超经济干预,因此,在法人治理中,合作社商人需要相机而变。典型的是,对于已经完成的公权代决行为,合作社商人章程可以赋予社员在程序上的终极认定权。比如,涉及诸如公开市场转让从而使得国家股或者法人股为社员所有,转让方式可以是拍卖、质押、要约收购等;公权代决尚未完成的,可以变换思路,做好制度衔接。此种情况下,若合作社商人的民主治理机制尚未健全的,可继续借由法定约束下的公权代决方式加以解决。若民主治理机制已经完善,

〔90〕 刘连煜:《公司法理论与判决研究》,205～206页,北京,法律出版社,2002。

〔91〕 范建:《尊重商法的特殊思维》,72页,《中国商法年刊》,北京,法律出版社,2013。

则必须终止公权代决；最后是公权尚未代决的情形。这是一个较为纯净的市场主体。我们应充分珍惜乃至尊重合作社商人的初始选择，尽力建构一种基于社员意愿的民主内核，以此屏蔽未来可能遭遇到的“公权造访”。

四、合作社商人存续的法律价值

通过法律重塑，本书拟为合作社商人找到一条得以存续的制度依据。而这种法律重塑也必将会再构我国现行商法体系，并使我国商人类型呈现多元化趋势，进而对当代基层经济民主起着积极的助推作用。而由合作社商人存续所生发的这些法律价值又会反过来消解其生存困境，进而支持其有效存续。

（一）以商法思维构建公私合作关系，并借由合作社商人的存续而得以制度践行。如前所述，我国《合作社法》应定位于商法。而这种合作社商人属性始终围绕着营利性展开，因而又被赋予了商事性。为此，商法思维就成为了判断合作社商人与政府之间合作关系的至为关键的逻辑起点。此种合作关系需要法律从效益与安全两个维度认真对待合作社这种特殊商人。[92] 而合作社商人自身也必须按照外观主义原则以及自由、快捷等商法特性来自我塑造，并将政府对合作社商人的扶持保持在法律限度内。

（二）企业类型进一步多元化体现在合作社商人的创造性上。理论上，根据组织形式和结构特征，商人有商自然人、商事合伙和商法人等三种。前两者不论，就商法人来说，有限责任公司与股份公司是我国《公司法》明确规定并且也是仅有的两种类型，并且存在着严重的逻辑问题。[93] 但遗憾的是，学界仅就现行公司作出内部解构，而并没有考虑到合作社商人类型。本书认为，我国合作社商人在法律性质上具有营利手段性，[94] 是一种企业法人（本书姑且将其等同于商法人）。从历史看，我国企业法人是从股份合作制发展而来的，理应将合作社商人类型归于企业法人，以建构我国企业法人的自足体系。然而，当下我国企业家族却将合作社商人拒之于企业法人的门外，使得处于不同发展阶段的创业人或者就业人难以自主选择企业类型，甚至我们在很多场合难以以合作社商人类型开展国际合

---

〔92〕 范建：《尊重商法的特殊思维》，72 页，《中国商法年刊》，北京，法律出版社，2013。

〔93〕 刘俊海：《建议〈公司法〉与〈证券法〉联动修改》，载《法学杂志》，2013(7)。

〔94〕 郑景元：《商事营利性理论的新发展——从传统到现代》，载《比较法研究》，2013(1)。

作。反之,合作社商人若向商法逃遁,则有助于完善商人体系,并可因营利的内在驱力与政府的外在扶持而得以存续。

值得注意的是,本书这里强调企业类型多元与前文所涉合作社商人的有限多元之间存在着一定的内在张力。合作社商人因恪守合作制而践行有限多元原则,竭力不被公司类型所同化,不但保持自身特殊性,而且还具有创造性。在市场经济条件下,唯有创造性才是长期盈利的保证。从企业而言,多元化下的个体特殊性恰恰整合了多元企业类型的商人体系,并使之更为丰富。但难以绕开的是每类商人之间,也即,多元商人之间存在的竞争关系。本书所涉主要指合作社商人与公司间的制度优越性竞赛。应该说,在自由主义环境下,这种竞争一旦展开,合作社商人的存续将步履维艰,如此,也最终陷于公司一元主义的宿命。市场竞争的残酷性表现得就是这样充分。所有这些都值得我国立法与理论的高度关注。

(三)合作社商人制度推动一国基层经济民主之实现。合作社商人始终助推着基层经济民主向前发展。如前所述,民主制度是合作社商人存续的政治前提,反过来,合作社商人本身也将会促进基层经济民主的发展。最为典型的例证就是德国的实践。德国在19世纪工业革命急速发展,农奴解放,土地可以自由转让。在此背景下,第一个农村信用合作联合社在德国诞生,并制定了合作原则:农民自愿加入合作组织,大家平等互助;社团目的不在于营利而在于服务社员;社员要按时偿还借贷的生产资料。由此看,该社旨在联合社员,免遭高利贷盘剥,具有极强的基层经济民主色彩。之后,雷发巽原则在世界蔓延发展。

我国基层经济民主进程与合作社商人存续之间也存在着内在逻辑关系。在人民公社化下,我国合作社商人演化为政治工具,丧失了基本的民主属性。而从二十世纪末,基于民主进程的发展,我国才逐渐将由农民入社、社员民主治理、主要服务于社员作为合作社商人塑造的基本策略来逐步脱离政治隶属关系。值得期待的是,这种策略的运行最终可能会凝聚乃至演化为一种压力集团。合作社商人为了自身利益必然会去积极影响公共政策,要求公共政策必须符合本集团利益,以使公共政策的正面效应最大限度地倾斜于本集团。这显然是一种以压力为后盾而求得利益的合作关系,富有基层经济民主之色彩。可见,合作社商人本身既是民主的产物,也是宪治进程的推动者,具有很强的证成价值与促进功能。

法律重塑是合作社商人得以存续的制度保障,而公私合作则是对合作社商人得以持续所作出的积极回应,并有解决当下合作社商人“向死而生”的现实可能性。而合作社商人得以存续后，又反向地促进私法体系的完善，从而不断达至企业类型的多元化，进而对基层经济民主起着积极的推动作用。对此，政府通过合作社商人达到自身的政治目的（集中体现为三农任务的完成），而合作社商人依赖政府可以获得财税资金扶持。这种利益交换可以定位为一种市场行为。通过回归市场，合作社商人可以激发其内在潜力，更可以使其有条件与政府产生一种良性的互动关系。当然，这种市场力量必须建立在以私法为核心的法律基础之上。因为，在现代社会，“私法自治虽然已经不再是绝对的，但它作为原则仍然存在。”[95]为此，依据公私合作原理，以私法角度对合作社商人进行系统性改造实为必要：一则，制定《合作社法》，这是由立法滞后的现实所决定的，因此，必须提升立法层级，确立合作社法的私法地位，并且以私法手段而非公权强制手段来保障合作社商人的人格独立与意思自治；二则，由区域法治多元性所决定，《合作社法》应该排除纯粹股份制的规制，以“有限多元”为原则创造性地融合和规制合作制与股份合作制；最后，按照公私合作原则，《合作社法》赋予合作社商人在治理方式上具有选择自由，同时将财税资金支持设定为政府的法定义务，以拒绝政府在失范下所进行的“家父关爱”。唯此，合作社商人才可能涅槃重生。

第五节　合作社商人化过程：从现代化到现代性

在我国商法从传统到现代的进化过程中，合作社也在由非商人向商人的转变，并呈现出从消极同构向积极同构的优化。合作社商人的制度勃兴是在商法现代化的大潮下展开的，并伴随着人们对商法现代性的深思：其一，商法现代化过程中所伴生的“工业垃圾”激发学界关于商法现代性的追问。从更抽象层面看，物质、威权等词汇不仅表达了商法现代化的内涵，而且也是商法现代性的集中概括。而这些概括的发散扩张带来了诸多时代并发症，譬如公权腐败、社会贫穷乃至环境污染等。这些症候暗示着人类曾经努力建构的器物、精神乃至制度文明体系都将可能面临被解构的风险。基于以上隐忧，本书再作进一步延伸，以民主商谈为路径尝试超越这些风险陷阱。其二，商法现代性能够激发既有的学术思考，尤其会促使人们反思商谈民主下的权利为何物？如果我们能够秉持商谈民主，权利一定

〔95〕［德］罗尔夫·克尼佩尔：《法律与历史——论德国民法典的形成与变迁》，朱岩译，64页，北京，法律出版社，2003。

是现代法律文本的核心,也一定是在权利觉醒下的公民共识。但权利何以发生?这是法哲学上的哥德巴赫猜想。作为新近代表,德国学者哈贝马斯所认为,权利生发于平等自由人间的互相承认与授予,是人们商谈互动的产儿。[96] 基于这种现代性逻辑,他对于自然赋予说、权利自赋说以及权利国赋说等三种权源论进行了尖锐地批判,指出,权源并非是被片面赋予的,而是依据法律,在法治框架下民主商谈的结果。应该说,哈贝马斯的天才研究对合作社商人化进程中的权利何以生成具有"孤独守万年,牵引陌路船"之启发意义。[97] 从历时角度看,天赋神权论、武力征服论、皇恩浩荡论等权源说曾都是我国历史上主流观点乃至普适认知。需要警醒的是,这些赋予论对合作社商人化的私权构建有着巨大的路径依赖。其三,从对权利诉求到对商人社会愿景。美国学者德沃金论及群体撕裂时有个突破主流观点的判断,认为,多元包容的民主制度构想为人们解释一些共同疑惑,那就是,当大多数人对少数人的需求加以歧视时,这个社会不仅形式上不合法,实质上也是不公正的。[98] 反之,当少数人肆意践踏多数人的诉求时,社会最终难逃重新洗牌的噩运。在整个商人体系中,公司商人处于绝对强势,而合作社商人则处于相对弱势。如果商法不能兼顾效率与公平,整个商人体系乃至商人社会必将面临合法性危机与被拆散的风险。为此,如何构建一种积极同构型的商人社会当为美好愿景。而如何借由当下权利诉求来缓和社群间的利害冲突,此路径的探寻非常必要。值得一提的是,我们曾做过一个关于公民法律素质的问题调查,发现,人们从城市中心向农村环状延伸,离核心越远对于法律知识与法律意识的认知越淡薄。但极为意外的是,在合作社商人经营范围与城乡结合的区域,农民社员的私法精神、互助素养乃至民主商谈的能力与核心城市的市民并无太多差异。这项调查结果的重要意义在于,合作社商人化及其与公司间的积极同构关系,是建构商人社会必不可少的法治要件。

---

〔96〕［德］哈贝马斯:《在事实与规范之间——关于法律和民主法治国的商谈理论》,童世骏译,103页以下,上海,上海三联书店,2003。

〔97〕高鸿钧教授指出,商谈权利论的生成不仅需要以生活世界的理性化为前提,而且需要特定社会成员彼此能够承认作为法律共同体平等伙伴的关系,进而通过互惠合作和互动协商建构现代民主法治国家。从人类现代化的实际历史进程来说,除美国建国前的社会状况,绝大多数社会很难具备这样理想的背景条件。参见高鸿钧:《权利源于主体间商谈》,载《清华法学》,2008(2)。

〔98〕［美］罗纳德·德沃金:《自由的法——对美国宪法的道德解读》,刘丽君译,23页,上海,上海人民出版社,2013。

小　结

一般来说,结构由部件组成,而每个部件通过某种方式可同构生成为一定结构。为此,部件之间因不同组合而生成为彼此同构关系。在商法上,同构关系既要满足部件结体的合法性,又要践行多元互动的法律效果。基于此,合作社商人化过程不仅是组织从非商人到商人的转化过程,也是成员从消极同构到积极同构的磨合过程,更是商法从传统到现代的过渡过程。据此,本书借由同构试图在三个方面展开:在商人化进程中,合作社内部形成为交易、分配与权力的三元结构,进而推进了商事营利性理论的新发展;在完成商人化之后,合作社通过与公司的横向竞争,催生了商人主体间的新融合;具有全程性的是,合作社与政府之间始终存在纵向调整关系。但在商人化后,二者主要呈现为以民主商谈为核心内容的公私合作样态。除此之外,合作社在商人化进程中还可能遭遇到现代性问题、源于商谈民主的权利问题以及由权利驱使而转型的商人社会问题。当然,合作社商人化的事实需要有效性法律加以规范和重构。事实上,我国合作社法存在着层级低、变动大、公法性等问题,这与商人化进程存在着内在紧张关系。而域外合作社立法先行、利益交换与民主治理等公私合作经验颇具启示,为此,我国可以通过提升立法层级,制定《合作社法》,确立合作社商人的私法范式;通过利益交换机制创设合作制、股份合作制等多种商人形式。在功能上,上述商法范式应对合作社商人予以赋权,对公权机关加以限权,并在此基础上探寻公私合作新路径。

第七章　合作社商人的反垄断法差别对待[1]

德国学者艾哈德曾天才表述了诸多商业垄断问题。他认为,“要通过卡特尔来形成一个全国性的‘正确’的物价,这是一种幻想,简直没有这种可能。我认为自由市场里的自由商人是自由地由自己冒风险产生的,那就不可能有卡特尔规定的物价,因为生产者所供应的,与千百万消费者的需求,在二者之间数量上与质量上的平衡,从逻辑上看来,是不可能的。还有谁驳倒我这种基本想法呢？那种经济将必然会是盲目的,商人再也不能根据市场情况辨别方向,因为他不可能从物价的反映中决定生产些什么以及什么时候生产和哪里生产。如果整个经济由于卡特尔而陷于停滞,那么供求之间的平衡也就不可能存在。”[2]就此来说,“如果把我的卡特尔概念解释为敌视商人的话,那我一定要怀疑这一种解释的严肃性与可靠性。其实,在德国再也找不出另一个更热衷于维护自由企业经济的人了。比起那些目光短浅的,只看到商人在卡特尔中得救的人来要有用得多。”[3]农业是一个基础行业,而农产品加工产业则是固化的,所以,在一定程度上,农业必须通过卡特尔形式加以保护,但这种保护又必须立足于自由市场。为此,理论与实务普遍认为,在各种特殊法律权利中,合作社享有反垄断法被

---

〔1〕 值得说明的是,本章拟从私法角度来研究合作社在反垄断法上的法律地位问题。本书认为,随着我国农村市场经济的快速发展与壮大,合作社商人的市场主体地位也在逐步加强。合作社正从传统意义上的完全附属国家,依靠财政支持逐步走向市场,并运用市场竞争法则来调整。具有经济宪法之称的反垄断法就是维持自由秩序最重要的市场竞争法则。而这种法则本身就具有私法性。因此,国家对合作社的态度不管是抑制还是促进均基于私法角度与私法理论。从抑制角度看,合作社作为一个民事主体,应该遵循市场法则,不得滥用权力;从促进角度看,合作社属于市场弱者,应该基于公平原则而予以私法保护。在这方面的典型例子就是美国反垄断法所具有的私法性质。按照《谢尔曼法》,除政府反垄断外,美国私人组织也可提起反垄断赔偿诉讼,如果胜诉,可得到三倍的赔偿费外加合理费。由此看,美国反垄断法具有商事性。参见李艳华:《美国联邦法院与反垄断法》,何勤华主编:《20 世纪外国经济法的前沿》,274 页,北京,法律出版社,2002。

〔2〕 [德]路德维希·艾哈德:《来自竞争的繁荣》,祝世康、穆家骥译,128～129 页,北京,商务印书馆,1983。

〔3〕 [德]路德维希·艾哈德:《来自竞争的繁荣》,祝世康、穆家骥译,136 页,北京,商务印书馆,1983。

豁免适用的权利。[4] 然而,该判断存在如下两个问题:第一,合作社商人所享有的反垄断豁免属于行业豁免还是行为豁免?一般来说,对特定行业豁免大多数是出于一国产业政策之权衡,但这种豁免在实践中往往使经济呈现低效率,因此从目前各国发展态势来看行业豁免的范围也就越来越窄。从国外反垄断豁免发展趋势而言,行为豁免正在日益取代行业豁免。这种转变具有积极意义,它既可满足法律的实质正义,又可塑造市场主体的平等关系。第二,如果反垄断法对合作社商人采取行为豁免,那就意味着,在合作社商人所有经营行为中,有的行为应予以规制,而有的行为则应予以豁免。然而,反垄断法将合作社经营行为作区别对待的法理依据何在,法律上又是如何规制的?

第一节　“差别对待”何以生成

从理性人角度看,人具有双面性,包括利己功能和“社会本能”。这是人与生俱来的。[5] 为此,我们绝不能基于合作社商人的社会合作观而否定其社会本能(人性恶)。市场主体基于具体交易境况,会呈现出强弱不同地位。当然,这种强弱地位并非固定与数量化的,而是一种动态与描述性的。合作社商人对大企业而言,或许是交易的弱者,但相对于工商个体或者个人,则可能就是强者。况且,即使弱者也并不意味着其可以游弋于法律的控制之外,因此,合作社商人一旦出现因妨碍市场有效竞争而害及到特定第三人乃至社会利益时,仍然要受《反垄断法》规制。

从自身属性看,合作社商人作为非营利性互助企业法人,由入股的农户以及各类具有法人资格的农村经济组织构成。就企业性来说,合作社商人设立及其成立后的运营对当下市场经济的发展会产生重要影响。这种影响可能具有正负两面性。从正面看,合作社商人,有别于市场,具有非营利性;也有别于政府,具有民间性。因而在追求社员利益的最大化时,对于解决市场与政府的双失灵问题,合作社商人无疑是非常有效的。这与国家的三农目标之间并无二致;反过来看,合作社商人却往往成为个人或者

---

〔4〕 陈晓军:《合作社若干法律问题探析》,载《学术论坛》,2007(6);黄勇:《中国〈反垄断法〉中的豁免与适用除外》,载《华东政法大学学报》,2008(2);丁凤楚:《论合法垄断》,载《青海社会科学》,2000(6);蒋辉宇:《论合作社被豁免适用反垄断法的法学理论基础》,载《安徽农学通报》,2007(1);李胜利:《合作社反垄断豁免制度研究》,载《财贸经济》,2007(12);项雪平:《论反垄断法适用除外制度》,载《杭州师范学院学报(社会科学版)》,2003(3)。

〔5〕 [美]庞德:《法律的任务》,沈宗灵译,80页,北京,商务印书馆,1984。

组织(包括政府)谋求垄断利益、限制市场竞争的手段。为此,法律必须对该经营行为进行严格规制,以端正其行为趋向,实现其制度价值。在反垄断规范选择上,合作社商人作为一种非营利法人,和纯营利法人相比相差甚远。正如有学者所言,营利法人和非营利法人产生垄断的原因不同。前者的垄断依赖于资本的力量,而后者的垄断是法人章程、行规、行约等合同行为产生的。营利法人通过收购和兼并等企业扩张的行为或非合理的销售策略来达到垄断地位,而非营利法人垄断则是在统一行动、集体作用的方式下实现的。因此,通常情况下,这种企业间的横向联合有利于社员的整体利益,并且在一定程度上不会危及社会公共利益,也不可能形成垄断。〔6〕 就互易性来说,合作社商人虽然与商会、农会与行业协会具有相同性,但两者相比仍然存在很多差异:首先,合作社商人虽然不是完全靠资本力量垄断市场的,但其资本因素却占有一定的地位;而商会、农会与行业协会并不以资本力量垄断市场,而是通过行规、行约等合同行为产生垄断。其次,合作社商人形成垄断力不仅有同类之间的合并,还有与公司之间的合并。因此这种垄断力的扩张往往具有半开放性;而商会、农会与行业协会垄断力的形成仅由同类行业组成同业协会来分割市场,具有严格的封闭性。最后,合作社商人垄断力的形成涉及资本结合,企业之间的联合具有一定的合作性竞争关系,各主体仍然在联合中保持自身利益,具有自益性;而商会、农会与行业协会垄断力的形成仅依靠协议进行,与资本力量无涉;同类企业联合形成的商会、农会与行业协会并没有自身利益,具有利他性。

从历史看,资本主义由自由竞争发展到垄断阶段后,企业便凭借其强大的经济优势而独行专擅,严重地破坏了经济秩序,激化了社会矛盾。这时,人们开始认识到自由竞争的弊病,并跳出"市场万能"的理论窠臼,而代之以既承认"市场积极作用"又承认"市场消极作用"。由此,允许法律基于社会公共利益而对私权加以适度限制。反垄断法即在这一系列理论变革的具体实践中产生的。然而,各种集体主义者所以向市场经济进攻,其目的在于消解企业的作用。如果在商人的阵地上,追求集体协议的力量占了上风,那么,"在生产领域内,还有什么理由来维护私人所有的,商人还有什么权利来作出经济上的决定呢?"〔7〕早期反垄断法(如美国《谢尔曼反

〔6〕 陈晓军:《互益性法人法律制度研究》,143 页,北京,法律出版社,2007。

〔7〕 [德]路德维希·艾哈德:《来自竞争的繁荣》,祝世康、穆家骥译,135～136 页,北京,商务印书馆,1983。

托拉斯法》)反对一切垄断,将竞争当做是极其重要的手段,并置于法律的庇护之下,以促进市场活力的持久稳定。事实上,人们在市场的竞争理论和相应的实践中发现,即使反垄断法也不可能将垄断现象消灭殆尽,而只是将其限制在一个合理范围之内,也即,反垄断法仅保护有效竞争,利用合法垄断来克服过度竞争的无序状态,同时,竞争活力也必须得到尊重以抵制非法垄断所可能导致的停滞。〔8〕 合作社商人作为一种经济组织,自然也不能独善其身,其行为同样具有双刃性。虽然它可能最大限度内解决政府与市场的双失灵问题,但同时在一定程度上也妨碍了有效竞争的秩序,因而对其反竞争行为也必须予以反垄断规制。

从规范意义上说,域外对于垄断行为的认定通常采取区别对待的态度。《日本禁止垄断法》第 22 条规定:在以下条件满足时,以小规模事业者或者消费者的相互扶持为目的的合作社行为禁止垄断法适用除外:其一,主体是小规模事业者,并以消费者互助为目的。此处消费者仅指自然人,而不包含法人;与此对应,这里小规模事业者虽可从企业规模进行分析,与大企业相对应,但在不同领域,事业者规模会有不同。由此看,合作社法对于禁止垄断法的适用除外问题需要根据本项规定的要件具体地分析。其二,设立无门槛,且其成员进出完全基于个人意愿。其三,表决权由各合作社社员平等享有。其四,合作社社员的利益是有限度的,并且严格规定在法令或者章程之中。〔9〕 然而,并非具有上述要件均适用除外。该

〔8〕 此处所谓非法垄断,既包括违反反垄断法的明文规定,也包括虽然没有违反反垄断法的明文规定,但却违反了法的本质要求,并对市场竞争造成危害后果的行为。这种非法垄断行为的复杂性给司法实践带来了极大困惑。为此,域外反垄断法确立了两个违法认定原则:第一,本身违法原则。美国反垄断法认为,某些企业行为,因其反竞争性十分明显,所以只须认定其存在即可认定其违法,而无须实际分析其对竞争的影响。一般来说,这一规则通常包括划分市场、搭售、操纵价格、固定价格与联合抵制等。第二,合理原则。该原则适用于垄断行为对竞争产生危害而缺乏任何优点的不合法的情形。它是大法官怀特在 1911 年"美国诉标准石油公司案"中提出的,即法院对一行为不得当然断定其违法,而要就该行为的动机以及在实践中有无造成加害于社会的结果作出进一步调查后,来断定其是否违法。怀特在判决书中解释其意义,即无论是托拉斯或商业合并,依据《谢尔曼法》第 1 条是否构成非法,必须根据企业的目的和手段来判断,如果企业的目的和手段是非法的,那就是非法,否则就是合法的。即只有垄断者具有垄断实力与意图,并且用不属于"工业发展的正常方法"实现其目的时,才构成违法。而值得说明的是,在工业时代,一个企业是否构成垄断,可以用资本份额、生产规模等指标加以量化,具有一定的可操作性;但在当时代,由于反垄断的含义日趋复杂,垄断越来越多地体现在那些难以量化的技术内涵的领先性、融合性上。这些变化对传统反垄断法中的垄断构成标准及限制方法的合理性都提出了质疑和再评估要求,判断主观意图几乎不可能。竞争和垄断的认定在合理原则下变得扑朔迷离。因此,司法实务往往需要通过这两个原则进行综合认定。

〔9〕 [日]根岸哲、舟田正之:《日本禁止垄断法概论》,王为农、陈杰译,367~368 页,北京,中国法制出版社,2007。

法第22条但书对合作社行为则适用除外,“当使用了不公正的交易方法的时候或者由于实质地限制了一定的交易领域内的竞争而将会不当地提高对价的场合,则不在此限”〔10〕,也即,当符合但书情形时,则应适用禁止垄断法之规定。需要进一步分析的是,“不公正的交易方法”可能涉及外部行为(对合作社外部人员实施的场合)与内部行为(对合作社社员实施的行为),进而可以判断出合作社商人与竞争秩序之间的联系;而“由于实质地限制了一定的交易领域内的竞争而将会不当地提高对价的场合”。对此,我们如果将“合作组织的行为”理解为实质性的独立要件,那么,就要根据该法第22条所定的适用除外要件及对其解释来决定是否可以适用除外。另外,“将会不当地提高对价的场合”也似乎含有并不要求实际上提高对价之意,也即,仅具有引起提价之危险为已足,是否实际提高对价在所不问。

由上分析可知,对合作社商人不应绝对地实行反垄断行业豁免,而应采取行为规范。然而,根据反垄断适用除外制度,合作社商人的各种经营行为的垄断认定可谓“冰火两重天”,因此对其应该差别对待。鉴于此,我们有必要设问:从反垄断法的角度看,我们该如何区别对待合作社商人的全部经营行为?也即,我国合作社商人如何接受反垄断法的检验而对反竞争行为予以规制,对合法垄断适用除外?

第二节　合作社商人的反竞争行为

合作社商人的弱势地位并不能成为其游弋于法律规制之外的任何借口。反之,“弱者之恶”同样需要法律的理性约束,以实现法律图景中的“理性正义”。为此,合作社商人如下反竞争行为才具有了法律规范的可能性。

一、集中行为

合作社商人为抵御市场风险,增强市场竞争力,往往借由重组来达到竞争效果。而这种因重组而产生的集中可能会害及到市场竞争秩序,因而

〔10〕［日］根岸哲、舟田正之:《日本禁止垄断法概论》,王为农、陈杰译,375～376页,北京,中国法制出版社,2007。

会受到反垄断法的制裁。[11] 实践中,这种集中方式主要有以下几个方面:(1)企业合并。两个以上具有独立实体地位的经营者通过吸收合并或新设合而归为一个经营者,从而形成资本、资产等要素的集中统一,进而人格融为一体化。因此,这种企业合并方式不仅在财产上而且在组织上合二为一,是一种最密切的经营者联合的方式,并被大多数国家的反垄断法所规制。(2)获得股份或者资产。合作社社股财产构成日趋多元化,经营者掌握控制权必须有效控制股权和资产。在保持法人格的前提下,当另外一个经营者的过半数以上股份被经营者取得时,那么就会形成对该企业的控制权。但合作社社股的分散性越来越强,这种持股比例也在不断被稀释,有时甚至没有达到半数就可能拥有实际控制权。一个经营者在控制另外经营者的基础上取得其资产,从而达到市场垄断之结果。经营者取得资产通常采取信托、租赁和转让等形式。就此而言,欲提高对目标企业的统领力,取得其股份和资产是一种有效的途径。但在实践中,基于对利益的考量,经营者会尽量规避两者在主、客体、税收和负债风险等方面的差异,并作出最利己的决断。(3)经营结合。一般而言,经营者会借助于契约将合作社商人的财务、人力、技术等相关项目通力整合,力求在实体上形成一个整体。(4)人事控制,亦称为人事合并、干部兼任,是指合作社商人之间,或合作社商人与公司企业之间通过管理人员的交叉任职或一方能够决定另一方的人员调换进而达到控制支配效果的行为。出于对腐败问题的考量,我国法律明确禁止人事兼任的情况。但如果基于反垄断目的能否进行人事控制,法律并未明确规定。从实践看,人事控制很容易形成市场一致行动,因而法律应该作出对应规制。[12]

诚如前述,域外反垄断法正从行业规制走向行为规制。因此,合作社商人作为一种经济组织,反垄断法并没有对其作单独立法之必要。然而,这并不意味着合作社商人的集中行为没有任何探讨价值。实际上,就个别条款而言,域外合作社商人反垄断法所进行的规制对于我国立法实践具有非常重要的借鉴意义。依美国《谢尔曼法》,所有企业只要达到了实质意义上的垄断,竞争已遭破坏而形成垄断状态,就应被定义为违法。当然,对

---

〔11〕 所谓集中行为,是指经营者通过企业合并、认购资产或股份、委托经营或联营以及人事兼任等方式形成控制与被控制的状态、有可能限制竞争的行为。参见我国《反垄断法》第20条规定:“经营者集中是指下列情形:(一)经营者合并;(二)经营者通过取得股权或者资产的方式取得对其他经营者的控制权;(三)经营者通过合同等方式取得对其他经营者的控制权或者能够对其他经营者施加决定性影响。”

〔12〕 刘曦:《论经营者集中》,载《法学与实践》,2009(3)。

实然垄断状态的判定，一般借助于合理原则(美国对此将其范围限制在纯竞争方面)。当一行为违反了法律的禁止性规定并对竞争产生较大程度的影响时，此时它所带来的正面评价和影响将不会被考虑。从法律实践看，合理原则在具体运用中存在着高额的费用、冗长的时间、复杂的判断以及理论的不足。这显然对判断者(竞争管理机构和法官)提出了更高的要求，并据此作出合理的分析判断。当然这种判断一般采取违法推定，由被告对其行为的合理性负担举证责任。而《克莱顿法》对企业合并集中和事先申报制度进行了明确说明并加以规制。[13] 美国随后将此法作为企业合并的直接依据。该法所指向的"从事商业或从事影响商业活动的任何人"自然包括了合作社商人在内。[14] 值得说明的是，除成文法外，美国还有很多判例涉及企业合并，这些判例将反垄断政策与国家整体利益充分结合起来，并加以动态调整。德国企业合并政策比美国更为苛刻，尤其在横向合并方面，如1973年修订的《反限制竞争法》严格界定和规制了企业合并。时至今日，为迎合日益发展的国际新市场环境和欧盟标准才稍微缓和了一些。当然，相关企业合并的最重要的法律渊源仍旧是欧盟《合并条例》和《合并执行条例》。这些规范内容较为充实，具有极强的灵活性、科学性和可预见性。[15] 日本商法与竞争法严格限制财阀合并、转让、控股等恶劣行径。日本《禁止垄断法》第16条对企业转让做出了明确的规定，对将一家企业整体或其核心内容受让另一家企业的、一家企业整体所有或核心的固定资产受让另一家企业的、一家企业承租另一家企业全部或其核心部分的、一家企业对另一家企业进行整体控制或控制其核心部分的、一家企业与另一家企业通过合同约定共同分享利益和承担风险的进行严格审查。值得注意的是，该法第16条规定企业转让既包含对资产的转让，也涵盖对客户关系的转让。由于企业核心包含转让方与原转让方的资产(这部分是指构成受让方的核心资产)两个部分，因此，大部分的资产转让方式都在此条的覆盖之下。[16] 日本对市场结构的规制除了垄断状态外，尤其注重对经济力量过度集中的控制。市场结构问题受到日本高度的重视，并极其细

〔13〕 时建中:《反垄断法—法典释评与学理探源》,250页,北京,中国人民大学出版社。

〔14〕 该法第7条规定:"从事商业或从事影响商业活动的任何人,不能直接间接取得其他从事商业或影响商业活动的人的全部或部分股票或其他资本份额;联邦贸易委员会管辖权下的任何人,不能取得其他从事商业或影响商业活动的人的全部或一部分资产,如果在该国任何商业领域或影响任何部门商业的活动中,该取得实质上减少竞争或旨在形成垄断。"

〔15〕 曹康泰:《中华人民共和国反垄断法解读》,114页,北京,中国法制出版社,2007。

〔16〕 孔祥俊:《反垄断法原理》,17~20页,北京,中国法制出版社,2001。

密地处理此问题。由此看，日本反垄断法中体现出浓厚的“结构主义”立场。当然，日本反垄断法在规制企业合并时将相关市场的界定作为考量的一个重要方面。具言之，日本公正交易委员会慎重考虑各个方面，既包括地域、产品替代等方面，也包括企业社会责任、消费者与商业者的原有关系、政府的相关规定等方面。〔17〕

由此看，日本与美国在经营者集中方面具有极大差异。如果对经营者集中方式进行划分，在20世纪80年代之前，美国一直秉持的结构控制政策对于企业合并，无论立法抑或司法实践都是极为严格的。但从20世纪80年代之后，美国逐渐意识到企业合并对社会经济会带来积极意义，因而在政策方面作出了明显改变。在企业合并控制政策的宽严之间，司法关注的重点也由后者向前者转变。而日本与之相反，日本禁止独占法刚刚实施的时候，为了推行经济民主化和防止日本旧财阀集团的抬头，美国推行了比其更为严格的企业合并控制制度。〔18〕但当日本立法自主权恢复以后，这种严格的企业合并控制制度却趋于宽松。这充分体现在合并企业的销售额或资产额的高标准以及大量的适用除外上。可以说，在八十年代之前，日本对于企业合并控制非常之宽松。在一定意义上说，日本市场寡头垄断即在这种政策鼓励下得到恢复的。但随着1977年日本《禁止垄断法》的修改，日本更加严格的控制企业合并，虽然在经济全球化的形势下，但其独有的结构规制仍然存在威慑力，并对企业兼并行为起到警醒作用。

随着我国市场经济的深入发展，产业结构转型升级刻不容缓。但经营者集中的范围和规模却与发达国家相差甚远，所以，当下很难适用严格控制政策。实际上，我国《反垄断法》既要规制经营者集中，也要鼓励经营者通过公平竞争、自愿联合、依法集中、扩大规模，以此来增强市场竞争能力。〔19〕合作社商人作为一种经营性企业，自然存在着经营者集中问题。我们认为，市场结构越紧凑或者说市场集中程度越高，就越会破坏或者妨碍有效竞争，进而影响市场绩效。何以妨碍有效竞争是一个极为复杂的法律问题。我们不仅依照企业在特定市场的占有率，还需要结合其对市场影响以及由此所造成的损害后果来分析判断，也即，对企

---

〔17〕 徐士英：《日本反垄断法的理论与实践研究》，70页，中南大学博士学位论文，2006。

〔18〕 美国反托拉斯法禁止托拉斯，而日本《禁止垄断法》除禁止托拉斯外，还禁止一切类似托拉斯的私人垄断。参见吴炯：《维护公平竞争法》，104页，北京，中国人事出版社，1991。参见徐士英：《日本反垄断法的理论与实践研究》，76～77页，中南大学博士学位论文，2006。

〔19〕 钟明钊：《竞争法》，275页，北京，法律出版社，1997。

业进行主客观分析(超过法律所规定的市场份额仅表示其具有市场支配力,除此外,还须考量企业主观目的与手段等因素)。构成违法的情形需对多方面进行综合考量,其中包括合作社商人实施限制竞争行为的目的以及相应的后果和行为人的市场份额等因素,在进行权衡的基础上确定其对市场的影响是否构成违法。这也是西方国家在规制企业垄断时的通常做法。我们对于合作社商人是否构成经营者集中进行考量,必须考虑如下三个因素:(1)垄断力;(2)主观意图;(3)损害后果。我国《反垄断法》第27条更多地强调垄断力的重要性,[20]而没有将主观意图作为考虑因素;至于损害后果,则在该条中转换为"影响"。这很显然增加了法律规定的模糊性以及反垄断执法的随意性。本书认为,域外关于经营者集中的规定相对较为成熟,这对如何规制我国合作社商人的集中行为具有一定的启发与参考意义。

二、滥用市场支配地位

有学者将滥用行为定义为拥有市场支配地位的企业所实施的影响市场结构,削弱市场竞争的行为。[21] 本书不能认同:首先,认定角度值得商榷。该说仅从企业实施的某项行为对市场竞争可能带来的客观效果出发,很难判断此行为是否属于非法滥用行为。因为,一方面,企业行为可能会产生限制或促进竞争力的情况,其性质无从断定;另一方面,竞争法则的核心在于优胜劣汰、适者生存。无论这个企业的市场地位如何,也无论其是否具有滥用市场的支配地位,只要它获得了与相对人的交易机会,那就意味着其他人或主体就不可能再享有此机会。其次,从企业主观方面看,企业通过何种方式,基于何种目的利用市场支配地位,在实践中是无法精确判断的。既然市场支配地位在法律上得以认可,那么企业就可顺理成章地利用其优势地位来谋求自身利益的最大化。由此看,滥用行为并非本身有害,市场支配地位也不意味着其一定会被滥用。只有当企业超出了法律所规制的限度,滥用市场支配地位,且对公共利益和有效竞争造成实际损

〔20〕 我国《反垄断法》第27条规定,审查经营者集中,应当考虑下列因素:(一)参与集中的经营者在相关市场的市场份额及其对市场的控制力;(二)相关市场的市场集中度;(三)经营者集中对市场进入、技术进步的影响;(四)经营者集中对消费者和其他有关经营者的影响;(五)经营者集中对国民经济发展的影响;(六)国务院反垄断执法机构认为应当考虑的影响市场竞争的其他因素。

〔21〕 黄立:《欧共体之竞争规范》,载《政法大学评论》,2001(4)。

害时,法律才予以规制。[22]

由此可知,合作社商人仍然存在滥用市场支配地位的法律可能性。首先,相比较而言,合作社商人在一定范围内具有市场支配地位。合作社商人本来是一种社区性小微企业,但通过合并、改制,其规模逐渐扩大,相对于农村市场的局限性而言,完全可能凭借其政策优势与天然垄断而居于支配地位。这种小微企业对小的市场所形成的支配关系在理论上被称为相对控制关系。其次,相对市场支配地位被滥用的法律必然性。合作社商人是一种企业组织。从人性角度看,合作社商人仍为私利主体,是一个追求私人利益最大化的合理经济人。如果滥用市场地位会给其带来超额利润,那么它很有可能为之。因此,对这种滥用市场支配地位的反竞争行为,反垄断法应予以规制。然而,如何规制,各国有不同做法。

德国《反限制竞争法》和《欧洲经济共同体条约》率先使用"市场支配地位"这一表述,但该法并未对其含义乃至当这种市场支配地位被滥用时作出明确界定。美、日、俄等国则对滥用市场支配地位作了较为详细的规定。如美国《知识产权许可的反托拉斯指南》指出,滥用市场力量,是指一种能力,它为了营利,在较长期限内可以将价格定在竞争水平之上,或者将产量维持在竞争水平之下。美国《卡帕—沃尔斯坦德法》从效果上对协议垄断作出了豁免规定。[23] 但如果经营者与其竞争对手联合将独占地位作为杠杆来限制竞争,从而偏离农业合作社的"合法目的"时,也与《谢尔曼

---

〔22〕 本书认为,构成滥用市场支配地位须具备四个条件:(1)企业已取得市场支配地位。这是企业实施支配地位滥用行为的主体要件。(2)具有市场支配地位的企业利用其支配地位,在与相对人从事市场交易行为时,出于限制、阻止、遏制竞争之目的,故意采取低价倾销、搭售以及附加不合理条件、诋毁竞争对手等手段以造成将竞争者排挤出该相关市场的结果,从而实现其攫取高额利润的愿望。这是支配地位滥用行为的主观要件。(3)具有市场支配地位的企业实施的市场行为破坏了自由的竞争秩序,损害了其他竞争者与消费者的利益,则该市场行为即被认定为支配地位滥用行为。这是支配地位滥用行为的客体要件。由此可知,支配地位滥用行为的客体(对象)为自由的竞争秩序、其他竞争者以及广大消费者的利益。如果该类企业实施的市场行为没有对上述客体造成任何损害后果,那么该类企业的市场行为就不能被认定为支配地位滥用行为而为反垄断法所限制与禁止。(4)具有支配地位的企业必须实施了支配地位滥用行为。这是滥用支配地位行为的客观要件。如果以合法竞争的方式或以国家或政府授权的方式取得市场支配地位,并在法律允许的范围内提供服务,不仅不为法律所禁止,而且还为法律所保护。只有当具有市场支配地位的企业所实施的市场行为限制了有效的、自由的竞争,损害了其他竞争者和消费者利益时,反垄断法才对之予以限制与禁止。上述四要件须同时具备,该企业行为才能构成滥用支配地位行为。

〔23〕 United States v. Maryland Cooperative Milk Producers, Inc. , D. C. , 145 F. Supp. p. 151.

法》第 2 条相违背,应作出反垄断制裁。[24] 可见,该法依据“合法目的”与“独立竞争”两要件来审查合作社商人是否构成独占地位。从司法实践看,美国联邦最高法院指出,企业收购易于形成独占或实质地降低竞争,如排斥非会员交易;通过行政合同排除竞争对手。这可能与《克莱顿法》第 7 条相冲犯。负责审查反托拉斯法及其程序的国家委员会建议,只有在竞争结果没有实质性减少的情况下,合作社商人之间的合并、共同市场代理与类似的协议才能被允许,即,在相反的情况下则构成垄断。日本《禁止垄断法》用“垄断状态”来规制私人事业者在其所经营的领域内主导这一领域的市场份额而妨害市场的竞争。根据该法第 2 条第 5 项之规定,所谓“私人垄断”,是指企业以独占或者联合的方式,故意排斥或控制竞争对手,从而形成市场势力。当然,当一个企业通过提供高质量、低价格的产品而排除其他企业时(由于竞争结果而获得市场垄断地位),则该行为并不构成对禁止垄断法之违反。由此可见,私人垄断与通过垄断地位而排除竞争之间具有内在关联性。实际上,禁止私人垄断就是禁止通过垄断地位排除支配其他企业的经营活动或限制竞争。这与域外大部分国家的“滥用市场支配地位”或“纵向限制竞争行为”之规定有异曲同工之妙。这种规制的精妙之处在于私人垄断必须同时具备行为要件(排除或控制其他事业者的商业活动)与效果要件(实质性限制竞争和违反社会公共利益),且前者更为重要。由此看,私人垄断的行为要件就是建立、维持和加强垄断地位的可谴责性,并且这些行为与事业者在市场上所使用的其他竞争手段存在明显差异。[25] 日本《禁止垄断法》作出缜密区分的缘由,本书认为,这与其经济寡头垄断的现实有着密切关系。从影响竞争机会的角度去定义滥用支配地位,也许俄罗斯竞争法的表述与美、日并无实质差异,那就是,企业具有经济优势地位,而这种地位可能纵容其无视竞争,妨碍竞争,甚至排除竞争。

欧盟一般通过具体案例来对滥用市场支配地位进行界定。例如欧共体法院在 1978 年的 Chiquita 一案中指出,滥用市场支配地位是指某企业在不受任何限制的情况下开展经营活动,并且形成对其他企业进入市场的

---

〔24〕 美国《谢尔曼法》第 2 条规定,任何人垄断或企图垄断,或与他人联合、共谋垄断州际间或外国间的商业和贸易,将构成重罪。如果参与人是公司,将处于不超过 1000 万美元的罚款;如果参与人是个人,将处于不超过 35 万美元的罚款,或三年以下的监禁,也可由法院酌情并用两种处罚。

〔25〕 徐士英:《日本反垄断法的理论与实践研究》,78 页,中南大学博士学位论文,2006。

阻却。[26] 但1983年的欧洲法院在Mechelin案的判决中则指出，滥用市场支配地位是指一个企业拥有一种经济能力并能够使它可以在无视竞争者、不顾及顾客和最终消费者的反应的情况下，径行“为所欲为”，妨害有效竞争。[27] 这显然是对1978年案例界定的进一步完善。总之，尽管域外对于反垄断法概念的界定不尽相同，但他们所处经济背景具有相似性，一个企业在特定的相关市场上因占有一定的优势或强势而可能“支配”或者“控制”市场，进而妨害了市场竞争。概括来说就是，滥用市场支配地位是企业在特定的相关市场上能够不受竞争机制约束而自主决定产品的价格、产量、销售等方面的一种控制性力量。

有些国家与地区以类型化的方式对滥用市场支配地位进行规制。如英国《公平贸易法》第48条把滥用市场支配地位的情形划分为掠夺行为（如暴力价格）、垄断地位维持行为（如独家经营）、限制服务业中竞争的行为（如横向协议）和寡头共谋行为（如寡头价格固定）等四种形态；欧共体《罗马条约》第86条规定了强行要求不合理的交易条件；减损客户利益，阻碍生产、销售或技术发展；不公平的对待商业合作者，进行差别对待，损害其竞争中的利益以及增加额外合同条款，迫使合作者接受无关内容或义务等四种滥用市场支配地位类型。德国《反限制竞争法》第22条列举规定妨碍行为（如低价销售）、价格滥用和条件行为以及歧视行为等三种类型。值得注意的是，我国《反垄断法》第17条更为周延地规定了6种滥用市场支配地位行为，外加兜底条款。[28] 本书认为，这种规定固然细致，但由于类型化不够，反而可能会增加司法适用的难度。我国台湾地区“公平交易法”第10条规定的“独占”行为包括“用不平等的方式对商品或服务以及其他事务进行阻挠，进行不适当的决定，无理由的随意变更并迫使相对人给予额外优惠”三种类型，但随后又辅以兜底条款“其他滥用市场地位之行为”，非常周延。

通过对上述界定与类型化的分析，我们可以看出，反垄断法并非禁止

---

〔26〕 王晓晔：《欧洲共同体竞争法及其新发展》，载《外国法评议》，1993(3)。

〔27〕 阮方民：《欧盟竞争法》，188页，北京，中国政法大学出版社，1998。

〔28〕 我国《反垄断法》第17条规定：“禁止具有市场支配地位的经营者从事下列滥用市场支配地位的行为：（一）以不公平的高价销售商品或者以不公平的低价购买商品；（二）没有正当理由，以低于成本的价格销售商品；（三）没有正当理由，拒绝与交易相对人进行交易；（四）没有正当理由，限定交易相对人只能与其进行交易或者只能与其指定的经营者进行交易；（五）没有正当理由搭售商品，或者在交易时附加其他不合理的交易条件；（六）没有正当理由，对条件相同的交易相对人在交易价格等交易条件上实行差别待遇；（七）国务院反垄断执法机构认定的其他滥用市场支配地位的行为”。

市场支配地位本身，其本身是具有合法性的，所禁止的只是支配地位被滥用的行为。而如何判定是否实施了滥用行为，则需要一个明确标准。很多国家将经营者达到一定市场份额直接认定或推定为市场支配地位。本书认为，仅此标准尚不足以认定，还有诸多因素需要考量，譬如，相关市场的经营情况和其他经营者进入该市场的难易程度等等。我们只有经过多方面的权衡判断才能得出经营者滥用市场支配地位与否。

我国合作社商人并不能排除滥用市场支配地位的可能性，尤其在市场份额与搭售行为方面，需要法律认真对待。

（一）关于市场份额问题。一般来讲，原子型的市场结构并不能带来规模经济，但基于相对控制关系，小规模市场主体也会达到一定市场份额，进而形成市场支配地位，影响小规模市场的竞争关系。如我国合作社在2002年农业贷款中的份额为81%，在乡镇企业贷款中的份额为75.5%，在农村贷款中的份额则达到78.3%（根据《中国金融统计年鉴》整理）。由此看，农村信贷市场属于极高寡占型，合作社商人在这种独占市场中又明显处于相对优势地位。之所以如此，源于两点：其一，合作社商人作为国家的一种制度性安排，存在着行政性捏合，还具有自然垄断的部分属性，处于农村经济最基层，可谓星罗棋布。这都为垄断的滋生提供了肥沃的土壤。近年来，合作社商人的垄断行为又呈现出市场运作的结果，但这种市场运作行为不同于其他行业的垄断行为，它并非通过战胜竞争对手而获得垄断地位，也不是机构对峙后的"嘉奖"，而是公司的一种"遗弃物"。[29] 由此看，这是一种"被动型垄断"，而非"主动型垄断"。其二，合作社商人在农村市场的垄断地位直接相关于其进入壁垒。在农村市场进入壁垒中，作为一种金融合作社——农村信用社垄断地位比较典型，尤其是国家对农村准正规金融组织的打压方面。在农村合作基金会的发展史上，二十世纪八十年代中期具有准正规金融组织的农村合作基金会开始并发展，农户的入社资本是合作基金会经营资本的主要来源，其并不受中国人民银行的控制，农业部对其享有管辖权。至1996年，合作社商人的九分之一为农村合作基金会的存款。农村合作基金会贷款的45%发放给农户，24%则提供给乡镇企业，可见其对农村经济的融资需求提供了极为有力的支持。农业银

〔29〕　在农村地区只有合作社商人能够做到持续经营，这是市场行为选择的结果。此外，合作社商人获取信息的成本较低。合作社商人属于区域经济组织，其服务对象以当地农民为主。在一个相对封闭的环境中，信息传递速度较快且相对透明。社员还可以对服务项目进行实时监督，保证交易安全，而公司则没有这样的能力。由此可见，合作社商人之所以形成垄断是因为市场竞争的产物。参见李业兴，张学忠：《试论农村信用社垄断成因》，载《安徽农业科学》，2007（4）。

行相应的贷款比例多无法与之匹敌，同时也高出了合作社贷款中投入农村经济的比例。更甚者，货币利率之管制与无涉，因而，农村合作基金会较合作社更为灵活，平均贷款收益也更高。农村合作基金会对合作社带来巨大冲击，为了消解这一冲击，1997年后，我国关停了农村合作基金会，由此可见，国家对农村准正规金融组织进行打压，恰恰在此时促进了农村信用社在农村金融市场的支配地位的提升。正基于此，合作社商人获得了大量租金，并呈现出高利贷特征。从行为性质与损害后果看，这显然已经构成对农村金融市场地位之滥用。

（二）关于搭售问题。从经济业务角度看，搭售是指合作社商人在客户向其提供服务时，要求客户接受其不必要的其他服务。由此看，该行为是一种非契约式的胁迫行为。一般来说，搭售分为"全方位强制服务"和"第三方强制"。所谓"全方位强制服务"就是合作社商人强迫客户接受全方位服务，然而客户仅仅想要其中的某种服务。而所谓"第三方强制"，是指合作社商人向客户提供服务时必须满足其所提出的条件（客户必须从特定第三人那里接受服务），否则就拒绝提供服务。这易与集成服务混同。所谓集成服务，指合作社商人向客户提供服务时，在不影响客户选择权与实际利益的前提下，要求客户接受对其有利的其他服务。因此，该行为是一种自愿的合同行为。这在我国合作社商人法律实务中经常出现，给司法实践带来了极大困惑。如2001年4月间，某市乡金融合作社在为村28户农民办理农业贷款过程中，采取强制手段，强行"以肥顶贷"，要求贷款人购买该信用社负责人所倒卖的化肥，不但如此，还在贷款中扣除贷款人所贷款5%到10%的入股金。[30] 该案属于搭售还是集成行为，有两种不同理解：若认为该案属于集成行为，则必须满足两个条件，一是有利于客户，二客户自愿。本书认为，肥料乃农业之必需，从"以肥顶贷"本身很难断定其行为性质。但从客户主观愿望与银行行为方式上看，却属于非契约式的胁迫行为。因此，可归于反垄断法所规制的搭售行为，而非集成行为。应该说，这种情况在我国农村具有一定的普遍性，而非个案现象。如黑龙江省在2009年一年内就发生了40余起合作社不正当竞争案件，但仅就富锦市大榆树乡金融合作社等几个案件作出反垄断认定（利用发放农资贷款之际，以资顶贷、强迫入股，严重损害了农民利益）。[31] 即便如此，这些案件

〔30〕《〈反不正当竞争法〉颁布已经十年：反垄断执法卡在哪》，载《黑龙江日报》，2003-11-24。

〔31〕《关于我省整顿和规范市场经济秩序工作情况的报告》，黑龙江省人大常委会第24次会议报告，2009-1-21。

处理仍有进一步探讨之必要。我们知道,我国《反垄断法》所规制的对象非常有限,包括经营者与行政机关,以及法律、法规授权的具有管理公共事务职能的组织。因此,上述案件中的副主任等自然人被排除在反垄断法的规制之外,而只能依据合作社商人章程或者其他法律对其处罚。应该说,在我国当下腐败问题较为严重的社会生态下,法律作如此规定,有失偏颇。

值得说明的是,根据《反垄断法》第56条,我国未将合作社商人的滥用市场支配地位列入豁免范围,也即,该行为只要满足滥用市场支配地位之构成要件,就应受到反垄断法的规制。然而,这种滥用市场支配地位若受《反垄断法》有效调整,必须针对合作社商人的特殊情况,就滥用市场支配地位的认定、行为类型进行规范。为此,上述美、日反垄断法的成功立法可为我们提供有益借鉴,特别地,日本反垄断法关于"小规模事业者"与"私人垄断"之规定对我国现行法律的构建具有很好的示范作用。

三、默契配合

订立垄断协议是经营者在市场竞争中最惯常进行的垄断行为。这种垄断行为分为独家垄断和协议垄断两类。前者是指单独一家控制支配或限制竞争的行为,后者是指通过共谋与联合的两个或以上企业实现控制支配或限制竞争的行为。[32] 由此看,垄断协议即指两个或者两个以上的竞争者所达成的不与他人进行交易,或者仅以特定条件与他人进行独家交易的协议。[33] 该协议通常采取明示协议和默契配合两种方式。明确协议一般是不需要证明的。随着立法的精致化,明示垄断协议将日渐式微。但事实上,为了规避法律,经营者时常不签订协议,而是通过默契配合来达成一致行动。因此,在反垄断执法以及司法实践中,如何证明当事人之间存在默契配合就显得极为重要。这也是反垄断主管机关和法院所急需解决的难题。[34]

面对默契配合这种既重要又困难的法律问题,域外大多通过立法与司法互动来试图解决。根据《欧共体条约》第81条,禁止可能有碍成员国间的贸易,或以妨害市场竞争为目的(或已经发生的结果)的任何形式的企业联合组织的协议或决议等行为。该法将因协议、决议以外的默契配合而限制竞争的行为规定为协同行为。从这一规定看,欧共体竞争法所规定的

---

〔32〕 吕忠梅、刘大洪:《经济法的法学与法经济学分析》,34页,北京,中国检察出版社,1998。

〔33〕 II. E. Kinter, Federal Antitrust Law § 10.27, 1980, p. 155。

〔34〕 陈云良、陈婷:《垄断协议中协同行为的证明问题研究》,载《政治与法律》,2008(10)。

明确禁止的三类反竞争中,协同行为无疑为其中之一。在司法实践中,反竞争行为无论是共同行为,还是协议方式,都没有太大区别,因为该条规定对两者均适用。在认定上,行为人只要具有行为意图即可。〔35〕 除此之外,该法在实践中还得到了进一步发展。1972 年欧洲法院在审理一起染料案中,协同行为被界定为企业间的协调一致行为,即使没有严格意义上的契约约束,但只要是有意避免竞争可能带来的风险而使之促成企业间的实际意义上的合作关系,即可加以认定。〔36〕 这显然是对现行立法的补充与发展。在美国,与默契配合相类似的概念被称为独家交易协议,并在《谢尔曼法》(第 1、2、3 条之对贸易不合理的限制)、〔37〕《克莱顿法》(第 3 条之实质性地削弱竞争)和《联邦贸易委员会法》(第 5 条之不公正的交易方法)等三部法律中均有规制。〔38〕 据《谢尔曼法》第 1 条,任何用以限制州际间或其与外国之间的贸易或商业的契约、托拉斯形式的联合以及共谋,均为非法。此规定虽然对于默契配合没有明确界定,但在美国司法实践中,最高法院多次明确指出,缺乏明示协议的协同行为仍然是《谢尔曼法》所指的非法共谋。尽管此规定采取本身违法原则予以解释,但其原则性和概括性是无可否认的。〔39〕《克莱顿法》则明确将独家交易协议列为需要规制的交易行为。除此外,涉及独家交易协议的法律依据还包括《州际商业法》。〔40〕而根据《卡帕—沃尔斯坦德法》第 1 条:特定互易组织之间所达成的合意可以形成垄断协议。因此,合作社商人之间在一定条件下存在一致行动。但这些合作社商人必须为其社员互利目的而经营,且至少满足如下条件之一:一是,任何一个社员都需遵守一人一票的投票规则,并不因为所持股票或股金的多寡而区别对待; 二是,合作社商人每年分配的红利(包括股票和股金红利)不得高于 8% 。无论在何种状况下,合作社还应符合第三个

---

〔35〕 孔祥俊:《反垄断法原理》,362、374 页,北京,中国法制出版社,2001。

〔36〕 ICI and Others v. Commission Cases,48-57/69[1992]ECR619: CMLR 557.

〔37〕 美国《谢尔曼法》第 3 条规定:“任何契约、以托拉斯形式或其他形式的联合、共谋、用来限制美国准州内,准州之间、准州与各州之间、准州与哥伦比亚区之间,哥伦比亚区同各州间,准州、州、哥伦比亚区与外国间的贸易或商业是非法的。任何人签订上述契约或从事上述联合或共谋,是严重犯罪。如果参与人是公司,将处以不超过 1000 万美元的罚款; 如果参与人是个人,将处以 35 万美元以下的罚款,或三年以下监禁,或由法院酌情两种处罚并用。”参见 15 U. S. C. s 3,15 U. S. C. A. s 3。

〔38〕 David Besanko,Martin K. Perry. Exclusive Dealing in a Spatial Mode of Retail Competition [J]. International Journal of Industrial Organization,1994(12):298.

〔39〕 陈云良、陈婷:《垄断协议中协同行为的证明问题研究》,载《政治与法律》,2008(10)。

〔40〕 董新凯、陈敏:《美国反垄断法对独家交易协议的规制》,载《广东商学院学报》,2007(4)。

条件,那就是,对非社员的服务必须少于对社员的服务。[41] 据此,因为当下很多合作社商人均存在投资股,因此,理论上,他们并不能得到反垄断法的豁免。处于改进中的很多传统合作社在产权方面引入了非农民社员,实际上很难符合上述条件而得到反垄断法的豁免。为此,反垄断机构应严格处理这类垄断行为对竞争造成的实质损害。[42] 在联合抵制问题上,日本《禁止垄断法》引入整体评估机制,根据实际情况对进入或将要进入的事业者进行整体评价,即适用"合理原则"。与此相呼应,日本在"分销系统和商业惯例指南"中认为:"不合理的限制交易行为是指拒绝交易行为,会引起一个事业者被排挤出市场或其不能进入市场"。此外,还对形成不合理限制贸易进行例解:任何事业者,虽然有实力进入市场,却被排挤在外并且拒绝交易。而这种限制只是对于准进入者或者优秀能力的事业者进行的,使其很难进入市场,导致市场上不存在竞争。依《日本禁止垄断法》,在实质上,通过联合方式作用于有实际能力的事业者以阻碍其进入并排除在外,才可能构成不正当交易限制行为,即卡特尔行为。而所谓不正当交易限制行为,依《禁止私人垄断及确保公正交易法》第 2 条第 6 款,是指那种事业者与其他事业者通过契约、协议等方式共同约定或维持或提高交易的方式和价格,对设备、技术和产品等进行控制,以此相互制约或共同促成某项事业。该行为不仅对相关范围内的竞争活动造成实际上的控制,而且将损害公共利益。由此可见,日本在不正当交易限制行为的规制上只规定了横向限制竞争的行为,却忽略了纵向限制竞争行为(如限制价格的行为)。然而,"不公正交易方法"所规制的范围通常包括纵向限制竞争行为。在实践中,日本《禁止垄断法》要比欧盟《竞争法》第 81 条或美国《谢尔曼法》第 1 条所规定的不正当限制竞争的范围要狭窄。也许这是由日本社会结构决定的。具言之,日本反垄断法所规定的不正当交易限制必须具备以下条件:(1)利用合同、协议方式或采取其他多种形式的联合行动;(2)对它们的商业活动进行统一控制;(3)行动方式中存在着固定、维持或提高价格,控制生产产量、限制技术使用,规定产品、设备的使用效率,对顾客、供应者进行分配等;(4)事实上控制了竞争;(5)不论何种交易领域内;(6)损害公共利益。[43] 由此看,日本对于联合抵制交易行为的规制是比较严格的。[44] 与此互证的是,韩国《反垄断法》第 19 条第 5 款将二个以

〔41〕 权昌会:《美国农业立法》,94 页,北京,经济科学出版社,1997。

〔42〕 United States of America v. National Broiler Marketing Association, Note 9.

〔43〕 徐士英:《日本反垄断法的理论与实践研究》,88 页,中南大学博士学位论文,2006。

〔44〕 徐士英:《日本反垄断法的理论与实践研究》,99 页,中南大学博士学位论文,2006。

上企业,在某一特定交易领域无明示合意而实施了实质上限制竞争的行为推定为不正当协同行为。由此看,该规定将不存在约定的限制竞争行为推定为协同行为,属于典型的法律推定。

基于不同的国情与立法背景,西方国家反垄断法所规制的包括合作社在内的默契配合具有很大差异。这为处于起步阶段的我国合作社商人反垄断立法提供了极大的借鉴可能性:(1)关于垄断协议问题。合作社商人因为势单力薄,因此为争取市场竞争优势才需要联合起来。而基于市场与经营者之间的相对控制关系,这种联合在一定市场结构下确实会妨碍既有的竞争格局。由此看,巨型企业联合会导致垄断协议的产生,合作社商人具有通过订立垄断协议而妨碍竞争的极大可能性。(2)关于默契配合问题。依《反垄断法》第 14 条,我国法律并没有明确经营者与交易相对人所达成的垄断协议是否涵盖了默示合意。然而,西方国家法律所指的垄断协议更多呈现为默契配合,而不是明示协议,更不存在正式联盟(如果存在正式联盟,那就属于企业合并的问题了)。尤其合作社商人,因其涉及国家税收优惠、财政支持等三农措施问题,这更增加了合作社商人默示合意的复杂性。为此,我国《反垄断法》应就默契配合作出精细化规定,并形成司法互动。这样才能有利于反垄断执法机构正确认定。(3)关于具有默契配合性的纵向限制竞争行为问题。域外反垄断法主要规制横向限制竞争行为,而未规定纵向限制竞争行为。这是因为西方不存在纵向协议的事实背景,因此法律只需规定市场经济中所发生的企业平等关系。反观我国,合作社商人与其联合组织之间虽然不是平等主体关系,但二者却存在着利益联合调整、一致对外等不公正交易的可能性(超越国家的特惠政策)。依《反垄断法》第 14 条,我国也未就纵向限制竞争行为作出明确规制。本书认为,我国立法应立足国情而作出周延规范,对那种纵向行为,无论采取明示协议还是默契配合,只要存在着协议,并因为这种协议而妨碍了既有竞争秩序,均应认定为垄断行为而予以制裁。(4)关于默契配合的认定方法。依《反垄断法》第 15 条,若因默契配合所达成的协议不妨碍竞争,则由经营者举证而得以免责。该条对经营者协议垄断的认定采取举证责任倒置原则。本书认为,因为我国法律并未就默契配合作出规定,因此,该条使用对象仅限于明示垄断协议。这种立法的不协调性削弱了法律实效性。由此看,立法只有将举证责任倒置扩张到默契配合才能真正促进司法正义的实现。

四、行政垄断

合作社商人是一种社会弱者组织，在市场竞争中居于不利地位，故而通常以“三农”名义加以保护。而这种保护一旦超过必要的限度，就形成了公权力对合作社商人的不当渗入，也即行政干预。通常这种行政干预在两种方式下进行：一是，政府垄断，即政府直接行使垄断权力（比如稻种专卖、农药专卖）；二是，政府授予垄断，即政府将垄断经营权授予某一个企业或者某一类企业。政府垄断是20世纪80年代我国经济学者在讨论社会经济现象时所使用的一个具有中国特色的概念。后来法学界认为中国社会经济现象有别于西方国家的经济垄断，而将其定义为行政垄断，其中包括了行业壁垒、地区壁垒、政府规制的交易或者强制进行的交易、政府专属交易等情况。这实际上就是行政机关通过出台一些行政措施、命令、规章，以其强制力来控制企业之间的平等竞争。因此，它比经济垄断影响更广泛、更持久、更严重，不仅人为分割了全国统一大市场、破坏了公平竞争秩序，还容易滋生腐败、败坏社会风气。[45] 当然，在计划经济时代，行政垄断不仅具有合法性，而且具有发生的必然性；市场经济环境大背景之下，由于差异的存在不可避免地会出现行业壁垒、地区壁垒、政府控制交易的情况，但政府由于受到“守夜人”的限制，只能都对政府授予垄断方式在法律框架内解决。

值得注意的是，两大法系对于解决不同行业、地区甚至部门间相关贸易问题使用了不同的规制路径。在美国，二十世纪50年代之前，各州商事法律并不统一。为此，联邦政府设立了一系列机构向各州推销统一商法典，以消除各州贸易壁垒，也即，各州均有权依据联邦宪法来制定贸易规则，而联邦政府却不能因为各州存在着阻碍贸易发展的不同规则去插手运用公权力来直接行使垄断权力。相反，政府只能通过执行具有商事性质的统一反垄断法来消除各州贸易壁垒，矫正各州商业规则的缺陷。由此看，美国政府在商事企业的市场竞争中扮演着中立者的角色，甚至连“政府授予垄断之方式”也很少采用。而与美国不同的是，日本政府对市场经济一直保持着谨慎地参与，突出表现为日本政府通过行政指导协议（卡特尔）来影响经济。当然，这种影响以不干预自由市场秩序为限。然而，反垄断法能否适用于因这种行政指导而间接产生的卡特尔行为则存在争议。下面就这种行政指导的四种类型加以说明：（1）间接限制，借由行政指导来

---

〔45〕 杨贤坤、施文渊：《行政垄断的法律规制》，载《法商论丛》，2009（4）。

规制竞争，但不能直接促成卡特尔。采取鼓励企业合并、合理化等方式来建议企业制定垄断价格或提供某种特殊服务。这是行政指导的惯常做法。这种做法不但导致市场集中度的上升，而且也改变了市场的基本框架。这严重偏离了竞争政策，因而有可能被日本公正交易委员会否决。(2)下达任务，即政府限制商事企业生产总量，或者划定商事企业能够接受的服务范围。该方式的最大危害在于容易生发企业间的集体行动。如为执行服务限制协议，事业者之间必须有服务分配协定，或者干脆将具体服务指标和定价标准下达给特定事业者。(3)行政先决，即行政指导的效力优先于或等同于法律裁决。为解决该法律困境，日本从二十世纪 80 年代开始加强了对政府管制的审查，并促使相关部门改进或废止有关管制，尤其注重审查政府的行政指导行为。譬如，日本分别在 1981 年和 1984 年颁布和修订了《关于反垄断法与行政指导关系的解释》和《关于行政指导的反垄断法指导准则》。据此，只要违反反竞争行政指导行为，就会受到反垄断法的制裁。[46] (4)公务员管辖，即对公务员限制竞争行为作出一定规制。[47]由于早期的反垄断法只规制经营者(除刑事案件以外)，所以，日本各级政府和地方自治体公务员时常参加企业联合活动。但自从二十世纪 90 年代以来，反垄断法在加强对企业联合等商业活动的制约的同时，也延伸到公务员乃至政治家们为了既得利益而进行的勾结、共谋等反竞争行为。

我国合作社商人受行政干预一直非常严重，可以说，合作社商人“一统江湖”而占据农村市场的半壁江山就是行政垄断的结果。特别地，政府通过农村市场激励制度直接进行行政操作。[48] 究其原委，本书认为，这与我国金融合作社商人从 50 年代初组建以来一直存在行政因素介入相关，主要表现为三次变革：第一次与人民公社合并，第二次附属于农业银行，并成为其下一机构，第三次变更由人民银行直接领导，并最终形成了“政府主导、自上而下”的强制性的制度变迁的惯性，地地道道地走上了“官办”道路。值得关注的是，其他类型合作社商人也经历了类似的制度变迁。后来合作社商人改革中，政府把对合作社商人的管理权限下放到地方政府，并建议组建省级联社或省级的统筹机构，由其对各负责区域内的合作社商人统一调动、管理、指导。在合作社商人改革中，地方政府起到了至关重要的作用。在政府直接参与的情况下，合作社商人展开清算债务、商业采购乃

---

〔46〕 曹红英：《日本竞争政策的新发展》，载《中国工商研究》，2000(8)。

〔47〕 [日]村上政博：《日本禁止垄断法》，姜姗译，45～47 页，北京，法律出版社，2008。

〔48〕 李业兴、张学忠：《试论农村信用社垄断成因》，载《安徽农业科学》，2007(4)。

至土地经营等行动。政府反复申明不干预合作社商人的经营业务并按政企分开方式提供支持。实际上,合作社商人并未摆脱行政干预。实际上,地方政府基于自身利益考量,反而对合作社商人加大经济控制,甚至将其作为自己的"钱袋子"(主要指土地合作社)。另外,我国农村经济基础差、底子薄,有限的财政投入难以弥补因城镇化进程中人财流失所造成的亏空,加之地方政府乐见其成。因此,财政负担的窟窿自然而然地就转移到合作社商。[49] 最为致命的是,基于行政捏合的原因,作为法人机构的省联社社员——合作社商人之间形成"大法人"对"小法人"的不平等关系。典型的当属金融、土地合作社商人,其代表人的选择、规模的确定、财务的收支等一系列经营活动都受到省联社的控制和支配,由此而生发一系列制度困局。而这明显有违现代法人制度的基本原则和精神。这些困境的形成当然有资源控制进而垄断的特征。它处在农村经济基层,控制着既有承包制下的生产经营活动。这都为垄断的形成提供了肥沃的土壤;也有不诚信的市场行为的结果,可称之为市场垄断;但更多的是出于国家的制度性安排,具有行政垄断性。而如何规制这种混合性的行政垄断,我国《反垄断法》仅作了原则规定。因此,当合作社商人出现行政垄断时,一方面,我国可以参照美国法律采取统一商法模式,以私法关系加以规制。实践中,省联社是一个法人机构,但其却对另一类法人机构——合作社商人存在着行政支配关系。这有违于平等主体之间无管辖的私法原则。为此,反垄断法应该理顺这种资本控制关系,而非行政控制关系。另一方面,实务中,公权干预又是一种不争的事实。为此,我国可参照日本模式,加强对行政指导的法律控制,减少行政审批,尤其应加强对公务员个人反竞争行为的制裁。

第三节　合作社商人的反垄断法适用除外

通常,反垄断法适用除外是利益衡量的结果。限制竞争行为既有可能促进竞争,也有可能限制乃至排斥竞争。当利大于弊时,反垄断法应该对反竞争行为作出积极评价,以豁免其法律责任。[50] 合作社商人能否摆脱反垄断法的规制,如果侥幸得以逃离制度约束,适用除外制度该如何规制,法律性质是什么,法理上又如何证成?这些问题均需认真对待。

---

〔49〕 唐笑炯:《农村信用社法人治理结构:现状与改进》,载《金融经济》,2008(16)。

〔50〕 孔祥俊:《反垄断法原理》,658页,北京,中国法制出版社,2001。

一、域外合作社商人反垄断法适用除外的制度透视

实践中，反垄断法适用除外制度无涉于普通营利性企业。作为一个特例，合作社商人不同程度地在反垄断法适用除外制度上享有一定权利。

美德两国在合作社的反垄断法适用除外制度上规定得比较彻底。就立法形式而言，经历了一个变化的过程，起初美国的反垄断法对合作社商人适用禁止豁免规制，后来逐步放宽至一般豁免。如美国《谢尔曼反托拉斯法》曾试图给予部分合作社商人（包括农业和园艺合作社）豁免的权限，但最终未曾如愿。之后，合作社商人的经营发展空前繁荣。以至于1914年《克莱顿反托拉斯法》作出对应规定，指出，基于互助、不营利的合作社商人不是限制贸易的非法联合，因而应该予以豁免。〔51〕 值得注意的是，在普通法系国家，虽然立法上对合作社商人进行了豁免，但判例才是真正意义上的法律，并据此作出的法院判决在当时并不予以承认。随后，1922年《卡帕—沃尔斯坦德法》更明确规定在附加限制条件的基础之上，合作社商人才能得以反垄断法适用除外，也即，在不以独自占有市场的情况下才允许合作社商人之间形成价格同盟。〔52〕 接着，《罗宾逊—反价格歧视法案》对豁免又向前迈进一步，即联合会必须将部分或全部经营所得盈余，按购销比例要向相关者返还。换言之，只要符合法律规定，反垄断法适用除外制度一体尊重合作社商人。当然，美国在反垄断法适用除外的规定比较苛刻，适用的范围极其狭小，主要为中小企业。值得注意的是，美国近年来适用除外制度一直处于动态调整之中。〔53〕

德国《反限制竞争法》直接通过法律的形式对发垄断法的适用除外情况进行规制以至于反垄断所豁免的范围大大扩展，其中该法第2—8条将卡特尔豁免，中小企业卡特尔、合理化卡特尔等7种行为划为反垄断豁免范畴〔54〕；第22、23条规定，对某些中小企业的特定支配行为，给予其反垄断豁免的权限；第28—31条规定，从社会利益视角，将农业和金融业适用除外。

---

〔51〕 美国《克莱顿反托拉斯法》规定：“人的劳动不是商品或商业物品。反托拉斯法不限制那些为了互助、没有资本、不盈利的劳动组织、农业组织、园艺组织的存在和活动，也不限制或禁止其成员合法地实现该组织的合法目的。依据反托拉斯法，这些组织或成员，不是限制贸易的非法联合或共谋。”

〔52〕 权昌会：《美国农业立法》，94页，北京，经济科学出版社，1997。

〔53〕 近年来，美国反垄断法适用除外主要表现在劳动争议与集体协议方面，其他则反而趋于严格。参见郑鹏程：《美国反垄断法适用除外制度发展趋势探析》，载《现代法学》，2004（1）。

〔54〕 尚鹏：《主要国家（地区）反垄断法律汇编》，86页，北京，法律出版社，2004。

日本与欧盟国家在合作社商人反垄断法适用除外上规定范围则小得多。依《禁止私人垄断及确保公平交易法》、《中小企业等合作社法》和《农业合作社法》,日本合作社商人在内的互益性法人适用反垄断制度,豁免对象延及到某些特殊行业、特定的行为和在规定情况下的共同行为。依《禁止私人垄断及确保公平交易法》第24条,对于那些相互扶持并且规模较小的事业人或消费者可予以豁免。依《禁止私人垄断及确保公正交易法》第8条,反垄断的豁免可以从相关垄断行为的禁止和垄断状态之实施中得出。而《中小企业合作社法》《农业合作社法》则以特别条款的方式对合作社商人作出反垄断豁免。[55] 总之,日本明确了豁免的对象,并依实际情况进行区别对待。合作社商人的垄断行为和垄断状态自然成为可豁免的对象。值得注意的是,合作社商人只有在正当的情形下才可以享受豁免权,当运用非正常的交易方式和在交易领域实质上限制竞争发生,企业通过非正常的手段提高交易价格,就不享受豁免权。法律并没有规定信用合作社(范围只包含中小企业合作社)。若包含了法定条件以外的事业人(即非社员)的情况下,此时的决定权交由公正委员会。[56] 而在实践中,此时获得豁免的机会渺茫。

《欧共体条约》对欧盟豁免制度仅作相应规定。农业是欧共体反垄断法豁免的仅有的一个行业,换言之,农业政策优先于竞争政策。这种司法实践的经验和相关的认证规则为合作社商人的反垄断除外适用指明了新的路径。[57]

总之,美、德虽属于不同法系,但对合作社商人的反垄断豁免比较彻底,从立法上和实践中都予以落实;豁免的范围比较宽泛,既包括垄断状

---

〔55〕 日本《中小企业合作社法》第7条规定该法与禁止垄断法的关系;《农业合作社法》第8条直接规定与禁止垄断法关系的内容。

〔56〕 欧阳仁根:《论我国反垄断立法中的合作社豁免问题》,载《财贸研究》,2005(1)。

〔57〕 《欧共体条约》第81条规定:(1)凡可能影响成员国间贸易,并以阻碍、限制或扭曲共同市场内竞争法上为目的的企业间协议、企业联合组织的决定或一致行动均被视为与共同市场不相容而被禁止。(2)下列协议、决定或一致行动,如果有利于改善产品的生产或销售,或有利于促进技术和经济进步,同时使消费者能公平分享由此产生的利益,并且不对企业施加对这些目标之实现并非必不可少的限制;不只是企业可能在相关产品的重要部分消除竞争,则第(1)款的规定不适用。由此看,该规定的基本逻辑为:先不预设定哪些行为本身违法,哪些行为须依合理原则审查,而是统一按照第81条(2)规定的标准决定豁免与否;随之认定所有的限制性行为是否违反第81条(1)的规定,然后再考察它是否符合81条(2)所规定的豁免条件,即,第一,有利于经济进步;第二,消费者或者顾客能公平分享由此产生的利益;第三,不对企业施加目标外的限制;第四,不会妨碍相关市场竞争。从司法层面看,法官在对案情进行权衡后,认为只要符合上述4个条件之一,即可对其豁免。由此看,欧盟竞争法上的豁免制度有着明确的适用标准与科学的认定程序:先考察具体案件是否属于反垄断法的适用范围;若属于,再考察是否符合上述4个条件。

态,也包括合作社商人之间联合定价,还包括对社员的惠顾返还。[58] 相比较而言,日本与欧盟对于合作社商人限制竞争行为的豁免,在制度上主要以行为免责方式为主。而无论怎样,合作社商人对于西方发达国家的国民经济发展有着不可替代的作用,所以,对于合作社商人,这些国家几乎无一例外地实行严格的立法规范与严密的司法保护。[59] 但是,我国的情况却并不乐观,由于我国在合作社商人法律地位上一直存有争议,这让合作社商人在反垄断法豁免问题上处境难堪。我国《反垄断法》虽然已经实施多年,但对合作社商人是否适用除外尚不明确。比如,该法第56条规定主体为农业生产者和农村经济组织的,进行相关农产品生产、加工、销售、运输和储存等经营活动相互协作、联合经营等行为,不适用《反垄断法》,也即所谓的法定豁免。这里所指的"农村经济组织"限于生产"农产品"的合作社商人。该法第15、28条属于酌定豁免(在法定条件下反垄断执法机构拥有一定的豁免权),但却过于粗糙,难以操作,更难以和法定豁免相协调。虽然合作社商人在一定程度上可适用于该法垄断协议的豁免和经营者集中等条款,但规制效力却不高。因此,本书认为,为适应我国基本国情,并与相关经济政策相协调,反垄断豁免制度改革势在必行,西方成功经验可以有条件地借鉴。众所周知,相比于行业的豁免,行为的豁免更具有前沿意义,也必将是反垄断豁免的发展方向。更明确地说,反垄断法的规制原则在更大程度上会由"结构规制主义"向"行为规制主义"转变。[60] 鉴于此,我们也必须正视这一法治动向,须知反垄断法也仅是对合作社商人反竞争行为予以局部豁免,而绝非全部豁免。之所以如此,也许借由对合作社商人反垄断适用除外成因的研究可以作出较为满意的答复。

二、合作社商人反垄断适用除外的成因

科学研究的基础是因果关系的规律。要想进一步研究其本质和内在规律,必须对事物或现象产生原因进行综合分析;而只有了解其本质与规律,才能找到解决方案。因此,发现"原因"的研究对结果的预见与控制是

---

〔58〕 欧阳仁根:《论我国反垄断立法中的合作社豁免问题》,载《财贸研究》,2005(1)。

〔59〕 法定豁免,是指在反垄断法与相关产业管制法中,通过明示或者默示方式对特定主体的特定行为进行豁免;酌定豁免,则指反垄断法和相关产业管制法并没有明示某些行为可以给予法律上的豁免,而由行政或司法机关根据法定原则加以认可的反垄断法豁免。在竞争法中,酌定豁免多为授权性条款,即法律不直接规定反垄断豁免,而是授权具体机构按照法定条件批准一定行为,从而该机构在适当履行审查义务与注意义务后,能够实质性地进行反垄断豁免。

〔60〕 李胜利:《合作社反垄断豁免制度研究》,载《财贸经济》,2007(12)。

非常有用的。本书所涉问题主要包括合作社商人作为主体的成立要件、外部政治、经济社会要求、当下政府与市场双失灵后可能面临的第三种选择以及具有终极意义的对社会公共利益关怀等四个方面。可以肯定地说，这四点是全面把握合作社反垄断适用除外制度难以绕开的关键环节。

（一）基于合作社商人设立要件的特殊设计。根据企业法基本理论，企业法人，设立要件包括了人、物与组织等三个方面。[61] 鉴于此，作为一种企业法人的合作社商人，那么三要件的研讨是十分必要的。而本书分析的目的是试图发现合作社商人在设立要件上与反垄断适用除外之间所具有的某种本质联系。

其一，人的要件。合作社商人具有互易性和非营利性，这决定了社员本身不具有追求垄断利润的制度可能性。市场经济条件下的农业、农村和农民——是竞争中的弱势群体，农民个体不可能参加到大企业之间的市场竞争。基于此原因，我国对于三农的态度也就明了了，即不但不实行反垄断规制，反而需要以税收减免、财政支持等优惠政策来促进农业。合作社商人本身就是非营利法人并且带有互易性和封闭性。正是由于这些特性使得合作社商人在资本扩张上是克制的。其中逻辑是，合作社商人的封闭性决定了社员对于合作社商人的服务仅可以通过其内部行为进行，包括组织内部劳动、同组织交易、为组织贡献等，之后以对价获得相应的服务。可见，相比于资本在所有权和经营权分离机制下的运行来说，获得合作社商人服务的难度要大得多。因此，从人性角度分析，如果社员试图不劳而获、坐享其成，那么他就不会成为合作社商人的投资主体，也许公司将是更好选择。而这无疑从另一方面为合作社商人资本增加难度，进而也就减损了社员得到利益后再投资的欲望。二是，合作社商人的非营利性。非营利性组织和营利性组织所受反垄断法规制的程度不同。理所当然的，反垄断法应对此加以区分。但采取了合作社商人形式也并不一定会得到反垄断豁免。在现实中，有些合作社商人的做法与公司并无差异，即通过成员所持股金额的多寡进行分配，而非按传统——会员制、一人一票或是惠顾返还制——进行分配。那么，这种情况下，合作社商人即虚有其名，实质上即为以营利性为目的的公司。这样的合作社商人当然就不能享有反垄断豁免。所以，反垄断法的审查至为关键，即对合作社商人的法律性质予以审查。那也就是说，不加以区分地采取对所有涉及农业的领域给予反垄断适用除

〔61〕 郑景元：《困境与出路：设立中公司人格研究》，载《云南大学学报（法学版）》，2006（3）。

外是不公平的。[62] 因此,我们须要时时加以关注,加入某合作社商人已然以营利性为目的,那么必将面临优惠政策的落空,此时的合作社商人也就被架空,其被强制解散的危险也就到来了。总之,合作社商人的法律性质注定其组织及成员资本扩张是受到限制的。如果组织及其成员的资本自我扩张的本性难以受控,那么其对社会经济利益则有着掠夺的可能;但另一方面,如果组织及其成员的资本缺少扩张的本性,那就说明其本身不会去争夺社会上相关经济利益,那也就保持有一种中立而温和的立场。[63] 所以,从此意义上,合作社商人是一种保持着中立与温和立场的特殊市场主体。它的温和性表现在平和地进行自我积累与发展,因而是一种非掠夺性的市场主体。它不会积极破坏市场原有秩序,更不会积极竞争而超越其他市场主体。从这一推演可以得出,反垄断法在法理上也应该对合作社商人保持着一定程度的缄默,因为这才是反垄断法应有的理性姿态。[64]

其二,物的要件。合作社商人贯彻的是一种独特的分配制度,在资本积累和扩张方面表现出极为拘谨的态度。显而易见,自我扩张性是资本的特性,然而,在这种商人组织中,资本特性却是受到压抑的。如上文所及,股息分配是合作社社员利益的分配原则,这是大部分国家和地区所秉持的原则。即使有按照利润进行分配的,法律或章程也对这种分配予以极为严格的限制。这一制度设计必然使得合作社商人利润不能向社员进行顺利转移。如果社员欲通过合作社商人获得高额的直接经济利益,则是不现实的,也是不能实现的。因此,合作社商人对利润分配制度进行限制,其制度设计原理是对社员利益期待进行管控。而其所具有的社会价值和反垄断法所欲达到的立法目标基本一致,那就是经济利益的分散化。[65]

其三,组织要件。民主治理制度的基础在于权力分散。由此看,合作社商人不具有垄断的价值导向。在合作社商人的历史发展中,民主治理即采取社员一人一票原则,而非社员资本多数决。这种社员民主制度的设计达到了权利的高度分散化效果。而这种权力分散状况在社员的共益权上也有所体现,即对于合作社商人的管理权利,每一个社员都是平等的。合作社商人共益事务包括了人事权、质询权、提案权、表决权、社员大会或者理事会撤销决议权等。在法理上,社员权利的分散天然地控制着每个社员

---

〔62〕 陈晓军:《合作社若干法律问题探析》,载《学术论坛》,2007(6)。

〔63〕 See Sanal Kumar Velayudhan, Market Justification for Policy on Small Enterprise Development[J]·Journal of Small Business Economics, 2004, (22), p.114-115.

〔64〕 蒋辉宇:《论合作社被豁免适用反垄断法的法学理论基础》,载《安徽农学通报》,2007(1)。

〔65〕 蒋辉宇:《论合作社被豁免适用反垄断法的法学理论基础》,载《安徽农学通报》,2007(1)。

或个别利益,进而有效地避免了个别社员通过合作社商人为自身谋取暴利的法律可能性。公平行使权利一直是反垄断法的立法目标,而权力分散化设置则会促使权利得以公平行使。合作社商人内部组织支付保证了这种权力分散化的实现,故而,如果反垄断法再重复这一做法,也实属画蛇添足了。合作社商人意志来自于共识,即全体社员民主决议之结果,非任何社员之个别意志。

需要强调的是,合作社商人上述要件并非在所有条件或场合都与反垄断适用除外制度完全相吻合。尤其在当下,一方面合作社商人之间的合作需求不断增强,另一方面合作社商人与市场上其他企业之间的联合也更加紧密,因此,合作社商人的经营行为的复杂程度随着增加。为此,不可否认地,如果合作社商人在经营期间出现非公平性的行为,则将排除适用反垄断适用除外。在法律形式上,合作社商人存在多种类型,既有传统合作社,也有股份合作社。目前合作社法从整体上限制非农民社员的数量、控制其表决权以及限制其盈余分配。但在现实中,对那些异化的合作社商人,予以规制还是豁免,反垄断法似乎举棋未定。实际上,在社员角度,农民是自利性的,虽为合作社社员,但对龙头企业仍然具有很强的依赖,关心个人利益一定是首要的,而合作社商人如何发展规划则是其次的。由此,民主治理也就被束之高阁了。就合作社商人与其他企业联合而言,商事企业很可能出现滥用市场优势地位的情形,假如其不正当联合合作社商人,势必会形成同业联盟。这就背离了市场法则,反垄断法必须对其规制。[66] 需要说明的是,上述问题非常复杂,因素很多,拟另著探讨。此处,本书仅强调,参照传统合作社的商人塑造,根据一人一票原则进行程度不同地豁免。至于如何识别竞争“纯度”,则有赖于立法完善与司法能动。

(二)合作社商人在政治、经济、社会领域所提供的制度价值。我们知道,域外法律原则上对合作社商人的垄断行为进行规制,但例外地,也予以程度不同地豁免。换句话说,反垄断法不仅从正面规定垄断行为,而且从反面也规定哪些行为或者状态适用除外。在客观上,这是基于一个国家政治、经济、社会等各方面的综合考量。

首先,政治方面的原因。无论在何种经济体制下,政府和市场的关系都将直接影响着反垄断法,换言之,现实生活中的政治与经济之间的关系体现为政府和市场的关系,其变动将对反垄断法产生决定性的影响,并直接影响着反垄断立法的规制内容。在美国的实践中,我们可以看到,政治

---

〔66〕 梁晖、任大鹏:《从反垄断法的角度看合作社法律制度》,载《农村经营管理》,2008(2)。

内容深刻影响着反垄断法的内容。不同时期,政党实行不同的政策。这都将影响到反垄断法的实施和效用的发挥。[67] 美国反垄断法所留下的政治制度痕迹是很明显的。同样,德、日反垄断法的出台和托拉斯集团被强令解构也深深画上了政治标签。归根到底,这些均是为了防止因经济集中而作出的政治安排。因此,促进社会民主的有效路径是社会资源的公平分配,防范某些大企业以及托拉斯因经济权力膨胀而导致大量中小企业破产,这是反垄断法存在的价值,也是其政治意义的体现。[68]

其次,经济方面的原因。部分学者认为,目前我国农业相对比较落后,经济底子薄,但人们对农业的需求依然很大,因而应该加大保护力度,以促进农业快速发展。为此,反垄断法给予豁免是非常必要的。[69] 这种说法有其合理的一面,需要作出利弊分析。但就其弊而言,实际上,垄断常常扮演着引发经济祸源的角色,合作社商人或许会基于此来排挤竞争对手,扰乱原有市场秩序,更有甚者会胁迫入股、“以肥顶贷”,致使农民利益遭受侵害;就其利而言,垄断则会促成规模经济效益。从一定意义上说,规模经济是社会进步的标志,因此,从经济发展与社会进行角度,垄断可以有效地避免某些行业和领域的市场竞争过于激烈所引发的国民经济低迷和缩减的状态以及公平正义的沦丧的现象。不能否认,垄断有其存在的价值,我们不能当然地苛责垄断。[70] 换言之,虽然有效竞争对经济效率的提高和资源的配置具有积极正面的影响,但有时适当的限制竞争相比于自由竞争更具有实践价值。因而,反垄断法适用除外所针对的对象就是基于此种竞争而生发的垄断。除了因其本质属性而带有排斥竞争的自然垄断之外,一定程度的垄断对于其他行业也是需要的,它有利竞争的向前推进,经济效益的增加。从逻辑上,垄断所带来的规模优势,会给企业的综合实力带来有利影响,并为效益的提高和技术的开发创造可能。往往巨额利润的产生是通过对效益和技术的改善,进而高额的利润回报会引来更多经营者竞争。[71] 假如合作社商人对农村市场享有“一家独大”的垄断情况,那么,这种“一家独大”的垄断肯定会带来一定的经济效益,也就为三农任务提供较为坚实的物质保障,因而合作社商人适用反垄断适用除外是有其合理因

---

〔67〕 [美]杰弗里·法兰克尔等:《美国90年代的经济政策》,徐卫宇等译,334~387页,北京,中信出版社,2004。

〔68〕 钟刚:《反垄断法豁免制度研究》,36~37页,中国政法大学博士学位论文,2008。

〔69〕 陈晓军:《合作社若干法律问题探析》,载《学术论坛》,2007(6)。

〔70〕 丁凤楚:《论合法垄断》,载《青海社会科学》,2000(6)。

〔71〕 游国城、郑赛花:《论反垄断法适用豁免制度》,载《重庆工商大学学报》,2006(4)。

素的。这种宏观经济论对合作社商人反垄断适用除外确实具有一定的阐释力。当然,值得注意的是,该解释并不是一成不变的。伴随着时间和条件的改变,其合理性难以维持,因为国家经济形势走向并非完全恒定。当农业产业化实现后,反垄断法适用除外是否再适用于合作社商人?本书认为,从合作社商人的法律性质角度来阐释其反垄断法的地位将更能让人信服。合作社商人在表象上作为企业组织的一种,但其本质上却带有互益性,归于非营利性组织范畴,正基于此,具才有反垄断适用除外的合理性。

最后,社会方面的原因。合作社商人属于社区性法人组织,社区性特征决定了合作社商人规模的小微性。但就其社会价值,合作社商人虽为小微企业,但仍具有促进经济发展、维护社会稳定、增加社会就业的积极功能。放眼世界,日本和欧盟中小企业发展都为其所在国家、地区的发展注入了强有力的推动力,做出了重大贡献,其立法经验颇受启迪。日本《中小企业商业组织法》对经营稳定卡特尔和合理化卡特尔进行豁免。立法明确规定中小企业反垄断适用除外。实践中,日本仅用一年时间(1958-1959)就依法豁免了 595 个卡特尔。其中,依《中小企业商业组织法》豁免 370 个,依《进出口交易法》豁免 172 个,两者相加占到了大约九成的卡特尔。[72] 日本为什么对中小企业施以如此之大的豁免?究其原因,也许与中小企业为日本就业提供了巨大支持有关。根据学者统计显示,日本在经济飞速发展过程中,整个制造业的 2/3 以上就业机会都为中小企业创造。[73] 中小企业在社会发展与就业保证的贡献是有目共睹的。由此看,合作社商人所具有的社会功能和反垄断法遵从的公平价值观不谋而合。

我国合作社商人处在相对弱势地位,更需要反垄断法以适用除外制度加以呵护。很显然,合作社商人无法与巨型公司同日而语,主要表现在两方面:一是,如本书第一章探讨,从经营规模和经济实力角度,合作社商人在商业规模排列榜上处于小微企业位阶;二是,合作社商人的主体是农民,他们在市场竞争中的弱者地位毋庸证明。但从另一角度,弱者地位并不意味着消极。事实上,在今日之农村,合作社商人已然成为振兴农村市场的中坚力量,从其就业职位而言,合作社商人尤其对农村的高素质人才具有极强的吸引力。因此,为促使竞争有序进行,维护实质上的公平正义,反垄断法无疑应给予合作社商人适用除外。

---

〔72〕［美］高柏:《日本经济的悖论》,刘耳译,165 页,北京,商务印书馆,2004。

〔73〕钟刚:《反垄断法豁免制度研究》,36 页,中国政法大学博士学位论文,2008。

（三）基于合作社商人与反垄断法解决市场与政府双失灵问题发挥着相同的功用。只有在市场与政府的共同调整和维护下，自由、有效竞争秩序才能得以稳定和持续。[74] 但现实往往让人感到遗憾，市场与政府总是处于双失灵状态。随之自由以及在自由状态下的有效竞争秩序也荡然无存。欲要恢复此秩序，这种双失灵情况需得到改善和纠正。在理论上，有两种纠正失序状态的方法：一是，通过第三力量的介入来牵制单边市场主体的优势，以重建和维护实质的公平正义。这是一种带有民间性质的矫正机制，应该独立于政府而存在。第三种力量具有非营利的性质且区别于纯粹的私人，但这一力量与政府和私人又有着密切的联系，[75] 因此，其正当性源于对国家与私有部门的综合评判。[76]《联合国宪章》将第三力量概括为各种慈善机构、青少年团体、援助组织、相关社团、各种学会、合作协会、经营者协会等。由此可见，合作社商人属于上述第三种力量中之一种。在农村市场上，合作社商人甚至是仅有的第三种力量。为在三农治理中发挥更有效的作用，更有效的维护实质公平，它不停地在政府与私人之间来回穿梭。其二，通过制度加以规制，即运用反垄断法来重建或调整失范秩序。被誉为“经济宪法”、“经济自由宪章”的反垄断法以维护自由竞争秩序为立法准则，以此促进实现经济生活民主化，基于经济民主与政治民主紧密相连，也即将迎来政治民主。由此，反垄断法以经济自由和政治民主作为其重头戏。[77]

合作社商人与反垄断法具有不同属性，前者是一种平衡机制，而后者属于一种制度安排；前者作用于农村市场的实质公平正义，以实现实质公平为己任，后者则作用于自由失范，以维护自由竞争之秩序。因此，两者对矫正市场与政府双失灵发挥着相同效用。

首先，合作社商人与反垄断法在解决市场失灵方面具有相同功能。在农村市场上，合作社商人天然地是竞争中的弱者。丛林法则下，合作社商人实际上是无法与巨型公司分庭抗礼的。若单纯依靠丛林法则，必然引起合作社商人的破产，而与此同时，巨型公司则获得垄断地位。就经济理性人法则而言，巨型公司必将借助其所处的优势地位进而滥用市场支配地位，垄断形成也在所难免，自由竞争不复存在。再进而，农业领域的市场调

---

〔74〕 市场经济下存在着“看不见”和“看得见”两只手。其中，前者是市场之手，后者则是政府之手。

〔75〕 何增科：《公民社会与第三部门研究引论》，载《马克思主义与现实》，2000(1)。

〔76〕 何增科：《公民社会与第三部门》，10～31页，北京，社会科学文献出版社，2000。

〔77〕 李胜利：《合作社反垄断豁免制度研究》，载《财贸经济》，2007(12)。

节失控,不出意料的波及三农问题。[78] 而怎样应对和处理市场失灵? Birchal 的研究证明了合作社商人存在两种价值:第一是政治的自由、平等、团结与伦理上的诚实、开放、社会责任和关心他人;第二是民主、公平、自助和自立。[79] 由此看,合作社商人的这些价值与反垄断法所追求的价值有相通之处:一方面,合作社商人的产生与反垄断法的制定都源自于市场失灵这一事实。例如美国 1800 年出台《谢尔曼法》的目的就是应对市场自发产生的、却不能自我消除的经济力量过度集中、大企业对中小企业、消费者以及农民的盘剥等问题;另一方面,为应对市场失灵民间也积极开展活动,弱势者联合起来,结为合作组织,当市场不愿提供服务时,我们自我服务,通过联合增强自身的实力,增加在市场的竞争力,提升市场地位,拥有同其他经营者讨价还价的底气,从而防止大企业的进一步剥削。[80] 由此看,这些价值对维护市场正常秩序发挥了积极作用,在一定程度上修复了市场失灵问题。

其次,对于化解政府失灵,合作社商人与反垄断法也有异曲同工之妙。市民社会和政治国家构成了现代社会的基本框架。当市场出现失灵,人们寄希望于国家来对其纠偏,由此形成了市场失灵由国家调控的惯性,但在对市场失灵进行调控时,由于国家能力的限制,不但没有将市场失灵控制,反而自身也陷进去了。其后果是,既没有解决市场失灵问题,反而由于干预的政策而引发种种弊病,譬如政府的“纯粹公务人”的期待破灭,内外调节失控,“代理人”腐败等。此时之政府不但不能达到“只弥补市场失灵领域”的目标,反而自身深陷“规制俘虏”。[81] 为应对这些问题,并找到解决的方法,一方面,合作社商人作为一种公平、自助且具有独立能力的扁平化组织,可以将政府干预拒之门外,并有效防范其所产生的负面影响;另一方面,反垄断法加大了对行政垄断的规制力度,对行政机关与公共管理机构滥用权力进行干预。这是从制度上对政府干预作出的积极回应。[82]

由此看,合作社商人与反垄断法在解决市场与政府双失灵问题上秉持一个恒定的目标即排除与限制行政垄断,防范巨型公司滥用市场支配地位。两者具有极强统一性,并因此形成了反垄断法对合作社商人“刮目相

---

〔78〕 李华振:《民工荒呼唤修改劳动法》,载《工人日报》,2004-12-6。

〔79〕 李胜利:《合作社反垄断豁免制度研究》,载《财贸经济》,2007(12)。

〔80〕 李胜利:《合作社反垄断豁免制度研究》,载《财贸经济》,2007(12)。

〔81〕 刘大洪,李华振:《政府失灵语境下的第三部门研究》,载《法学评论》,2005(6)。

〔82〕 我国《反垄断法》第 32 条规定,对那些限定或者变相限定单位或者个人经营、购买、使用其指定的经营者提供的商品的行为给予反垄断制裁。

看”的理论根基。应当明确的是,双方原有的差异性与互补性促成了这种高度的统一性。两者的差异性表现在路径不同。反垄断作为国家的干预行为,合作社商人是民间的自助行为。不仅如此,二者任务也大相径庭。反垄断法将维护市场完整、有序竞争为己任;而合作社商人则是通过市场透明化而推动公平而有效的竞争,即合作社商人可以使农村市场信息更便捷、更明晰、更准确。在市场上,合作社商人拥有与其竞争者平等的地位,从而平衡交易相对人,而具有讨价还价的底气。[83] 在农村市场上,合作社商人与反垄断法相辅相成,优势互补。一方面,合作社商人只有基于反垄断法的适用除外才能取得在制度上的规范性以及合法性;而另一方面,反垄断法则凭借对合作社商人的适用除外保证其在机制上的有效性和个性化。总之,合作社与反垄断法两者在市场与政府双重失灵的解决之道上因差异,而互补;由互补,得统一。

(四)基于合作社商人对增进社会公共利益所作的贡献。如前所言,社会公共利益并不是合作社商人成立之初衷,但在制度效果上,前者恰恰满足了后者。

自20世纪末以来,合作社商人一直面临着农民失业、贫富差距、区域失衡等一系列社会问题。有学者认为,我们不能寄过高希望于合作社商人,毕竟不能彻底地解决此类问题,但其在却解决这些问题上具有不可替代的作用。它们既可以培养更有素质的农民并创造更多就业,维护公平分配秩序,还可以促进区域经济协调发展,为农民社员创造更多实惠(如惠顾服务),助农民在脱贫致富的道路上一臂之力。[84] 由此看,合作社商人不仅对国家的经济发展起到推动作用,而且为了解决社会问题尽力尽责,发挥着不可替代的作用。

反垄断法以维持有效竞争为己任。从表面看,反垄断法将适用除外制度排除在外是在支持垄断行为;但实质上,反垄断的核心价值体现在维护整体经济发展与社会公共利益之上。反垄断法适用除外制度是在法律规则下对垄断的合理容忍。其根本目标和最终价值是社会的整体经济利益,这也正是反垄断法的根本价值之体现。

虽然“效益维护,鼓励竞争”是反垄断法的宗旨之所在,但当涉及公共利益,关涉国家大计、民生疾苦或成本高昂的特殊产业时,反垄断法往往又网开一面。此时,垄断具有合法性。因而,在特殊领域、特定情况下,“自由

---

〔83〕 李胜利:《合作社反垄断豁免制度研究》,载《财贸经济》,2007(12)。

〔84〕 管爱国、符纯华:《现代世界合作社经济》,5~6页,北京,中国农业出版社,2000。

竞争”和“个体效益”的暂缓实现，将更有益于国民经济的平稳、健康、有序运行。[85] 正如有学者所言，反托拉斯法不可能覆盖国家整个经济领域，国家依然有能力利用主权达到限制竞争的目标。[86] 总之，反垄断法及其适用除外制度的根本价值在于维护社会公共利益。

由此看，合作社商人与反垄断法具有相同的功效与价值目标，合作社商人成为反垄断法的适用除外对象也是理所当然的。

我国合作社商人主要以三农任务为经营目标。经验证明，合作社商人只有紧紧围绕三农任务开展业务时，才能取得双赢的结果。农村得以发展、农业得以兴旺、农民得以优惠，同时合作社商人才会得到财政的扶持以及税收的优惠。由此可见，合作社商人所寻求的理想境界正是三农所呈现的愿景。可以说，这种理想的状态表现为一种有效竞争秩序，并且融合于整个市场秩序的大环境中。正基于此，合作社商人才成为了反垄断法适用除外的对象。所以，我国《反垄断法》第15、28条才将因社会公共利益而进行的垄断协议与经营者集中锁定为反垄断适用除外。

三、何以识别合作社商人反垄断适用除外?

域外反垄断法适用除外大致有“适用除外”与“适用豁免”、“固有行为”与“衍化行为”、“内部行为”与“外部行为”、“证权除外”与“创权除外”等几对识别方法。[87] 从某种意义上说，这些方法成为反垄断法适用除外的权威认定标准。然而令人遗憾的是，我国法学界并没有深刻地探讨这一问题，更未就合作社商人反垄断识别问题展开研究。鉴于此，本书对我国合作社商人反垄断适用除外的识别的研究具有先导性价值。

（一）关于“适用除外”和“适用豁免”的关系。学界对此长久以来一直存有众多争议，各持己见。有学者认为，两者无区别，只是翻译不同而已；也有学者认为，适用除外是指一种在法律适用上的豁免权；另有学者认为，两者所辐射的外在含义不同，豁免的外在辐射范围较小，仅为适用除外的一种情形；[88] 还有学者认为，“适用除外”囊括了“适用例外”与“适用豁免”。而所谓“例外”，并非一种现象，当某行为不被反垄断法规制时，才

〔85〕 游国城、郑赛花：《论反垄断法适用豁免制度》，载《重庆工商大学学报》，2006(4)。

〔86〕 J · B · Bobrow, Antitrust Immunity for State Agencies: A Proposed Standard, 85 Columbia Law Rew, 1984.

〔87〕 齐虹丽：《例外与豁免：中国〈反垄断法〉适用除外之观察》，载《法学杂志》，2008(1)；王为农：《日本禁止垄断法概念》，375页，北京，中国法制出版社，2007。

〔88〕 黄勇：《中国反垄断法中的豁免与适用除外》，载《华东政法大学学报》，2008(2)。

“适用除外”,如合作社商人在三农问题上对非农民社员实行歧视性服务;“豁免”情形是也对反垄断法的直接违反,但由于政策的原因,而阻却违法事实罢了,因此,不属于反垄断法规制的范围,如对卡特尔的适用除外。正基于此,德国反垄断法一般是以“豁免”来代表对某卡特尔的“适用除外”的。这就好比刑法中因“紧急避险”或者“正当防卫”而“违法阻却”的情形。由此看,在区分“例外”与“豁免”的基础上,我们须通过比较而更深刻地理解反垄断法适用除外及其性质;特别地,我们可以更透彻地体会到一般语境下“适用除外”的含义。一般而言,将“例外”与“豁免”作为“适用除外”的两个方面。[89] 因此,对于惯常用语,法学话语完全可以涵盖大众和精英话语,并且在一定条件下相互转化。基于此,本章正是从同义语的角度对“适用除外”和“豁免”等法学概念交叉或混合使用。我国合作社商人的经营行为,有的原本就具有合法性,因此,可以适用反垄断法上的适用除外规定。合作社商人与巨型公司相比对小农经济模式的农村市场更具有适应力,并在农村市场扎根生芽,并被动地在农村市场形成“垄断”,正基于此而形成规模经济,对三农的服务形成更有利的条件,所以说,合作社商人的这种“垄断”并未实际上阻碍或限制竞争,而且具有法律上的正当性。[90] 这应归属于反垄断法的“适用例外”;但当合作社商人“独占”农村市场后,凭借其垄断地位开展交易活动,此时要根据具体情况具体分析。如“以肥顶贷”案,如若不是出于社员真实意愿,则形成“搭售”;反之,则该行为具有合法性,而应该适用除外。

(二)关于“固有行为”和“衍化行为”的关系。从竞争论角度看,合作社商人在反垄断法上适用除外的性质包括“固有行为”与“衍化行为”两方面。“固有行为”是在反垄断法规制领域以外的适用除外,[91] 那也就是说,合作社商人受反垄断法适用除外,是对其作为交易者及竞争者的地位所作的积极评价。[92] 需注意的是,“固有行为”并不在特定范围内(即合作社商人范围内)以对其成员形成约束力为目标以及就组织自身而为的事业或同其他事业者(包含合作社商人)所形成卡特尔的行为。这不属于“积极评

---

〔89〕 齐虹丽:《例外与豁免:中国〈反垄断法〉适用除外之观察》,载《法学杂志》,2008(1)。

〔90〕 所谓合法性危机,是指某种行为或事件因为缺少明确的规范依据或者理论认可而招致质疑。就合作社商人的被动垄断来说,我国学界的许多研究者纷纷就其合法性问题提出质疑,并试图化解目前存在的合法性危机。但从实践层面看,这种被动垄断并没有实质性地限制竞争,故而排除了反垄断法规制的可能。

〔91〕 日本《禁止垄断法》第22条所规定的“小规模事业者或者消费者的相互扶助为目的的合作社的行为”。

〔92〕 王为农:《日本禁止垄断法概念》,368页,北京,中国法制出版社,2007。

价”范围,因而反垄断法应予以规制。当然,仅在法律形式上符合合作社商人行为,但从其他方面分析,如实施的过程、运营方法的态度等,却与合作社商人行为不相符合,而应将其界定为合作社商人的成员行为时,则此时成员被看作“事业者”而受反垄断法规制。[93] 我国《反垄断法》第55-56条规定适用除外的依据是农业产业所具有的非竞争性。在此情况下,即使进行竞争也未必产生效益,因此,现行法律规定适用除外是必要的,可不纳入反垄断法的规制范围。然而,基于防止歧义目的的考虑,法律依然将其归入垄断范畴,简单地说,这是一种“应然的适用除外”。诚如前述,合作社商人在社员权利、利润分配方式等方面具有特殊性。这些该特殊性决定了合作社商人的某些经营行为得适用除外。也许这种制度设计初衷就将合作社商人界定为反垄断适用除外的“固有对象”罢了。“衍化行为”指的是,某行为本应纳入反垄断法所规制的禁止事项,但由于某种特殊原因而将其排斥在外。这通常表现为禁止之后又排除在外。《日本禁止垄断法》第24条第3、4项所规定的合理化卡特尔与不景气卡特尔就是如此。本书认为,反垄断法所追求的目标是一种有效竞争的经济秩序,但有效竞争会受到外部环境和自身条件的影响。我国改革开放初期实行“效率优先、兼顾公平”的指导政策。为此,理所当然地会将商业作为优先发展的对象,而三农问题则被延后搁置。但随着市场的深入发展,三农问题越来越尖锐,甚至影响到社会公共利益,合作社商人的部分经营行为本应由《反不正当竞争法》规制,其后反而得到《反垄断法》的豁免。或许从某种意义上说,这种先规制后又除外的立法态度可能与反垄断法基本原理中的形式正义相背离,但却又在一定程度上对其因追求形式正义而遗忘的实质正义进行了弥补。鉴于此,基于一定原因,在“衍化行为”条件下所形成的反垄断适用除外,或许对有效竞争并无影响。如合理化卡特尔对矫正市场,维护农村市场公平原则上保持中立态度,当然偶尔也会促进竞争。不景气卡特尔被认为是对竞争的一种限制,只有在紧急情况下才会发挥效用,能确保竞争主体的存在。我国为了应对经济不景气,曾通过一系列经济刺激计划来保障经济平稳、健康发展。但这些经济计划措施反过来又造成来了市场流动性过剩等不良后果。例如,从2010年1月18日起,中国人民银行决定上调存款类金融机构人民币存款准备金率0.5个百分点,这是当时金融危机后第一次出台的救济措施。但出于增强支农资金实力,稳定农耕,保护农业等目的,农村信用社暂不予上调,即是明证。由此看,“衍化行为”属

〔93〕 王为农:《日本禁止垄断法概念》,373~374页,北京,中国法制出版社,2007。

于“实然的适用除外”的一种。

（三）内部行为与外部行为。从组织学上分析，合作社商人在反垄断法上的适用除外包括“内部行为”和“外部行为”两种情况。所谓内部行为，基于内部关系而发生的合作社商人与其成员的交易行为；而外部行为，则指在共同行为的基础上与交易对手之间发生的交易行为。这种共同行为，包括“事业者团体”与“事业者”所实施的行为。

在某种意义上，合作社商人中的交易关系与一般的市场交易关系不同。依日本《禁止垄断法》（1953 年修改）第 8 条，法律上将合作社商人所实行的行为等同于社员的“共同行为”（包含内、外部行为），并享有豁免权。部分学者持肯定态度；而有人则认为，这得具体分析“共同行为”，然后才能作出合理判断。若为目的事业，应该适用除外；若为非目的事业，则受反垄断法规制。有人认为，就合作社商人不公正的交易方式而言，还要区分对合作社社员实施的场合（内部行为）与对合作社商人外部人员实施的场合（外部行为）。若对内，对于拟退出合作社商人所实施的经营行为的社员，由日本《禁止垄断法》规定，在年度之前，合作社商人对其社员的退出拥有决定权，并对退出社员处以罚款。本书认为，对合作社商人的豁免依据在于合作社商人的宗旨，通过联合与公司抗衡，因此，为了进行共同事业通过专门契约等方式对成员进行内部规制符合制度规范之目的，但是，需要对此种专门契约的范围进行规制，并将其限制在一个合理的范围内。日本农协法第 19 条规定了专用契约的限制期间（小于等于 1 年）并由社员“自愿强制”；第 97 条规定合作社商人内部规制危害公共利益得行使解除权。〔94〕另外，专用契约并非必要选项，合作社商人可以通过法律规定、章程限制或者行政监管来对社员管理。这些都是适用除外的。但若合作社商人及其社员基于个人考虑，为了完成独自进行的事业，则构成不公正交易行为，因而不适用反垄断豁免。但很遗憾，日本《禁止垄断法》并未对独自行为作出必要的规制，实属法律漏洞。〔95〕就外部行为来说，基于合作社商人之宗旨，以目的事业为己任，而并非致力于目的外事业。同交易对手进行不同性质的交易（包括目的外事业和目的事业），如果使用了不公正的交易方法，此时，根据交易的性质来区分。目的外事业适用反垄断法，目的事业在考虑是否存在阻却事由等情形下进行定夺或适用反垄断法

---

〔94〕 张光博：《外国经济法（日本农业协同组合法）》，804 页，长春，吉林人民出版社、中国经济法制音像出版社，1994。

〔95〕 王为农：《日本禁止垄断法概念》，375 ~ 380 页，北京，中国法制出版社，2007。

或适用除外。

就我国法律实践看，合作社商人与交易对手所从事的外部行为需要甄别。对于目的事业与非目的事业应结合具体实际分别采取不同的反垄断适用规则。合作社商人与其社员间的内部行为（如“以肥顶贷”案件）需要进一步探讨。若内部行为与合作社商人的自由、互助精神相背离，甚至于反垄断法宗旨相冲突，则不得适用除外。因此，这种内部行为自然也排除在反垄断法适用除外之外。又如，合作社商人为扩大经营规模，增强抵抗市场风险的能力，对农民社员提出了增资扩股的要求，起初农民纷纷赞同，但之后又反对，并且拒绝出资，甚至要求退款。针对此种情况，我国法律并未规定解决的方法。本书认为，合作社商人基于合理的目的（抵抗风险、防止排挤）进行增资扩股，并保证对社员惠顾服务。因此，就此意义上而言，合作社商人的增资扩股行为显然属于目的事业，应该适用除外。但我国并未在反垄断法上规定在这些内部行为。当然，合作社商人在经营过程中会相当普遍的发生此类内部行为，并且很容易损害社员利益、引发社会矛盾。为此，我国可从日本《禁止垄断法》中汲取些许启发，为我所用。

（四）证权除外与设权除外。从违法性角度分析，合作社商人在反垄断法上适用除外可分为“证权除外”与“设权除外”（又称为“确认说”与“创设说”）两个方面。[96]“证权除外”强调行为本身对反垄断法的遵守，同时构成适用除外的边界。当然，这些合法认定条件并非一成不变。随着社会变革，日本学者在1953年修改的《禁止垄断法》基础之上，提出应当对良性卡特尔与恶性卡特尔进行区分。其中，良性卡特尔在现实经济活动中符合社会公共利益，[97]特别将“不当地限制交易”作为合理化卡特尔和不景气卡特尔得适用除外的制度成因。我国《反垄断法》规定了经营者集中适用除外制度。究其制度设计本意，这也许基于培育农村市场主体之基础需要。但随着三农问题越来越突出，加之人们对合作社商人的认识存在偏差，认为其仅仅是为三农提供自助服务的组织。与之相反，所谓“设权除外”，指从个别政策角度出发，进行特别的制度设置而作用于违反反垄断法

---

〔96〕所谓“证权除外”，是指对于本来就不违反反垄断法诸规定的行为，为提醒注意而对其作出合法性的宣示。参见王为农，陈杰译：《日本禁止垄断法概论》，365页，北京，中国法制出版社，2007。

〔97〕《日本禁止垄断法》第2条第6款规定：本法所称“不正当交易限制”，是指事业者以契约、协议或其他名义，与其他事业者共同决定、维持，或者提高交易的价格，对数量、技术、产品、设备或者交易对象等加以限制，相互间约束或完成其事业活动，从而违反社会公共利益，对一定交易领域内的竞争形成实质性限制。

规定的行为,是一种明示(针对不适用反垄断法)。[98] 关于“设权除外”,日本学者主张将违反公共利益等同于实质性地限制竞争,即,卡特尔在实质上限制了有效竞争,故而违反反垄断法。而所谓适用除外制度,指这些原本违法的卡特尔披上了合法性的外衣。[99] 对此,我国《反垄断法》规定得并不详细。合作社商人作为经济理性人的一种,存在自身利益追求之动力,因此可能成为我国《反垄断法》所规制的某种垄断类型。对这些经营行为如何认定,本书认为,我国法律可以借鉴日本做法,区别对待合作社商人的垄断类型,秉持“产业政策优于竞争政策”的原则而给予其“有限豁免权”。

小 结

合作社商人应受反垄断法规制还是适用除外,应作具体分析。原则上,合作社商人作为市场弱者,相关产业政策应向其倾斜并予以保护。然而,当某些政策向其倾斜时,作为特殊行业的合作社商人如果无一例外地适用除外规定,那么必然会引起经济效率极低的消极后果。为此,这种除外规定的普适性越来越低,即,该行业或相关企业只有在具备一定条件的情况下,且经过动态的认证才可以被反垄断适用除外。其中,授予豁免权需经过一般的审查程序,如若符合条件则继续豁免;反之,反垄断豁免将被终止。就我国而言,反垄断执法机构审查合作社商人的集中行为、滥用市场支配地位行为、默契配合以及行政垄断行为,如若与垄断成立要件相吻合,那么其行为需经过反垄断法处理。但由于合作社商人具有特殊设立要件,同时,合作社商人具有的政治、经济、社会等多方面的制度价值,加之合作社商人在解决市场与政府双失灵问题上与反垄断法具有异曲同工之妙,合作社商人经营行为经过认定而不符合垄断行为之要件,则可采取反垄断法适用除外。当然,任何制度的适用都必须谨慎,合作社商人是否应该适用除外,则有赖于相关识别方法的理性应用。

---

〔98〕 [日]根岸哲、舟田正之:《日本禁止垄断法概论》,王为农、陈杰译,365页,北京,中国法制出版社,2007。

〔99〕 齐虹丽:《例外与豁免:中国〈反垄断法〉适用除外之观察》,载《法学杂志》,2008(1)。

第八章　合作社商人自治的商事可能性——商人塑造的终极目标

现代意义上的私人自治并非绝对,而是作为原则仍留有余地。[1] 自治的本质在于分权——权力被分割成公、私两个部分。其中,私法意义上的自治强调私人的自我行动与自我约束。随着人们自由观念的逐步增强,个人地位必将得到空前提升。合作社商人作为一种私法人,其理应包括行动的自我安排及其行为结果的自我负担。国际合作联盟明确将合作社商人界定为自治组织,独立于政府部门与私人企业。[2] 该界定至少包括如下含义:一是,此处"私人企业"应指公司、合伙等商人组织。合作社若自治,不仅要独立于政府部门,也要独立于私人企业。二是,此处"独立",意味着合作社应保持组织活动的独立性,而不应受到任何权力机关的拘束。当然,这种独立性并非早期社会本位意义上的"自发内生型"的理念。在这种理念下,合作社商人与所属国政党之间保持着一定的张力,它们既拒绝参与各种具有政治意义上的选举与竞争,也不接受政府以财税支持为主要内容的所谓帮助,而是经由自我决定,确保自我主体地位最大限度地实现,将其内在潜力充分激发,无需外部强制的介入从而降低交易成本。合作社商人作为一种经济组织从产生到存续,经历了从他治到自治的历史过程。近代以降,合作社商人作为弱者自治组织,在农村地区构成了对国家治理的必要补充,甚至发挥着基础性作用。有学者在对美国包括合作社商人自治在内的乡镇自治考察后判断,自由政府的精神在于存在一种乡镇组织。从某种意义上说,自由政府大多基于内在冲动、短期利益,抑或偶然因素,但其内在专制恶火因缺乏乡镇自治组织的约束而迟早会爆发出来。[3] 而作为一种路径回应,深耕于乡镇之中的合作社商人在训练农民的经营能力和民主治理方面功不可没,其精神足以构建成为现代国家的基石。

---

〔1〕［德］罗尔夫・克尼佩尔:《法律与历史——论德国民法典的形成与变迁》,朱岩译,64页,北京,法律出版社,2003。

〔2〕管爱国、符纯华:《现代世界合作社经济》,2~6页,北京,中国农业出版社,2000。

〔3〕［法］托克维尔:《论美国的民主》,董果良译,74页,北京,商务印书馆,2013。

关于自治实现的可行性问题,经典理论早有论及,有代表性的,如洛克认为,政治共同体是因人们的自愿、认同与协议而生成的。〔4〕恩格斯认为,共有产权是自治的基础。〔5〕托克维尔则认为,美国乡镇自治内蕴于新教伦理的互助价值和自足精神之中。〔6〕由此看,私人自治的含义不仅指主体是否享有意志自由,更主要指主体能自我立法,以单方或共同决定的方式创设行动准则。〔7〕应该说,上述经典论述正好证成了自治概念所涉及的自主、自立和互助三个方面。我国合作社商人自治作为一种制度安排已经运行了30余年,但路径依赖问题依然严重:一是自主性问题。因过度嵌入政治关怀所引发的营利意愿性危机,合作社商人治理更多依赖外力"捏合",存在着"自治已死"之虞。二是自立性问题。一个组织体仅以意愿很难实现自治,还需要自身所具有的自我行动能力。然而,农业特性与合作社商人行动能力间依然存在着难以缓和的紧张关系,营业能力关乎合作社商人自治的商法机制生成。三是互助性问题。互助性要求合作社社员之间设定必要的道德边界,具有常态下的自我控制能力与越界后的自我修复能力。就此看,自治意味着人们在私人生活和公共活动中必须具有的自我判断、自我负担的行为能力与彼此关照的道德义务。〔8〕然而,因受政治干预的不可避免性与自身小微性的深度影响,合作社商人如何互助仍然是一个有待进一步探讨的法学疑难问题。另外,如何借由商法思维、商人体系与基层经济民主这些元素一起来共同消解合作社商人自治的生存困境,进而支持其有效实现,似乎还需要从更宏大、更抽象层面加以证成。

由是观之,合作社商人自治有效实现并不能一蹴而就。可以说,合作社商人自治是在国家高度管制的计划经济解构过程中产生的,又是在市场经济重构过程中自我觉醒的。为此,作为一种视角转换,本书拟借由商法方法来论证合作社商人自治的商事可能性,也即,在商法范畴内合作社商人的自治实现概率与发展趋势。这种探索的逻辑思路是:依据商人社会背景,预判合作社摆脱传统路径依赖,而实施商事自治。具言之,合作社商人自治是以合作社营利驱动为起点,经由营业外观过程,再以商人互助,来有效实现的(与之对应的是,2014 年中央 1 号文件提出"探索不同情况下

---

〔4〕[英]约翰·洛克:《政府论》(下),叶启芳、瞿菊农译,63 页,北京,商务印书馆,1996。

〔5〕《马克思恩格斯选集》(第 4 卷),109~110 页,北京,人民出版社,2012。

〔6〕[法]托克维尔:《论美国的民主》,董果良译,74 页,北京,商务印书馆,2013。

〔7〕谭启平、黄家镇:《民法总则中的法人分类》,载《法学家》,2016(5)。

〔8〕[英]戴维·赫尔德:《民主的模式》,燕继荣等译,380 页,北京,中央编译出版社,1998。

村民自治的有效实现形式”)。而合作社商人自治的商事可能性则意味着合作社可借由商事路径实现自治,并向商人体系寻求系统性的支持。合作社异于政府组织,也异于优先得以自主存续的公司、合伙等商人组织,更异于红十字会、基金会等非营利性组织。合作社商人自治的商事可能性取决于营利性能否作为其内在驱力,是否具有商事能力以及二者如何借由法律形式来加以规范等商法机制问题。

第一节　营利:合作社商人自治的内在驱动

我国乡村经济大多凭借其内在力量来践行自我治理。[9] 近代以来,随着国家主义的日益膨胀,乡村中分散的小的共同体根本无法适应强大的外部挑战,乡村自治日趋式微。特别在1949年以后,社会主义改造在我国农村地区实行开来,计划经济和相关的治理方式带有“特殊价值”。正因为其价值的存在,之后被意识形态浓厚的人民公社制度替代,这种特殊表现为人民公社体制可以在某些方面满足农民的“平均”需求。这种与计划经济相适应的公社体制最终导致农民自治意思遭遇到空前挫败,农村治理只能依赖外部力量强行推进。此后,随着联产承包责任制的实施,其家庭经营特性与中断若干年的传统家户经济相衔接。自此,基层自治便从乡村自治转向村民自治,其经济上的自我治理特性又必然地落实到合作社商人自治上面。为此,在村民自治下,合作社商人自治依靠社会内在力量践行着自我治理。[10] 这种内在力量所产生的一个结果就是合作社基于自愿而结成的利益共同体。这里的自愿通常表现为合作社自主决定的同意意愿,也即,社员及由社员联合而成的合作社享有自主选择权,并将其作为实现自治的内在动力。由此看来,合作社商人自治的实现有赖其主观认同。一般来说,人们可基于政治、宗教、文化乃至经济等各种目的而组建相应的自治体。而这种目的就成为了自治体实现自治的内在动因。值得提及的是,基于经济动因设立的自治体,有公司、合伙、独资等商人类型。在传统意义上,这种经济动因通常被表述为营利性。然而,营利性是否为组建合作社的内在动因?如果我们打算承认合作社是一种商人组织,又如何在合作社与营利性之间作建设性地嫁接?这涉及合作社的法律性质及其适用法律

---

〔9〕 徐勇:《中国家户制传统与农村发展道路》,载《中国社会科学》,2013(8)。

〔10〕 徐勇、赵德建:《找回自治:对村民自治有效实现形式的探索》,载《华中师范大学学报(人文社会科学版)》,2014(4)。

的问题。

我国学界对于合作社法律性质的认知主要有非营利法人说、私益法人说和公益法人说等不同观点。或许是由于备受诟病的那些事实(合作社仅为一种去商人化的民事主体或者作为政府组织的一种附属等)而产生了不同的看法。但很显然的事实是,在市场经济的大环境下,当合作社脱离了传统的道德叙事和相关政治关怀后其自身的利益成为其考量的关键,而这种考量会反作用于观念世界这一元认知层面,相应的商事营利性理论需再探索。

传统理论认为,营利是行为人为谋求超出投资利益以上的利益而将超出的利益分配与投资者的一种行为。[11] 但对此的理解,学界可谓百家争鸣。对于利益分配的正当性分析是大多数民法学者所青睐的分析方法,而从商事外观主义出发,重点通过行为人的经营活动从而获得相关经济利益,此所强调的是一种交易性,其是商法学者的理解。但是我们应该注意到,无论是分配论还是交易论透过制度变迁的角度可以得出外在权威规则始终存在在营利观念之中,比如早期的家父权力以及后来的国家干预。[12] 这样,营利观念就形成了由交易、分配与权力组成的三元结构。在这个三元结构中,交易的目的就是为了利润,与之相匹配的分配是一种效益性的,而权力的干预又往往具有绝对性。

自由竞争是合作社商人自治赖以成就的外部条件,但其可能会引发市场的两极分化:一是,公司往往是竞争的强者,在传统营利模式的驱动下操控着市场;再者,一些商主体例如合作社商人等也会因此受到排挤而陷于困境。为求得市场的一席之地,他们力求重新融入市场的竞争之中,但是现有的营利机制很难涵盖此类组织形式,所以,越来越多失败者谋求利用合作社这种特殊组织来挣脱传统营利模式的束缚从而寻求新的制度性安排。随着合作社的出现,与之相机产生的营利观念也不得不随之扩张。而这种扩张恰恰为合作社的自治提供着现实依据。

在营利观念中,利益是通过交易来实现的。“利益的本质就是利润”是传统理论所坚持的,但随着社会的发展和需求的多元化,现行理论体系下对利益概念必须作出相机性诠释。也许其内涵更为丰富,起码在利润之

---

〔11〕 江平:《法人制度论》,53页,北京,中国政法大学出版社,1994。

〔12〕 早期具有支配性的权力仅存于作为交易主体的家庭内部。在家庭中,一旦收入为一个家长所独占或基本独占,家庭内部就会出现矛盾,使得分工变得不协调;后来,虽交易外溢出家庭,但国家权力并没有因此受到约束。由此看,历史上,无论家父权力还是国家权力,均缺乏公法的必要约束,具有权力干预的绝对性。

外尚有利用存在之余地。[13] 甚至在特殊情况下，主要的还是此种利用利益。譬如，五个学生购买电冰箱如何使用以求得利益最大化效果。这里有两种可行性分析模型：五人如果购买电冰箱后产生对外经营的想法，既可以选择设立公司，亦可以选择合伙企业；而五人如果买后共同利用，则不妨考虑设立消费合作社。从上述两种选项中可知，基于不同的目的的考虑会有不同的行为选择，因交易所获取利润是前者设立的目的，而成员所获得稳定的交易利用则是后者的目的。[14]

随着交易利益的不断扩张，利益实现的路径选择也在不断变动。如前章探讨，利益可通过期待交易、现实交易和去交易三种方式实现。期待交易，生产为其典型形态，生产的本身虽然不构成交易，但在现代的市场经济大环境下，交易作为生产的目的，具有期待可能性。这就是公司法为何将生产性公司规制为商人的制度成因。现实交易，买卖是其典型形态，其本身就是交易；消费是去交易的典型形态。从本质而言，消费是一种终端交易形态，因而不具有再次交易的可能性，因此不是商法调整。《俄罗斯联邦民法典》明确规定了期待交易和去交易。该法典把生产合作社视为商人，而将消费合作社规制为非商人。[15]

随着生产发展和社会进步，商人社会也在进一步分化，劳动和资本都凝聚在了每件商品之中。而怎样将商品的收益在各要素之间进行合理的分配，并能切实有效的保证和促进接下来的分工顺利进行，仅仅依靠效益性分配制度的保驾护航是远远不够的。在此情况下，一种异于效益导向的公平性分配模式悄然出现。如果效率分配被当作是通过引入竞争和激励机制而将社会中财富由穷人手里转移到富人手里的话，那么，公平分配则是一种保护机制，但社会财富必然反向地借由再分配方式由富人圈子而聚合到穷人群体里。[16] 怎样处理公平和效率之间所存在的紧张关系一直以来是一个法律两难问题。或许分配的多元化可以作为化解困境的出路。多元的分配制度可以精准地利用两者内在张力来发挥效用。为此，处理这种张力关系的可能策略就是对分配制度折中调整，以使其覆盖或延伸到公平性分配。

值得强调的是，营利观念中权力的外在嵌入具有不可避免性。政府从

---

〔13〕 郑景元：《商事营利性理论的新发展》，载《比较法研究》，2013(1)。

〔14〕 “凡为完成一次或者几次交易而形成的临时联合，构不成组织。”参见郭明瑞：《民法总则中非法人组织的制度设计》，载《法学家》，2016 年(5)。

〔15〕 《俄罗斯联邦民法典》，黄道秀等译，25 页，北京，中国大百科全书出版社，2007。

〔16〕 杨燕绥：《社会保险法》，23 页，北京，中国人民大学出版社，2000。

消极“守夜人”变化为积极的干预者就是由交易内涵扩张所引发的。例如,政府通过财政补贴、反垄断豁免等特权安排在制度上最大限度和实质性地给予合作社商人以扶持。

总之,营利观念若固守传统内涵,即使存在合作社商人,也必然导致其公司化或政治化的后果。为此,利用交易论、公平分配论及其背后的国家干预说应运而生,并归于商人制度之下。由此看,营利观念的内涵扩张解决了合作社商人自治的“想”的问题。当然,在这种制度安排下,不管外在的三农任务还是内在的“按交易额分配”,国家只能在法律限度内加以干预,呈现出权力的相对化趋势。

第二节 营业:合作社商人自治的外在形式

如果说营利是为了解决合作社商人自治的“想”的问题,那么,营业则是为了解决合作社商人自治的“能”的问题。而作为“能”的营业几乎渗透于商法的各个环节,比如营业主体法定主义、营业事项公示主义、营业组织维持主义、营业行为外观主义、营业责任严格主义等。因此,从某种意义上说,现代商法就是营业法。而营业法通常会涉及营业资格、营业活动、营业财产等内容。〔17〕正是这些营业内容才支撑与保障着营利目的的实现。而营利目的的实现又反过来促使着营业内容的完善。在这方面德国商法学者卡纳里斯的观点颇具启发意义。他认为,商法扩大了私法自治的范围:〔18〕一方面,商人善于交易且富有经验而仅需要法律的低度保护;另一方面,私法自治的限制与商事交易的形式化之间存在冲突,〔19〕也即,商人低度保护与区别对待之间存在着一定的紧张关系。作为一种现代商人,合作社必须相洽于营业内容。尤其是,合作社商人自治的有效实现与营业资格、营业财产、营业活动之间必须具有一定的内在亲和性。〔20〕

第一个具有内在亲和性的表征是,合作社商人自治有效实现有赖于营

〔17〕 朱慈蕴:《营业规制在商法中的地位》,载《清华法学》,2008(4)。

〔18〕 [德]C. W. 卡纳里斯:《德国商法》,杨继译,8 页,北京,法律出版社,2006。

〔19〕 [德]C. W. 卡纳里斯:《德国商法》,杨继译,36 页,北京,法律出版社,2006。

〔20〕 营业与合作社商人自治之间存在着三种可能性:(1)无涉。该说认为营业为公司、合伙等商人所独有的制度,与合作社商人无涉。学界讨论营业多在公司、合伙、独资企业等商人语境下探讨,而将合作社商人归入政治性与自助性范畴。(2)因果关系。该说认为,营业是合作社商人自治的物质要件,也即,因营业而导致合作社商人自治。(3)内在亲和性。该说来源于生物病毒论,认为,病毒仅在相应的活性细胞内生长,生物病毒与细胞之间是一种良性互生关系。作为一种概念移植,营业便构成了合作社商人自治的有益环境与生存方式。

业资格的制度支持。这种支持不仅有理论上的证成,还有实践上的检验。

在理论价值方面,营业资格对合作社商人自治具有证成可能性。合作社融入商人体系得以自治活动的依据便是其营业资格。这种营业资格有可能为市场竞争提供平等机会,为争取商业利益提供分配正义。通过反垄断豁免、财税支持、公共与私人边界界分等制度安排,营业资格助力着合作社商人自治的有效实现。

营业资格不仅规定平等价值,还对商人秩序作出了理性安排。从历史上看,合作社失败恰恰在于特定背景下的政治关怀与道德叙事,并可能因不具有营业资格而陷于充满无限危险的状态。由此看,营业资格具有制度防御功能,可有力对抗来自国家的随意干预,为合作社商人自治提供一种具有可期待性的、安定的商法秩序。

营业资格背后隐含着对合作社商人自治所进行的公平性阐释,即作为商人谱系中的弱者与少数者所应该受到的公平待遇。在法理上,少数人正义是一个需要特别关注的法律命题。共同兼顾的民主制度构想可以为我们阐明很多人共有的直觉：当社会中存在多数人对少数人的利益加以贬损时,这个社会应该是偏离正义的;〔21〕与之相反,当社会中少数人开始蔑视对多数人的诉求时,此时,社会或许将面临重新洗牌。与此同时,在商人社会中,强势方的公司和弱势方的合作社商人两者之间的关系也同样面临着合法性危机以及进一步被解构的厄运。基于此,营业资格就有可能成为缓和社群间的利害冲突、保障包括合作社在内的商人自治的一种有效手段。

在实践方面,营业资格能够固化合作社商人的独立人格,提升合作社商人的自治信仰。基于营业资格,合作社商人可以有效排除他人干预,秉持商人谱系下的自治。不仅如此,营业资格还是合作社商人开展公私合作的实践要求。

营业资格在合作社商人自治中存在着诸多尚待探讨的问题。比如,具有营业资格可以从事各种营利性事业。但没有营业资格,能否从事营利性事业？从事营利性事业是否皆为商人？答案是否定的。一方面,美国、日本、印度尼西亚论等几乎所有实行市场经济的国家或地区的非营利组织均可从事营利性事业,而并不仅限于营利性组织。〔22〕另一方面,也并非所有

〔21〕［美］罗纳德·德沃金：《自由的法——对美国宪法的道德解读》,刘丽君译,23页,上海,上海人民出版社,2013。

〔22〕金锦萍：《非营利法人治理结构研究》,18～19页,北京,北京大学出版社,2005。

主体都可经营营业。因为商事营业比民事活动可能面临更多的风险,也即,一般情况下,挣利润的老板会比拿工资的雇员更快地发财致富,但前者却存在着组织关停并转等经营风险。因此,绝非所有人都具有商事能力。[23] 从合作社商人自治角度,本书认为,营业资格可作如下理解:

规范意义上的合作社,无论是否属于商人,是否具有营业资格,皆可从事营利性活动。如我国《农民专业合作社登记管理条例》第 3 条的规定。据此,营业执照不仅是一个商人拥有商事能力的外观,而且还是商人资格的载体,即营业执照在现行制度安排上具有商人资格和营业资格的双重证权功能。当然,公司下的营业资格与合作社下的营业资格并非同一概念。如《公司法》在赋予公司营业资格后,实行股东一股一票、资本多数决、按出资额分配等,这些均为效率机制;而《农民专业合作社法》则在赋予合作社商人营业资格后实行社员一人一票、人头主义、按交易额分配等,这些则为公平机制。由此看,营业资格存在着法律规制上的二元性。

传统理论认为,商法所规制的商事交易具有快捷性。为保证商事交易效率,立法要求以交易人的外在表示为基准来确定其行为的法律效果,此即外观法理。值得思考的是,像合作社这种存在着竞争劣势的市场主体并不具有完全竞争能力,能否完全适用外观主义。基于此种质疑,本书认为,合作社所具有的营业资格应该是一种在法律上需要特别"公平保护"的商业资格。

鉴于此,营业资格可能会为合作社商人自治提供如下制度支持:

明晰营利资格边界是合作社商人自治的制度前提。首先,营业资格与商人资格的区分。依据商法理论,二者属于不同层面上的问题。商人资格是一种法律人格,而营业资格则以商人资格的存在为前提。[24] 其次,营业主体不同于投资主体。二者均属于商人范畴,但具有营业资格的营业主体属于特定民事主体,其标志在于具备营业资格,并据此直接从事商事交易。而某些特定的投资主体即使进入了营业领域并进行营业投资,但因其不具备营业资格,并不能或者不需要直接从事经营性的商事交易。[25] 最后,合作社营业资格的专属性。基于营利性在交易分配上的多元性,合作社营业

---

〔23〕 [法]伊夫·居荣:《法国商法》,罗结珍、赵海峰译,36 页,北京,法律出版社,2004。

〔24〕 顾功耘:《商主体营业资格应与主体资格相分离》,载《扬州大学学报(人文社会科学版)》,2011(2)。

〔25〕 肖海军:《论商主体的营业能力》,载《法学评论》,2011(5)。

资格明显异于公司、合伙等商人组织，而具有交易目的的利用性与分配方式的公平性。应该说，这种专属性为合作社商人自治提供着一种具有个性化的制度保障。

营业资格的目标锁定有助于借由商谈民主方式达至合作社商人自治。法人目的与政府目标是不同的。为社员互助目的而自主选择治理方式是合作社商人的题中应有之意，法人经营目的是内生性的；而当下三农任务则为政府目标，来自国家公权的外在控制，是外生性的。为此，合作社商人在选择治理方式时需要考虑政府目标，但更应强调“自己认为合适”，以充分表达社员的自由意志。一种有效方式是，通过民主商谈求得法人目的与政府目标的一致。随着城镇化进程的加快，农村市场竞争的逐步规范，合作社商人的未来发展，不仅要依靠自身选定商人类型和自立经营，而且也要依赖政府的资金和政策扶持；另一方面，政府为实现其三农任务，也必将以专业解决三农问题目标的合作社商人作为首选，从而实现一种公私合作。当然。这种实践有赖法律的明确规定，从而使得政府的外部监管富有效率，合作社商人也会在落实政府公共政策时更具有自主性。

第二个具有亲和性的表征为合作社商人自治需要营业实践的积极扩张。商人取得营业资格后便进入营业实践之中。与营利二元性相对应，营业实践在内涵上也是丰富的，主要表现为营业实践的主、客观划分。主观意义的营业系指商人的营利活动，具有独立性、有偿性、持续性、外观性、非人身依附性等特征；客观意义的营业则指营业财产，具有组织性与手段性(为实现营利目的)等特征。这种区分至少存在两个问题：一是，作为动机意义上的营利与作为主观意义上的营业之间的边界如何界定。依据法律理论，不仅营业财产属于客观范畴，营业活动及其状态也应该归于客观方面，而非主观意义上的营业。二是，营业性能否完全满足二元结构下的营利性，也即，现行营业实践是否存在着外延扩张的必要性。如前所述，在商事交易中，外观法理要求以交易人的外在表现为基准，来确定其行为的法律效果。如果营业在商法上具有外观意义，那么，无论营业活动还是营业财产都必须通过客观形式加以表彰，否则就失去了外在公示意义。根据外观法理，营利目的有赖于营业内涵的必要扩张。

既然营业实践随营利目的而作相机扩张，那么这种扩张的边界在哪里？也即，营业实践的扩张能否相洽于合作社商人自治的有效实现。我们知道，合作社商人有购销合作社、生产合作社与服务合作社等类型。它们通常经历由交易到生产，再到服务；从商业到工业，再到农业的过程，呈现出商内涵的外拓性。为此，商业的发展过程拓宽了商法调整的领域，商业的发展结果衍生了大量的商人活动的新领域和由此而形成的新的商事关系。在农业现代化进程中,基于合作社商人营业实践而形成的农业商事关系便是其中之一,其出现必然会向传统的商法观念和商法理论提出新的挑战。

在农业自然属性方面,营业与合作社商人自治之间可能存在着难以缓解的紧张关系。农业具有地域性、变动性与季节周期性等自然属性。这些属性是对自然规律准确描述的结果,并已证明其自身的有效性。因此,人们的认知并不会对其有所损益,也因此不存在应然和实然的区别。由此看,营业对于自然规律来说是没有实践意义的,并进而生发了农业自然属性与营业特性之间的紧张关系:营业的连续性与农业的季节性之间;营业的计划性与农业的不稳定性(风险性)之间;营业的组织性与农业的小微性之间等。然而,作为一种意志规范,商法并不像自然界那样存在着一种难以撼动的自然规律。由此看,商法并不能就农业自然属性作出任何变动,而只能选择赋予营业更多的公平价值,单向地附和性扩张,以此实现应然和实然的区分,从而建构一种适应、顺应自然规律的技术性规范,尽可能地促进合作社商人自治的有效实现。比如,在保持自然规律不变的情况下,我们可以通过加强转投资、农业保险与财税支持、反垄断豁免等措施,来相对缓解营业特性与合作社商人自治之间的紧张关系。

在农业社会属性方面,营业与合作社商人自治的有效实现之间则呈现出一种商意志关系。这归因于农业所具有的农民身份性以及资金匮乏性等社会属性。这种社会属性与营业之间的紧张关系通常表现为成员的非身份性与农民身份性之间、资本竞争性与资金救济性之间。然而,与农业自然属性不变性相区别的是,农业社会属性本身存在改善的余地,因而,商法可对营业与社会属性进行相机性的双向扩张。这种扩张策略为,一方面商法赋予营业一定的公平价值,另一方面通过对农业社会属性本身进行完善,以达到规范与事实间的有效对接,进而达到合作社商人自治的有效实现。

农业人口流失与素质保障是一个需要认真对待的问题。也许我们可从日本拟制农民制度中得到些许启示。日本《农业经营基础强化促进法》将拟制农民作为经营农业的核心力量。他们大多是政府从大学毕业生中招募培养的,目的在于提高农业商事经营能力与科技运用能力。为此,拟制农民一旦得到政府认定,均可享受诸多农地经营的优惠政策。反观我国,在历史上,农民作为一种人格性身份(与契约性身份相对应)而长期存在,以农民定位合作社商人存在着极大的傲慢与偏见,可借鉴日本的拟制农民的规定,以改造之。除普通大学生经招募而成为拟制外,我国还可借由职业技术学院进行“技术农民”的培养。当然,这应该区别对待。农村教育,尤其贫困地区、农业大区的教育模式亟待由精英教育向生存教育转化,让更多人掌握更多的生存技能,从而让这些乡贤在农村能够长期居留与施展才华。同为发展中大国,印度一万多个教育机构中的80%以上都以培养技能型人才为目标。而作为西方发达国家的美国也正在开展“工匠运动”与“白宫工匠嘉年华”活动,其主旨就是培养专业技术人才,值得我们思考。〔26〕 在财产方面,合作社商人通过取得反垄断豁免、财税补贴而增加外部经济支配力,借由互联网技术和新兴媒介发展,合作社商人在信息对称方面也可自主取得比较优势。由于农村地域的特殊性,农民与市民有着不同的世界观和价值观。虽然制度性原因使农民成为弱势群体,但他们在认知和衡量利益上有着人类朴素的常识。基于农村财产与营业实践的特殊性,法律应赋予合作社社员货币、一般实物、知识产权外,还包括宅基地使用权、土地承包权、经营权、劳务、待收农作物等更为宽泛的出资方式,并且这些出资物价值均由社员民主认定。为此,合作社商人需借由营业内容扩张来达到自治的有效实现。

第三节　互助:合作社商人自治的行为基础

互助是一种抱团取暖的生存方式。当某个成员处于弱势,或遭遇不利时,组织其他成员志愿为其提供资助。在这种组织中,人人居于对等的地位。每个人为他人付出帮助的同时,也可以享受到来自团体的帮助,也即,每个成员除能得到其他人帮助外,自己首先具有帮助其他成员的道德义务。由此看,互助本质上是一种在法律限度内的自我限定,属于道德约束范畴。在公权掌舵不划桨背景下,市场存在强者之间的竞争,也存在弱者之间的互助。早期英国学者亚当·斯密认为,人性是利己的,因而,建构经济体制应以保障个人生存及发展为原则;〔27〕但同时,人性又是利他的,并在很多场合暗示道德同情能为自由市场指明方向,应该渗透到立法之中。〔28〕 很显然,依亚当·斯密逻辑,在自由经济中,无序的经济行为何以转化为有序的市场有赖于自治这只“有形之手”,而社会能否沿着市场行为方向走下去,则又决定于人类互助这只“看不见的手”。而有学者甚至

---

〔26〕 刘奇:《中国农业现代化进程中的十大困境》,载《行政管理改革》,2015(3)。

〔27〕 [英]亚当·斯密:《国富论》,唐日松等译,4页,北京,华夏出版社,2006。

〔28〕 [英]亚当·斯密:《道德情操论》,谢宗林译,4页以下,北京,中央编译出版社,2015。

认为互助比竞争更有生命力，并认定，无论国家社会处于何种处境下，乡村和城市的较贫穷阶级仍然存在。他们通过"抱团取火"，最后能够对抗那些比自己强大若干的组织。而这种克敌制胜的天才性的秘诀就是来自于互助这一源泉。互助作为一种生存方式必将从局部扩展到愈来愈大的场合，最后终将不分信仰、语言与种族而覆盖到整个人类社会。[29]

从运行模式看，合作社商人是一种互助组织，本质在于"人人为我，我为人人"。[30] 在互助机制下，合作社社员因助己与助人而建构成具有道德意蕴的较为稳定的利益关系。应该说，合作社商人之所以在历史长河中没被淹没，反而日渐勃兴，互助机制功不可没。这主要体现在合作社商人互助机制的事实与规范之中。英国罗虚代尔公平先锋社章程开宗明义地提出了建社目的在于增进社员经济利益、改善社员社会地位及实现公平民主价值，以期达到全社区乃至全社会的经济社会协同发展。因此，合作社商人一经成立，便得到人们的深度认同，并很快在世界范围内掀起合作运动，成为世界各国改善贫困人口的经济、社会和文化条件，消除贫困的重要途径。由此看，合作是互助的，不是自私的，至少在自助与助人中实现互助；合作行为也是民治的，而不官治的，在民治中实现民主自足。而互助与民治的法律成效之一就是生成了合作社商人自治。为此，1895 年国际合作联盟明确将社员互助价值确立为合作社商人的基本原则。我国《农民专业合作社法》第 2 条也将合作社商人明确定性为互助组织，为最大限度实现其自治提供行为基础。由此看，在与公司的经济竞争中处于弱势地位的合作社商人，只有通过互助才能存续与发展，[31] 并为合作社商人得以自治提供行为基础。

合作社商人借由互助，能够直面三农问题，进而促成其自治。从某种意义是上说，农民问题在法律上表现为农民权利及其救济问题。为此，一种可能的路径就是，农民通过互助，进而组建合作组织来提高自身的组织化程度，以增强其整体竞争力。这种竞争力可积极克服来自公司的挤压，也可有效摆脱公权的干预。如克氏所言，城市化的最大弊端在于人们过于强调工商业的重要性，而忽视农业的基础价值；而城市政策又在公权配合下使他们卷入到远方的冒险事业中。[32]

---

〔29〕［俄］克鲁泡特金：《互助论》，李平沤译，202 页，北京，商务印书馆，1997。

〔30〕从内部合作看，合作社商人是一种自愿互助组织，而从外部合作看，合作社商人之间也可结成合作社联盟，构成一种自愿互助联盟。本书兼指这内外两种情形。

〔31〕张德峰：《论合作社社员退社的法律限制与保护》，载《法商研究》，2016(3)。

〔32〕［俄］克鲁泡特金：《互助论》，李平沤译，199 页，北京，商务印书馆，1997。

在市场丛林法则的支配下，合作社商人只能凭借互助机制与公司分庭抗礼。根据理性经济人法则，公司必然凭借其经济优势而处于市场支配地位，合作社商人难有存续余地，进而引发三农问题。对此，除外部救济外，合作社商人可通过互助机制进行自救：处于弱势地位的农民联合起来组成合作社商人，为自己提供市场不愿提供的服务，进而参与市场竞争，以聚合方式增强农村市场的地位与讨价还价的能力，从而避免公司的强力挤压。经验证明，合作社商人互助机制确实对修复农村市场失灵，实现自身自治具有一定的积极作用。

合作社商人互助不仅可以解决市场失灵，还能有效克服政府失灵问题。现代社会由市民社会与政治国家同构而成。当市场无形之手失灵时，人们会本能地想到国家如何利用有形之手进行救济。然而，国家并非万能，当政府全能地经营市场时，自身也可能会出现失灵问题。这种失灵可能引发的潜在风险在于，全能的政府因履行了一切社会职能，使得人们对国家所负担的义务越来越多，而公民之间的义务反而越来越少，并可能最终摧毁依道德义务所形成的公民互助机制。[33] 为此，政府与市场必须同构而成为一种互补型法律关系。政府干预市场的局限性，一方面受制于市场要素的社会属性与法律属性；另一方面也受制于政府自身对发达市场的治理能力。换句话说，政府与市场的有效互动必须在法律限度内确立各自的行为畛域。[34] 遗憾的是，我国因合作社商人立法层级普遍过低（仅有《农民专业合作社法》），互助机制存在被严重扭曲之虞。实践中，我国各地创造出合作制、股份制抑或股份合作制等模式，但在遭遇到定性乃至异议等问题时，只能由政府代决。然而，政府意志重在实现三农任务，而非合作社商人互助目的；基于三农任务，无论政府代决如何定性还是如何异议全被淹没在公权力的话语之中，其价值仅在于为政府决策提供某种“法律背书”，因此，相对于合作社商人互助机制的意思表达来说，并无多少实际意义。通常，政府一方面行使着合作社商人经营法决定权，但另一方面，它又不愿为此而付出更多的政策支持，相反，他们往往倾向地设定那些能够减轻自身负担的事项。由此我们不难理解为何股份制与股份合作制成为当下我国合作社类型的重要选项了。应该说，合作社商人类型法定并不否定合作社互助机制，反而通过法定提供一种合作社商人“想要”的东西，而非由政府代定，试图以政府任务提供合作社商人所“需要”的东西（而事实

〔33〕［俄］克鲁泡特金：《互助论》，李平沤译，205页，北京，商务印书馆，1997。

〔34〕秦小红：《政府干预农业市场制度创新的法律机制》，载《现代法学》，2016（1）。

上合作社商人未必“想要”)。也许某些时候合作社商人互助与政府任务会呈现出一致性,“需要”与“想要”达到某种程度上的统合,但在更多情况下,两者之间并不一致,也即,政府所“需要”的并非合作社商人所“想要”的。政府试图将两者混同,必然产生“负外部性”,〔35〕替代合作社商人决定,使其互助成为不必要。然而,合作社互助与政府任务能否保持一致,则有赖于双方能否找到利益的结合点。为此,随着经济的持续发展和城镇化的进程加快,合作社商人意欲在激烈竞争中立足,仍需政府的积极促进;政府为了实现其三农任务,必须认真执行相关促进措施,以让市场这只“看不见的手”来高效配置农村资源。另外,通过互助机制来弥补路径依赖的缺陷,实现由政府强制到私法自治的转换。而合作社商人自治能否实现取决于其互助机制:第一,保持互助机制的道德张力,合作社商人可以根据条件变化而预留必要的意思自由;第二,保持互助机制的主体间性,合作社在农村市场竞争中始终拥有与公司等其他商人的平等地位;第三,保持互助机制的民主精神,合作社商人与政府之间借由沟通理性而构建成一种商谈模式。

总之,合作社商人借由互助机制,不仅可以强化其内在聚合力,还可以“抱团取暖”,有效展开农村市场竞争,更可以积极追求本身“想要”的东西,而排除政府“家父关怀”式的强加其身的“需要”。据此,互助机制提供了合作社商人自治的行为基础。

第四节　农地三权分置:合作社商人的制度实践

一、农地权的生成:合作社的私法转型

农地权主要有所有权、承包权与经营权等三种类型,其在次第出现后便同构成一种互相制衡的分立格局。这种分立格局在特征上呈现出生成的历时性与私法的转向性。

---

〔35〕 在现代经济生活中,外部性通常指政府行为对企业和个人所具有的各种影响。就政府行为对合作社商人的影响来说,其效果有正外部性与负外部性之分。前者指因政府行为的积极影响而使合作社商人受益,如政府通过对合作社商人进行财政支持、反垄断豁免等而增进其市场竞争力;后者指因政府行为的消极影响而使其受损,政府违背合作社商人意愿而代其进行商人类型选择与经营决策,其结果导致合作社商人自决困境与经营失败。

合作社的法律角色关涉到农民、集体与政府之间的意志联系，[36]而这种意志关系又是通过农地制度来确定的。农民作为一种政治身份，在不同法律关系中有社员、农户等不同表述。而每一种身份都会基于不同激励驱动进行不同诉求；无论从哪个方面看，集体的概念均纷繁复杂，几乎难以给个明确边界，但农地作为集体的物的要件则无异议。我们如果能够超越农地所有制性质，就会看到，集体只有强制与自愿两种情形，绝无他种。因此，集体性质确与主体意志有关。需要强调的是，我国近代以来的集体农地是通过那个被称为合作社的经济组织来实现的。如此，集体意志借由合作社得以有效表达。如果政府施以外部权力意志，就会建构成强制型合作社；而如果成员达成内部合意，则会设立为自愿型合作社。然而就历史看，三者经常处于一种非均衡状态。基于上述分析，也许回归规范文本，我们便可清晰检视合作社围绕农地制度所生成的各种意志关系。如下图所示：

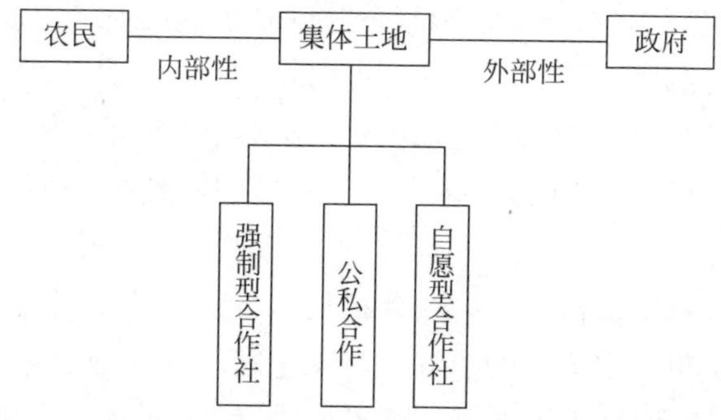

我们回到规范文本，可清晰发现，那种基于外部性而建构的强制型合作社的本质就是合作社的集体化。

1950年《土地改革法草案》第2条规定："没收地主的土地、耕畜、农具、多余的粮食及其在农村中多余的房屋。但地主的其他财产不予没收"。20世纪50年代，我们民法典草案分总则、所有权与债权三编编撰，并几次修稿，其中在所有权篇中均作出"农业、手工业合作社在初级阶段，生产工具、生产资料，可以归社员个人所有。在自愿和互利的原则下，逐步转变为集体所有；但农业生产合作社对于社员交给合作社的土地，有所有权"之规定。[37] 1961年《农村人民公社工作条例(修正草案)》第1章第1条规

〔36〕 意志是个体自觉地确定目的，并根据目的调节支配自身的行动，克服困难，实现预定目标的心理过程。鉴于此，本书即指主体基于自愿或者强制而作出的有目的主观反应。

〔37〕 何勤华等主编：《新中国民法典草案总览(上卷)》，51、54、67、75、82、98、157、164页，北京，法律出版社，2003。

定："农村人民公社是政社合一的组织，是我国社会主义社会在农村中的基层单位，又是我国社会主义政权在农村中的基层单位"。[38] 1986年我国《民法通则》第74条规定劳动群众集体组织的财产属于劳动群众集体所有。法律规定为集体所有的土地和森林、山岭、草原、荒地、滩涂等。集体所有的土地依照法律属于村农民集体所有，由村农业生产合作社等农业集体经济组织或者村民委员会经营、管理。已经属于乡（镇）农民集体经济组织所有的，可以属于乡（镇）农民集体所有。

随之，我国基于承包制而进行公私合作，实现了农地权进程中的二重变动。1978年至今，我国农村整体处于家庭联产承包责任制阶段，其中出台了诸多法律、政策，甚至在具有参照意义的法律草案中也予以明确。如1970年代，我国《民法典草案试拟稿》规定土地合作社转型为劳动群众集体组织。人民公社、生产大队与生产队承包给社员的耕地属于该集体组织。[39] 我国《农村土地承包法》第15条规定家庭承包的承包方是本集体经济组织的农户；第4条规定国家依法保护农村土地承包关系的长期稳定。随后通过若干政策调整，顺延承包期限，以致达到长久不变。[40] 第10条规定国家保护承包方依法、自愿、有偿地进行土地承包经营权流转。上述文本在农户、集体（政府）之间围绕土地承包契约关系而建构的一幅较为丰满的制度图景。

此处承包，也即，合作契约化，是指集体与其成员或其他人之间签订的承包农地，并交付一定收益的协议。就承包制所发生的1980年代而言，集体作为一个管道实体，对上负载了政府公权意志，是一个管道（在政社合一下，集体本身就是公权机关）；对下，作为一个实体，与其纯粹合作社成员之间构成承包法律关系。结合文本"国家依法保护农地承包""若干政策调整"等公权意志规定，是否得出承包契约具有公法性？有不同解读。否定论认为，公法领域不可能有法律行为，行政行为的目的是法律意志的反映而非行政主体自己的意思，行为的后果是法律直接加以规定的而非因行

[38] 1960年代，我国《民法典草案试拟稿》扩展为总则、财产的所有权等15章，并几次修稿，其中土地合作社被彻底异化为农村人民公社。在"集体财产"章中均作出"农村人民公社财产是社会主义的集体所有制财产，分别属于公社、生产大队与生产队三级所有。生产队财产主要包括土地、农田水利设施、生产工具和运输工具，牲畜、山水、水面、草原等资源以及生产队经营农林牧副渔各业的其他设备和产品等"之规定。何勤华等主编：《新中国民法典草案总览（下卷）》，161、169页，北京，法律出版社，2003。

[39] 何勤华等主编：《新中国民法典草案总览（下卷）》，502、505页，北京，法律出版社，2003。

[40] 陆剑：《"二轮"承包背景下土地承包经营权制度的异化及其回归》，载《法学》，2014（3）。

政主体所期待而引起,行政行为不可能是意思自治的产物。既然公法领域不存在法律行为,那么,作为法律行为之下的契约,自然在公法领域无存在之余地。公法领域无契约。肯定论认为,契约并非基于主体之间地位平等,而是源于不同主体间的利益互补。[41] 然而,否定论似乎认为政府所有行为皆为公权行为,而无视政府角色的现实;肯定论无限放大利益交换的功能,缺乏私法体系的内在证成性。从某种意义上说,承包契约就是一种在私法范围内的公私合作契约化,之所以如此,本书认为,依据文本,政府行为有公权与私权不同角色,在与市场发生交易时就是合作社;承包契约出于农民自愿,以避免国家化风险,因此,违背自愿则会遭遇到法律的否定性评价;[42] 承包权无论属于用益物权还是债权,皆为私权;承包契约主要规范依据为民法。实际上,西方 1930 年代就展开对公用事业私有化转向、公用事业公私合作的实践与研究,并致力于企业与政府共同计划、投资和组织项目,建立一种合作伙伴关系。我国政府也于 1980 年代开始公用事业公私合作试验。在这种公私合作模式下,发达国家重建政府财政、提高政府效率,而合作社也因此取得了公共资源,提升了自身的市场竞争能力。农地事关国计民生,具有很强的公益性,因此,无论从规范界定还是实践发展上讲,在私法范围内,通过承包契约形式定位政府与合作社关系实为必要。

其一,农户基于生存而激荡起家庭承包制。从权利生成角度看,与国家主导下的农地所有权变迁不同的是,我国农地承包权基本上是一种农民为求得生存自下而上的制度变迁。在这种变迁下,农民承包权从开始的带有约束性的人格身份逐步发展到后来的带有很多利益成分的契约身份,比如当初人们因为农地承包权而带来的经济负担又无法摆脱,到后来因为享有承包权而可获得补贴或者转入出资。因嵌入了契约身份,承包权便由义务转换而为诸如投资权、耕作权等权利,从而提升了农户承包积极性。另外,合作社社员还原为合作关系的农户,农民从“打工仔”变为耕种土地的自耕农。这无疑是一种制度性激励。

其二,农地所有权与经营权的有限分离。在所有权与经营权的有限分离,有现代化趋势。但因为这种原子化的制度配置稀释了已经存在的大规模机械化,基础设施的协同作业等大集体经营优势,进而诸多问题也随之出现:一是土地“细碎化”现象普遍存在。二轮延包多采取“肥瘦搭配”的方式分

---

〔41〕 阎磊:《论契约行政的理论基础——兼评“行政契约”的判断标准》,载《合肥工业大学学报(社会科学版)》,2012(1)。

〔42〕 米鸿才等:《合作社发展简史》,68 页,北京,中共中央党校出版社,1988。

田,农户虽分得田地,却呈现分散状态。一些能种田、想种田的农户,又找不到适合耕种的土地。有的种田能人只能捡别人不种的田,并也分散在多个地方。二是传统土地流转弊端逐渐暴露,如土地分散,集中流转难度大。一块田涉几十农户,集中连片流转困难;稳定性差,流转行为短期化,流转双方基础设施和生产经营投入意愿都比较低;风险集中,流转方若经营不善,容易引发连锁反应;土地经营权流转可能引发土地兼并。三是农户经营能力难以持续提升。家庭经营注定形成农民组织化程度低,生产成本相对较高,生产效率难以提升。四是公共利益难以维持。农村公共设施建设难以进行,生产方式粗放。〔43〕 但无论如何,承包制开启了农地所有权与经营权分离先河。这位农地商事化转向留出了一定的制度空间。

其三,公权对承包制的积极干预。在承包制下,集体与农民构成一对公私合作关系。农地集体所有权与经营权有了适度分离,集体基本退出力量农地经营。此时,代表公权的集体在农地承包期限、农地流转上仍然保持一定的主导性,但这种主导有从严格规制到犹豫保护的缓和趋势,以改先前那种刚性的承包期限、代种、转包所致的人地冲突。〔44〕 实际做法是,借由保留法理,集体作为所有权人,仍然保留所有公权的干预权能与部分私权的权能。〔45〕

值得关注的是,当下我国正着手合作社商人化尝试。这种变动就是承认那种基于内部性而生成的自愿合作社。我国存在大量的农地三权分置的规制文本,但能够推动制度发展,具有建制意义的有如下三个:2002 年,我国《农村土地承包法》第 42 条规定承包方之间为发展农业经济,可以自愿联合将土地承包经营权入股,从事农业合作生产。2013 年,《中共中央关于全面深化改革若干重大问题的决定》提出加快构建新型农业经营体系,鼓励土地承包经营权在公开市场上向专业大户、家庭农场、农民合作社、农业企业流转。2014 年,《关于引导农村土地经营权有序流转发展农业适度规模经营的意见》鼓励有条件的地方制定扶持政策。2017 年我国《农民专业合作社法》第 13 条规定:“农民专业合作社成员可以用货币出资,也可以用实物、知识产权、土地经营权、林权等可以用货币估价并可以依法转让的非货币财产,以及章程规定的其他方式作价出资。”除此外,我国农地三权分置规范文本尚有很多,普遍内嵌诸多商法意义的表达,本书

〔43〕 陈中:《土地合作经营是“三权分置”的有效探索》,载《农村经营管理》,2016 年(6)。

〔44〕 贺雪峰:《地权的逻辑》,178 页,北京,中国政法大学出版社,2010。

〔45〕 马俊驹,丁晓强:《农村集体土地所有权的分解与保留》,载《法律科学》,2017(3)。

将其凝聚为“出资、经营、扶持”等三个关键词，以作阐释。

一则，社员出资对合作社商人化具有启动意义。依据商法理论，这里出资指农民为谋取收益而投资设立或加入一个已经成立的经济组织（主要为合作社，容后探讨）的法律行为。据此，本书认为，如下两点开启了合作社商人化进程：这种出资必须是社员自愿的，而非集体制下的农地强制变迁；这种出资也是将自己承包经营权作为资本流转于经济组织，而资本意味着流通。为此，合作社经由出资而实现了组织设立中人与物的自由。而这正是塑造合作社商人的必要条件。

二则，此经营非彼经营。农地三权分置与承包制均对农民经营权作出一体规定。为此，理论界莫衷一是。〔46〕 然而，本书认为，承包制下的承包经营权属于自营权，而商事经营权则为他营权。二者运行法理迥异。依《承包法》第16条，承包方自行对农地使用、收益以及自主组织生产经营和处置产品。由此看，从文字，法律并没有排除承包方的营业经营者特征，但在实践中，他们从事生产经营，很难具有稳定性、连续性、固定性、非职业性，因而在法律地位上仍然属于从事自耕事业的小规模自耕农，无须登记为商人。〔47〕 与之不同的是，农地三权分置中的经营权主体为合作社、农业公司等商人组织。他们从事独立的、有偿的，包括不特定的多种行为的、向外公示的营利性行为。这种经营权是建立在与农地所有权高度分离基础

---

〔46〕 我国民法学者围绕经营权主要存在如下争论：其一，用益物权累加债权论。主张农地承包经营权的用益物权性质及其债权流转行的权利构造（陈小君：《我国农村土地法律制度变革的思路与框架》，载《法学研究》，2014（4））；其二，单一用益物权论。农地经营权以农户承包权为基础的用益物权，而农户承包权又是农地经营权之代称（蔡立东、姜楠：《承包权与经营权分置的法构造》，载《法学研究》，2015（3））；其三，分解保留论。该说仅在单一用益物权论分析上分析经营权。三权分置的过程是由农地集体所有权划分出土地承包经营权，进而再划分产生土地承包权和土地经营权；而借由保留法理，集体作为所有权人，仍然保留所有公权的权能与部分私权的权能（马俊驹，丁晓强：《农村集体土地所有权的分解与保留》，载《法律科学》，2017（3））。其四，所有权累加用益物权论。土地承包经营权具有所有权性质的用益物权，而农地经营权又是在其上所设立的用益物权（孙宪忠：《推进农村土地“三权分置”需要解决的法律认识问题》，载《行政管理改革》，2016（2））；其五，成员权累加用益物权论。农户承包权是一种具有身份性的成员权，而农地经营权则具有用益物权性（丁文：《论土地承包权和土地承包经营权的分离》，载《中国法学》，2015（3））；其六，成员权累加农地使用权论。三权分置旨在建构集体土地所有权主体制度，践行集体经济组织成员权，进而激发农地经营权（高飞：《农村土地“三权分置”的法理阐释与制度意蕴》，载《法学研究》，2016（3））。如上探讨，大多认为承包权内涵承包经营权，而经营权又以承包经营权为基础，并对其为物权还是债权，认识不同；还有人认为，承包权是一种成员权而并非是从承包经营权中析出的，经营权具有用益物权属性（刘恒科：《“三权分置”下集体土地所有权的功能转向与权能重构》，载《南京农业大学学报（社会科学版）》，2017（2））。由此看出，民法学者并未对民事承包经营权与商事经营权作出任何有见地的区分。

〔47〕 ［德］卡纳里斯：《德国商法》，杨继译，46、55页，北京，法律出版社，2006。

上的一种现代商事权。基于权利分离原理,所有者委托职业经理人以实现商人组织的利益最大化。就此来说,农地三权分置之经营具有稳定性、连续性、固定性、职业性,因而,合作社、农业公司等须经登记方取得商人资格。

三则,将政府扶持作为合作社商人化实现的制度安排。从规范含义看,扶持有两种解释:一是承包制下的公权主导下的政府积极干预行为,具有"家父式关怀"性质,这种关怀通常是一种遭遇式的应时之举;一是立法范式下的公权义务。这种义务是"为执行特定的社会任务而作的结构化的安排。"〔48〕值得说明的是,这种扶持将立法先行作为践行公权的规范前提。现实中,农业经济遭遇萧条窘境实乃常态。而这种困境成因,也许归之于农业作为一个行业的竞争劣势地位,也许来源于农业本身的经营不善问题,但农业作为一个国家的基础行业的战略地位毋庸置疑。为此,应该通过先行立法来进行制度性规制。在这种规制中,政府与商人之间是一种公私合作性质的法权关系,这样反而能够确保合作社社的经营自主权。本书认同,更期待文本中的扶持是一种立法先行下的系统性安排:一是集体合作社资格社员还原为商事合作社的出资社员,将营利性作为核心激励因素。二是商事合作物质要素资本化。所有权与经营权的高度分离。这种规模化的制度配置消解了已经存在的有限专业,出现大规模机械化,基础设施的协同作业,商事合作与分工等。三是商事合作社的自治性,表现为公权监督下的三元主义,也即,公权限制下的民间关系。合作社商人垄断法人的内部自治与外部经营。社员与合作社构成为一种商事出资关系。农地集体所有权与经营权有了高度分离,集体基本退出农地经营,保留反垄断豁免、财税支持等方面的法律监督,处于"守夜人"角色。〔49〕

总之,集体制度下,威权、激励与专业三位一体,同构于公权之下,是一种公权控制范式;承包制度下,农户仅从集体架构中获得生存激励,是一种公私合作范式;而在农地三权分置下,激励与专业最大限度地实现了向社员的有效转移,集体仅保留监督威权,是一种商事自治范式。

到此为止,农地权次第析出所有权、承包权与经营权,并从身份约束向契约自由方向发展;而作为权利载体的合作社商人则呈现出明显的"纯私

---

〔48〕［美］哈德罗.J.伯尔曼:《法律与革命——西方法律传统的形成》,贺卫方译,6页,北京,中国大百科全书出版社,1993。

〔49〕马俊驹,丁晓强:《农村集体土地所有权的分解与保留》,载《法律科学》,2017(3)。

权性的所有合作社——集体性的利用合作社——商事化的经营合作社”私法化转型。

二、农地三权的本位：商人中心主义的确立

每个权利的存在都有其有别于其他权利的质的规定性。基于权利的制度序差与实践需求，当各种权利同构在一起时必然会出现权利本身应该是什么样子，权利间的比较，哪个更为优位的问题。为此，自农地所有权、承包权、经营权产生以来，我国学界从来就没有停止过对其权属的论战并呈现出白热化程度。

在农村政治经济学者看来，城镇化进程与农业现代化的跟进是一脉相承的。在当下乃至未来相当长时间，农地集体所有要兼顾国家、集体、农民三者利益，保护农民正当权益，促进土地资源优化配置。而在坚持农地集体所有前提下的三权分置必须以三农问题为核心。〔50〕由此看出，基于宏大叙事与普世关怀的学术品格，农村政治经济学者大多有意无意地陷入农地所有权中心主义的窠臼，试图借由所有权“放收”方法，在集体前提下来稳住承包权与激活经营权，以实现三农政治任务。

有别于农村政治经济学者的专业表述，法律学者通常以权利作为问题分析工具，会从微观角度透视农地所有权、承包权与经营权。特别地，民法学者总体上与公权保持着必要的距离，而在私权上却分毫必争。为此，民法学主要存在以下争论点：其一，用益物权累加债权论。主张农地承包经营权的用益物权性质及其债权流转行的权利构造；〔51〕其二，单一用益物权论。农地经营权是以农户承包权为基础的用益物权，而农户承包权又是农地经营权之代称；〔52〕其三，分解保留论。该说在单一用益物权论分析上又有所深入。借由分解法理，农地集体所有权以利用为核心。三权分置的过程是由农地集体所有权划分出土地承包经营权，进而再划分产生土地承包权和土地经营权；而借由保留法理，集体作为所有权人，仍然保留所有公权的权能与部分私权的权能；〔53〕其四，所有权累加用益物权论。土地承包经营权具有所有权性质的用益物权，而农地经营权又是在其上所设立的

---

〔50〕　张红宇：《关于深化农村改革的四个问题》，载《农业经济问题》，2016(7)。

〔51〕　陈小君：《我国农村土地法律制度变革的思路与框架》，载《法学研究》，2014(4)。

〔52〕　蔡立东，姜楠：《承包权与经营权分置的法构造》，载《法学研究》，2015(3)。

〔53〕　马俊驹，丁晓强：《农村集体土地所有权的分解与保留》，载《法律科学》，2017(3)。

用益物权；[54]其五，成员权累加用益物权论。农户承包权是一种具有身份性的成员权，而农地经营权则具有用益物权性；[55]其六，成员权累加农地使用权论。三权分置旨在建构集体土地所有权主体制度，践行集体经济组织成员权，进而激发农地经营权。[56]如上探讨，马俊驹教授的所有权分解论有一定证成力，而在承包权与经营权方面则分歧较大。大多认为承包权内涵承包经营权，而经营权又以承包经营权为基础，并对其为物权还是债权，认识不同；还有人认为，承包权是一种成员权而并非是从承包经营权中析出的，经营权具有用益物权属性。[57]由此看出，民法学者对三权结构乃至权属均作了极为全面而深入的探讨。应该说，这种探讨极为专业，也极为必要。正因为极为必要，除马俊驹教授外，民法学者似乎在所有权上保持谨慎态度，对经营权的探讨又陷入一般性描述，很少作出有制度建构价值的研究；唯有在承包权方面，民法学者研究极为深入，提出了诸如资格权、用益物权等学说。本书认为，民法学者研究总体上具有承包权中心主义倾向，他们虽然也研究所有权与经营权，但这种研究似乎都是手段性的，是在为享有承包权的农户的核心定位作背书。

基于视角差异，学者围绕国家中心主义与农户中心主义均作了认真探讨。他们争论有高下之分，也有利害取舍之必要。也许这种争论永远在路上，没有最终的胜利者，但作为一个问题，因为充满论战，学术本身已经胜利了。遗憾的是，在这场论战中，独有商法学者几乎集体失语。基于此，立足商法视角，本书拟从民商法识别以及二者的法律效力比较方面论证农地三权中以经营权为本位的商人中心主义。

民商法识别与民法商法化有很大关联性。一般来说，民法对商法的内容、原则与规则具有极强的吸纳功能。这集中体现在民法商法化方面。民法商法化意味着商事交易理念或制度为民法所采用，也意味着原属于民事制度或民事法律关系规制渐归商法调整。据此看出，民商之间非为互害，而得相互吸收也。[58]换句话说，商法的发展并不意味着民法的式微，原有

---

〔54〕 孙宪忠：《推进农村土地“三权分置”需要解决的法律认识问题》，载《行政管理改革》，2016(2)。

〔55〕 丁文：《论土地承包权和土地承包经营权的分离》，载《中国法学》，2015(3)。

〔56〕 高飞：《农村土地“三权分置”的法理阐释与制度意蕴》，载《法学研究》，2016(3)。

〔57〕 刘恒科：《“三权分置”下集体土地所有权的功能转向与权能重构》，载《南京农业大学学报(社会科学版)》，2017 (2)。

〔58〕 赵万一：《论民法的商法化与商法的民法化——兼谈我国民法典编纂的基本理念和思路》，载《法学论坛》，2005(4)。

民法调整范畴,如民事合同、婚姻、继承等仍然由民法调整,而是指民商法整个范围的扩张体现为行为方式由交易、服务到生产的扩张;行业范围由商业、工业到农业延伸。如公司收购、票据、保险等新鲜商事交易加入进来,并由商法调整。而在这种互相融合与同化中,民商法何以识别,也即,民商法如何区分,有无区分之意义。

在商法发展中,民法将作为其背景资源而存在。由此,作为商业社会的行为规则,商法在结构、功能以及二者关系上均别于民法,拥有自己的独特个性。

打个比方,由运动员、裁判员参与的篮球比赛是篮球运动的核心,但在此前的有关运动员的选秀、裁判员的评聘等准备活动也往往以花絮形式被视为篮球赛事的一部分。同理,商事交易是商法的核心,但为商事交易而为的商人塑造以及先交易行为也通常被纳入商法的规制范畴。农地三权分置的合作社商人向度在于塑造农村市场主体,实现农村商事交易普遍化,也必然经历由商事准备模式(容后探讨)到商事交易模式的转换(如下图表示)。商事法律关系通常在民事相对关系基础上嵌入第三方而形成较为稳定的三角结构。有别于民事相对关系的第三方一般基于商法所需要的威权安排与技术需求而存在。换句话说,商法不仅是一个渗透着公法因素的私法领域,而且是一门技术性的法而非伦理性的法。商法作为调整商事交易关系的法律,作为民法的特别法,从根本上说属于私法范畴。但这种以私法规范为核心的商法同时也包含了大量国家通过立法的形式干预商事交易活动的公法条款。商法的公法因素并非与生俱来,而是技术与经济发展的结果。原本商法属于私法,公法因素的出现源自商人基于意思自治、契约自由等原则,而实施的行为极可能有伤及第三人利益的潜在危险,也即,公法因素是商事法律关系复杂化后,仅依靠习惯法难以避免商事行为的危害性,而需要公力对商事活动进行调控的情况下应运而生的威权安排。实际上,除法院、政府等公权机构外,仲裁委、商会乃至民间绅士等都可能以软性威权方式行使公正职能。除威权外,商法从其产生时起便就具有专业性及其所赖以支持的职业性需求,而后虽由商人法发展成为商行为法,但商行为的专业性特征决定了其内容包含了大量的技术规范。这种技术性不仅体现在商事组织法上,而且也体现在商事行为法之中。在农地三权结构中,农村先有一角性农地集体所有模式,到二角性的集体所有、农户承包模式,再到三角性的集体所有、农户承包以及转让经营模式。参见下图:

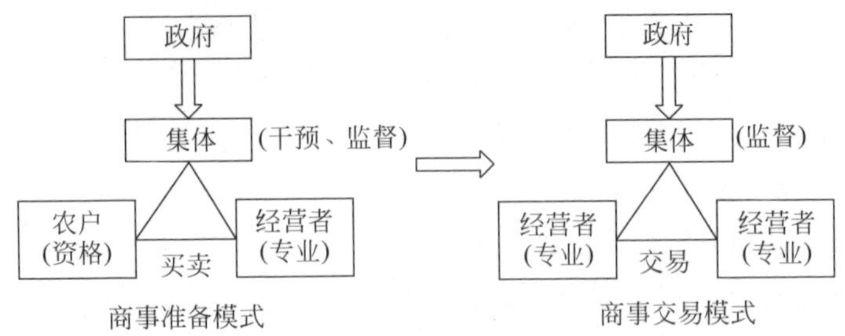

具有哲学辩证性的是,在商事交易中,法律将交易先决条件设计得越严格,越机械,交易本身就越自由。这种严格的先决条件实际上是一种信赖背书,交易人作为利害关系人根本无法超越,因而人们在具体交易时,不会怀疑甚至否定先决条件。比如我们之所以能够在对价交易中自由使用货币,更多来自于国家对货币的严格监管。为此,这种为保证自由交易而对先决条件的严格规制,本书称之为"死去活来"法理。从识别意义说,民法规则似乎很少存在"死去活来"法理的适用余地。

关于民法与商法的效力比较问题是一个尤其值得关注的法律问题。一般来说,规制中的民法逻辑是商事交易进行的前置性要件,构成商事关系中的基础关系。农地三权结构中,所有权、承包权均为民事权利,无太多争议。而当这种民事权利无效,或被撤销后,先前农户以所有权、承包权入股商人而形成的经营权是否有效,值得研究。如果经营权是有因的,这会导致商人经营处于不确定状态,三权结构便失去同构意义;而如果经营权具有无因性,则不管所有权、承包权效力如何,经营权总是有效的。为此,商人经营就具有了稳定性与可期待性。依《关于完善农村土地所有权承包权经营权分置办法的意见》,农地三权分置后逐渐形成了以所有权、承包权、经营权为内容的,彼此紧密相连、协调统一的发展格局。这显然是经营权本位的题中应有之义。而作为权利载体,历史上的集体中心主义与农户中心主义也必将转向商人中心主义。

三、农地三权分置:合作社商人的制度选择

我国农地制度经历了集体、承包以及经营等三个环节。每个环节都是在克服路径依赖的基础上向前推进的。在制度前行中,合作社商人对农地三权分置实现有何比较优势,如何以合作社商人为核心构建相关实现模式?对此,2013 年 11 月,十八届三中全会《关于全面深化改革若干重大问题的决定》明确提出国家力建农民合作社、家庭农场和农民企业等商人体系;2016 年 11 月,中共中央办公厅、国务院办公厅印发《关于完善农村土

地所有权承包权经营权分置办法的意见》进一步支持依农村商人体系构建农地三权分置的实现模式。该规定明示了农地三权分置实现的合作社商人方向、合作社商人的优先选择与以合作社商人为核心的实现路径。

需要说明的是，前文已谈及合作社商人在激励、专业以及威权上的内在规定性。值得说明的是，本书无意深究家庭农场、农业公司问题，仅在所涉制度选择时，权作一个不能回避的比较对象而已。

合作社商人的优先地位有赖于如下几点支持：一是多重激励类型并存。家庭农场作为以农户家庭为单元的新型农业经营主体，更多依赖于乡情支持作为组织内在驱力。〔59〕 法国学者托克维尔对美国乡镇自治考察后，认为，“在没有乡镇组织的条件下，一个国家虽然可以建立一个自由的政府，但它没有自由的精神。片刻的激情、暂时的利益或偶然的机会可以创造出独立的外表，但潜伏于社会机体内部的专制也迟早会重新冒出于表面。”〔60〕单就那种“小桥流水人家”〔61〕式的诗情画意就足以激荡起家庭农场的乡情情感。而农业公司主要依赖营利动机予以驱动。应该说，这种激励是一种物质性的。面对制度与精神因素，农业公司更多采取利益的大小比较与安全计算。除此外，农业公司还有着明显优势的客观诚信，如通过发行股票、债券融资，以对物质激励予以保障。与前两者不同，合作社商人通常多重激励类型并存。从横向看，合作社商人作为一种经营农业的社区法人，兼具家庭农场与农业公司的乡情与营利。除此外，合作社商人有着明确的反垄断法豁免、财税补贴等产业促进；从纵向看，各类激励内嵌于组织目标之中。有学者认为，初期合作社商人主要为社员提供服务并实现公益最大化，中期合作社商人兼为社员服务和营利目的，而后期转变为以追求溢价最大化为目的。〔62〕

二是商事能力趋于强化。在强大的商事能力及其较高的信用能力方面，合作社商人介于家庭农场与农业公司之间。农业具有地域性、不稳定性、季节性和周期性等自然属性。〔63〕 农业公司基于利益考量，凭借资本与专业优势，往往选择逃避自然损害而异地逐利。但合作社商人作为社区性

---

〔59〕 家庭农场是以农户为单元的，本书也将农户作为农地史演进中的一个环节，故而，后图农户与家庭农场作同义适用。

〔60〕 ［法］托克维尔：《论美国的民主》，董果良译，66 页，北京，商务印书馆，1996。

〔61〕 （元）马致远：《秋思》：“枯藤老树昏鸦，小桥流水人家，古道西风瘦马。夕阳西下，断肠人在天涯”。

〔62〕 丁为民：《西方合作社的制度分析》，205 页，北京，经济管理出版社，1998。

〔63〕 朱启臻、陈倩玉：《农业特性的社会学思考》，载《中国农业大学学报（社会科学版）》，2008（1）。

组织只能直面。在农村市场,合作社商人存续是与农业现代化和商业化同步进行的。故而,农业比较发达的国家,合作社商人的发展也较普遍。合作社商人在国民经济生活中的角色也越加重要,甚至被称为第三经济力量。[64] 就此来说,与家庭农场比,合作社商人仍然具有较强的区域竞争优势。

三是政府扶持法定化。总体上,政府对农业经营主体均采取较为积极的促进政策。但就比较来说,政府对三者态度还存在明显不同。政府对家庭农场往往采取的是一种随机变动模式。这种模式更像是一种家父式的关怀,具有很强的情感色彩;政府对农业公司的扶持,则主要采取行为主义模式。国家根据农业特殊情况,与农业公司通过契约方式给予相应的反垄断行为豁免与财税支持,政策针对性较强。与之不同的是,对合作社商人而言,政府通常采取较为稳定的结构性安排,并在立法上予以确定,如我国《反垄断法》第56条明确排除“农业生产者及农村经济组织在农产品生产、加工、销售、运输、储存等经营活动中实施的联合或者协同行为”之适用。而本条所称的农村经济组织即指农民专业合作经济组织及农村集体经济组织,而不包括农业公司。

据此,本书以激励、专业与威权三个自变量对合作社商人进行了优位比较。这些自变量生成如下由规模(scope)、成本(cost)与临界点(Margin)三个部分同构而成的因变量曲线图,如下图。

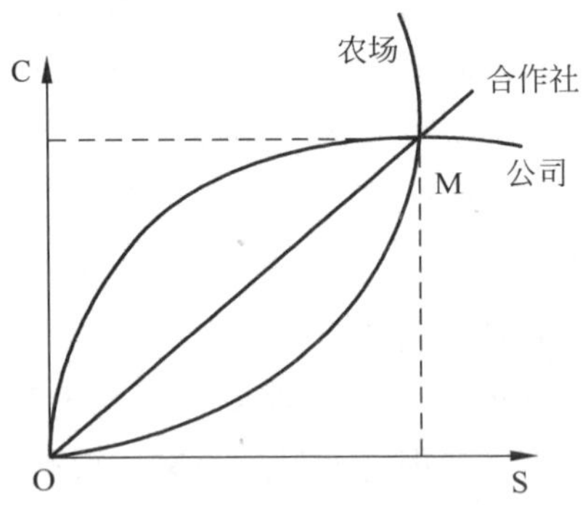

依该曲线图,家庭农场(农户)是一种利益蜕化型主体。在这种主体模式下,因组织小,创立时,成本投入小,相对收益大;但随着规模增加,成本陡增,收益最小化;农业公司被称为利益成长型主体。因为这类公司大,创立时,投入成本大,收益小。但随着规模增加,成本递减,反而收益最

〔64〕 米鸿才等:《合作社发展简史》,15页,北京,中共中央党校出版社,1988。

大化；而合作社商人则是一种平稳型主体。该组织适中，创立时，投入成本较小，收益较大；但随着规模增加，成本相对平稳增加，收益介于前两者之间。

既然合作社商人具有比较优势，那么，围绕合作社商人建构实现模式，也即，商事交易模式就成为一种必然逻辑，如本书第四章“合作社商人的基础构造”之第四节“合作社的变迁与变迁的社员权”模式图形。依据商法理论，以合作社商人为核心，家庭农场与农业公司之间可以建构组织范式、交易范式以及二者融合范式等三种样态。在组织范式下，围绕合作社商人形成一种组织体，具有较高的合作形式，整个产业链均建立组织约束关系，家庭农场既是合作社商人的成员，也是农业公司控制下的成员；在交易范式下，围绕合作社商人形成一种平台合作社。合作社商人处于居间地位，是一种交易平台，家庭农场均为农户的分散模式。此时，合作社商人除平台外并不为家庭农场提供太多的服务，整个产业链均建立一种契约约束关系，社员则成为与合作社商人进行交易的一方当事人；在融合范式下，围绕合作社商人形成一种契约合作社商人。该种与平台范式主要差别在于合作社商人不仅提供交易平台，还将家庭农场集中在组织体内，集中提供各种生产、交易服务，合作社商人在产业链上游上建立一种组织约束，而在下游仅建立一种交易约束，家庭农场属于合作社商人的内部成员。

第五节　合作社商人自治有效实现的商法机制

合作社商人自治并不意味着对公司商人帝国产生挑战。竞争是市场经济社会企业极为常态性的生存行为。而有竞争便有失败，作为弱者结合，合作社便是这种商业竞争的产物。就此来说，合作社商人是不可避免的。合作社商人产生后，不仅不会挑战公司商人，可能还会对其存续有着成就价值。这种成就也许得益于公司与合作社商人所具有的经济上的连锁关系。有学者探讨西方合作社商人目标的内涵，认为，合作社商人最先为实现社员利益最大化，具有目标的个体性；随之向外扩张，并实现经济剩余的最大化，具有目标的二元性；后来转变为以实现盈余最大化为目标。[65] 而这些目标均可辅助公司商人实现社会责任、提供公司商人“孵化器”等。由此看，合作社商人目标是相机而动的，合作社商人无论异化与否，均不构成对公司商人的实质性挑战。为此，由商法思维及在其支配下

---

〔65〕 丁为民：《西方合作社的制度分析》，205～206页，北京，经济管理出版社，1998。

所重构的商法体系，与基层经济民主这些法治元素一起来共同消解合作社商人自治的生存困境，进而支持其有效实现。

以商法思维所构建的公私合作关系确认合作社商人自治的有效实现。任何法治都涉及人与制度的关系问题。应该说，一个社会的良好发展，不仅需要人与制度的各自完善，而且需要彼此互动。为此，以人性完善来推进制度，以制度完善来驯化人性。“天下熙熙，皆为利来；天下攘攘，皆为利往”，就此说来，追逐营利与人性发展并不相悖，反而能够推进商法制度的完善；而商法制度的完善又会积极引导人们的营利欲望。就此来说，《合作社法》中的商法思维就是要求合作社在法律限度内设身处地地像商人那样思考商人问题，直面利益与规范的关系。由此，法律须从“效益”与“安全”角度，认真对待合作社商人自治，尊重合作社的商事性特征。同时，合作社商人也须依据自由、快捷与外观主义原则进行自身的商人塑造，为利益实现的安定性提供保障。

以商人体系多元化架构支撑合作社商人自治的有效实现。理论上，根据商人类型及其结构特征，商人有商自然人、商合伙和商法人等三种。合作社商人在法律性质上具有营利手段性，是一种商法人。从历史看，商法人是从股份合作制发展而来的，理应将合作社类型归于商法人，以建构商法人的自足体系。然而，当下商人家族却将合作社组织拒之于门外，使得处于不同发展阶段的创业人或者就业人难以自主选择商人类型，甚至我们在很多场合难以以合作社形式开展国际合作。反之，合作社若向商法突围，则有助于完善商法人体系，其自身也因“利用营利”的内在驱力与公司的“利润营利”的外在扶持而得以自治。当然，一般商人多元与合作社有限多元之间可能存在着内在逻辑关系。〔66〕 合作社商人只有恪守合作制而践行有限多元原则，才能保持其自身特殊性而不至于被公司类型所同化。这种有限多元的质的规定性对商人体系具有丰富与整合作用。然而，商人多元化所引发的合作社商人与公司之间的竞争关系可能会回到制度取舍的层面。而这种取舍一旦在自由竞争下展开，合作社商人自治必将难以为继，商人类型存在公司一元主义之虞。这在市场选择中表现得尤为明显，值得我国立法与理论的高度关注。

以基层经济民主助推合作社商人自治的有效实现。随着城镇化发展，基层经济民主也移向包括合作社在内的商人自治领域。就此来说，合作社

〔66〕 所谓合作社商人类型的有限多元，主要指合作社商人类型存在着合作制与股份合作制两种形式，但排除绝对多元化下的股份制。

商人自治是我国基层经济民主的具体实现方式之一。从发生学角度看,合作社商人为经济民主制度的产物,而其一经产生,又会力推基层经济民主的发展。19 世纪,世界上第一个农村信用合作联合社在德国的产生,德国实践家雷发巽制定了合作原则:基于自愿原则,农民加入合作社成为社员,进而互助自立;合作社为社员服务,而非以营利为目的。之后,雷发巽原则在世界蔓延发展。受西方合作运动的深度影响,我国经济民主进程与合作社商人自治之间也同步行进,呈现正相关关系。在人民公社化下,合作社商人演化为政治工具,丧失了基本的经济民主属性。而从 20 世纪末,随着经济民主进程的发展,我国才把合作社商人改造为由农民自愿入股、社员民主治理、主要为入股社员服务的合作组织,并逐步摆脱行政隶属关系,而具有了市民社会中的压力集团属性,即,合作社商人从自身利益出发径直影响公共政策,并力促公共政策尽可能地向本集团倾斜。这显然是一种通过压力手段寻求利益的合作,具有极强的商人自治色彩。

小　结

合作社商人自治意味着合作社商人行动的自我安排及其行为结果的自我负担。合作社商人自治的有效实现得益于营利观念的扩展,解决其“想”的问题;而营业则是为了解决合作社商人自治的“能”的问题。营业对合作社商人自治的有效实现具有内在亲和性。合作社商人自治的有效实现有赖于营业资格的制度支持、有待于营业实践的积极扩张。社员互助是合作社商人自治有效实现的行为要求。当下农地三权分置涉及合作社商人的私法转型、商人中心主义的确立以及合作社商人的制度选择等三个方面,在保持农地集体所有权、农户承包经营权不变情形下,将经营权从其中分析出来。这一商法思维及在其支配下所重构的商法体系,与基层经济民主这些商情元素一起来共同消解合作社商人自治的生存困境,进而支持其有效实现。

结　语

合作社商人是由作为社会弱势群体的农民所设立的经济组织。因为弱势地位而被强势实体所遮蔽则是在自然界和人类社会经常发生的现象，因此，对于合作社商人，只有在根源上对其梳理，在法理上分析其构造，才能在其制度设计上有更好的建树，才能使之有益于我国三农问题的解决。不得不承认，目前我国合作社商人立法存在诸多漏洞和大片空白，司法实践中混乱与不必要的争讼也由此产生，并且学术界对合作社的研究也还不成熟，甚至对之缺乏必要的和足够的重视。比如，合作社商人是否具有法律独立性？作为一个法人组织，为什么合作社商人存在被管制情况？合作社组织形式的私法选择是否会导致组织性质的异化？合作社社员权的法律性质是什么，如何进行分离行使？如何通过双重法律控制使得社股财产与盈余分配满足合作社的信用要求？合作社商人治理与公司治理有何区别？合作社哪些经营行为构成反竞争行为，哪些垄断行为可以得到豁免？合作社商人深受政治哲学的影响，这种影响的边界在哪里？我们又如何秉持合作社商人的私法性质？理论界对这些问题至今争议不断而尚未有权威解释。基于此，我们需要跳出这些争议，并超越这些争议，在其上位理论进行深入研究并予以准确预测，唯如此，才有希望找出未来发展的径路。

美国学者库恩在《科学革命的结构》一书中提出了“范式”概念，此概念总结了常规科学和科学革命相交替的发展模式。在库恩看来，理论发展的四个依次阶段构成一个范式，包括前科学阶段、常规科学阶段、非常科学阶段、新的常规科学。〔1〕 在前科学阶段表现为理论众多而各执一词，这其中的理论或多或少具有一定的科学性，相互争鸣而直至一派最权威的学说统一整个学科；由此，发展到常规科学阶段，稳定性是其主要特征，但“反常”现象的增多而为范式难以解释，此情况下需搭配其他学科予以解释；紧接着是非科学阶段，此阶段往往蕴含危机，该范式极力挣脱，当科学革命到来时，危机时期的范式反复失败，直至精疲力竭。既有范式的打破，也有

〔1〕 全增嘏主编：《西方哲学史》（下册），706 页，上海，上海人民出版社，1985。

范式发生转换,而新的一轮常规科学向纵深发展。范式理论为合作社商人法律问题研究的阶段性提供了一个非常有见地的解释。由于传统计划经济条件下公权主导的合作社组织与行为难以为继,因此在合作社法领域必然发生以"私法自治"为引线的"科学革命"。在不久的将来,随着合作社商人理论研究深入和合作社实践更大范围的推广,一种具有极强说服和竞争优势的新的合作社理论必将占领统治的地位,也将为立法提供理论指导并在司法实践上具有好的效果。

当下,合作社商人理论正处在科学革命发生的新时期,随着立法和司法实践的不断纵深也随之涌现出新的问题,各种理论竞相迸发,相互争鸣,一直到具有统领的观点出现,随之问题渐渐平息并得以解决。也正是基于理论的竞争,本书从法律性质、组织形式、组织要件、反垄断豁免以及私法走向等5个方面进行研究,力图详尽的解构传统理论,并据此阐明自己建设性的观点与独到的看法。所以,本文界定了合作社商人的法律性质是一种非营利性的互益企业法人;分析了法人组织形式,并对各种类型进行了实证分析;对法人设立要件(人的要件、物的要件以及组织要件)进行了具体透视,找出了问题解决之出路;还对合作社法人经营行为进行了区别性地剖析,这为其规范运行提供了一种制度保障;最后纵观全文,对于合作社的私法走向提出了独特看法。

本书围绕着上述课题,本着强烈的使命感,在既有研究成果上开拓与深化了新的理论研究方向。[2] 着力于以下方面:(1)从外部环境到法人本身。以前合作社面临的问题多会涉及经济政策环境,更多属于公法问题。但本书则从私法角度研究合作社的内部构造与外部行为。(2)从价值倾向到理性分析。合作社出现初期,作为一种新生事物,其理论主要围绕该组织产生的合理性与必然性进行探讨;而当下合作社正面临着诸多困境,因此问题研究已成为当务之急。为此,本书紧紧围绕问题进行分析,如"有何问题"、"为何如此"、"怎么解决"。(3)从抽象到具体。以前研究多使用较为抽象的词汇,如农民组织化、市场经济等;而本书则深入到合作社内部进行分析,提出了一些极为具体的概念,如互益法人、分离行使、信义义务等。(4)从应然到实然。以往理论界偏好由理论到理论的逻辑推演,至于农民组织起来后的实践问题通常被忽视;而本书则祛除这种纯

〔2〕 值得提及的是,有学者将这样探索路径概括为《后合作社法时代》的研究。这恰与本文研究方向有契合之处。参见王俊哲、贾庆森:《后合作社法时代农民合作的理论和实践方向》,载《安徽农业科学》,2007(19)。

粹理论偏好,而注重问题的实证分析。如合作社商人在反垄断法上的地位应区别对待,有的应该适用除外,而有的应该依法规制。(5)从法人到社员。以前多从合作社商人的规章与架构去探讨;而本书除此之外,更多地从社员角度作解构性研究。如合作社商人主要成员应是何种人?彼此之间构成何种法律关系?人的要件在合作社商人构造中居于何种基础性地位?(6)从宏观论述到个案剖析。以前多将合作社商人作为一个整体加以讨论;而本书较多地从具体层面对合作社商人作个案剖析。如书中对合作社商人的"搭售行为"与"集成销售行为"的区分。

当然,本课题还有大量没有深入研究或尚未研究的领域,比如合作社商人在税法中的地位如何,其管理人的信义义务应该如何界定等。这或许需要对当前理论通说作进一步批判以及对现行立法逐步解构。

总之,在现行诸多看似正确的定论背后,仍有进一步研究之余地。为此,本书愿求教大方之家,予以启发与诱导,并以此作为将来进一步探究之源泉与动力。

主要参考文献

(一) **著作类**

王玉梅:《从农民到股民:农村社区股份合作社基本法律问题研究》,北京,中国政法大学出版社,2015。

王伦刚:《中国农民专业合作社运行的民间规则研究》,北京,法律出版社,2015。

赵晓峰:《新型农民合作社发展的社会机制研究》,北京,社会科学文献出版社,2015。

王保树主编:《商法》,北京,北京大学出版社,2014。

钟真、孔祥智等:《转型中的奶农合作社研究》,北京,中国农业出版社,2014。

[美]罗纳德·德沃金:《自由的法——对美国宪法的道德解读》,刘丽君译,上海,上海人民出版社,2013。

[英]弗里德利希·冯·哈耶克:《通往奴役之路》,王明毅译,北京,中国社会科学出版社,2013。

刘伯龙、唐亚林等:《从善分到善合:农民专业合作社研究》,上海,复旦大学出版社,2013。

沈贵明:《股东资格研究》,北京,北京大学出版社,2011。

朱涛:《自然人行为能力制度研究》,北京,法律出版社,2011。

郑景元:《农村信用社法律问题研究》,北京,知识产权出版社,2011。

贺雪峰:《地权的逻辑》,北京,中国政法大学出版社,2010。

[美]朱迪·弗里曼:《合作治理与新行政法》,毕洪海、陈标冲译,北京,商务印书馆,2010。

[加]帕特里克·格伦:《世界法律传统》,李立红、黄英亮、姚玲译,北京,北京大学出版社,2009。

陈本寒:《商法新论》,武汉,武汉大学出版社,2009。

都本伟:《农村信用社法人治理研究》,北京,中国金融出版社,2009。

马跃进:《合作社的法律属性研究》,北京,中国财政经济出版社,2008。

欧阳仁根、陈岷等:《合作社主体法律制度研究》,北京,人民出版社,2008。

[瑞典]史望·奥克·贝克:《世界变迁下的合作社基本价值》,孙炳炎译,北京,中国合作学社,2007。

屈茂辉等:《合作社法律制度研究》,北京,中国工商出版社,2007。

赵泉民:《政府·合作社·乡村社会》,上海,上海社会科学院出版社,2007。

胡甲庆:《反垄断法的经济逻辑》,厦门,厦门大学出版社,2007。

陈晓军:《互益性法人法律制度研究》,北京,法律出版社,2007。

[德]迪特尔·施瓦布:《民法导论》,郑冲译,北京,法律出版社,2006。

[德]C. W. 卡纳里斯:《德国商法》,杨继译,北京,法律出版社,2006。

[英]伯兰特·罗素:《西方哲学史》(下册),文利译,北京,商务印书馆,2006。

马俊驹、余延满:《民法原论》,北京,法律出版社,2006。
马长山:《法治进程中的"民间治理"》,北京,法律出版社,2006。
孙亚范:《新型农民专业合作经济组织发展研究》,北京,社会科学文献出版社,2006。
金锦萍:《非营利法人治理结构研究》,北京,北京大学出版社,2005。
陈耀芳、邹亚生:《农村合作银行发展模式研究》,北京,经济科学出版社,2005。
[法]伊夫·居荣:《法国商法》,罗结珍、赵海峰译,北京,法律出版社,2004。
[美]杰弗里·法兰克尔等编:《美国 90 年代的经济政策》,徐卫宇等译,北京,中信出版社,2004。
冯果:《公司法要论》,武汉,武汉大学出版社,2004。
尚鹏主编:《主要国家(地区)反垄断法律汇编》,北京,法律出版社,2004。
[德]拉仑兹:《德国民法通论》,王晓晔译,北京,法律出版社,2003。
[日]关俊彦:《商法总论总则》,日本有斐阁,2003。
[日]根岸哲、舟田正之:《日本禁止垄断法概论》,王为农、陈杰译,北京,中国法制出版社,2007。
[德]罗尔夫·克尼佩尔:《法律与历史——论德国民法典的形成与变迁》,朱岩译,北京,法律出版社,2003。
[美]伯尔曼:《法律与宗教》,梁治平译,北京,中国政法大学出版社,2003。
[德]哈贝马斯:《在事实与规范之间——关于法律和民主法治国的商谈理论》,童世骏译,上海,上海三联书店,2003。
[俄]安德兰尼克·米格拉尼杨:《俄罗斯现代化与公民社会》,徐葵等译,北京,新华出版社,2003。
何勤华、李秀清、陈颐主编:《新中国民法典草案总览》,北京,法律出版社,2003。
王保树主编:《中国商事法》,北京,人民法院出版社,2003。
范健:《德国商法:传统框架与新规则》,北京,法律出版社,2003。
尹田:《民事主体理论与立法研究》,北京,法律出版社,2003。
范丽珠主编:《全球化下的社会变迁与非政府组织》,上海,上海人民出版社,2003。
[美]莱斯特·塞拉蒙等:《全球公民社会——非营利部门视界》,贾西津,魏玉等译,北京,社会科学文献出版社,2002。
黄立:《民法总则》,北京,中国政法大学出版社,2002。
刘连煜:《公司法理论与判决研究》,北京,法律出版社,2002。
江山:《法的自然精神导论》,北京,中国政法大学出版社,2002。
唐德瑄等:《股份合作制理论与立法的基本问题》,北京,中国检察出版社,2002。
岳志:《现代合作金融制度研究》,北京,中国金融出版社,2002。
[美]亨利·汉斯曼:《企业所有权论》,于静译,北京,中国政法大学出版社,2001。
陈伯村、赵荣松:《合作社组织管理通论》,台北,财团法人台湾省合作事业发展基金会,2001。
赵中孚:《商法总论》,北京,中国人民大学出版社,2001。
史际春:《企业和公司法》,北京,中国人民大学出版社,2001。
孔祥俊:《反垄断法原理》,北京,中国法制出版社,2001。
史尚宽:《民法总论》,北京,中国政法大学出版社,2000。
[德]迪特尔·梅迪库斯:《德国民法总论》,邵建东译,北京,法律出版社,2000。
漆多俊:《市场经济企业立法观》,武汉,武汉大学出版社,2000。

杨燕绥:《社会保险法》,北京,中国人民大学出版社,2000。
刘凯湘:《民法学》,北京,中国法制出版社,2000。
史纪良:《美国信用合作社管理》,北京,中国金融出版社,2000。
何增科:《公民社会与第三部门》,北京,社会科学文献出版社,2000。
管爱国、符纯华:《现代世界合作社经济》,北京,中国农业出版社,2000。
曹龙骐:《货币银行学》,北京,高等教育出版社,2000。
[韩]李哲松:《韩国公司法》,吴日焕译,北京,中国政法大学出版社,1999。
[英]约翰·希克斯:《经济史理论》,厉以平译,北京,商务印书馆,1999。
郑正忠:《例解民法》,台北,五南图书,1999。
程燎原:《从法制到法治》,北京,法律出版社,1999。
[英]戴维·赫尔德:《民主的模式》,燕继荣等译,北京,中央编译出版社,1998。
俞可平:《社群主义》,北京,中国社会科学出版社,1998。
张静:《法团主义》,北京,中国社会科学出版社,1998。
丁为民:《西方合作社的制度分析》,北京,经济管理出版社,1998。
阮方民:《欧盟竞争法》,北京,中国政法大学出版社,1998。
[法]卢梭:《社会契约论》,李平沤译,北京,商务印书馆,1997。
[法]米歇尔·福柯:《权力的眼睛——福柯访问录》,严锋译,上海,上海人民出版社,1997。
[俄]克鲁泡特金:《互助论》,李平沤译,北京,商务印书馆,1997。
[英]L. 罗宾斯:《过去与现在的政治经济学》,陈尚霖等译,北京,商务印书馆,1997。
权昌会主编:《美国农业立法》,北京,经济科学出版社,1997。
[英]约翰·洛克:《政府论》(下),叶启芳、瞿菊农译,北京,商务印书馆,1996。
[法]托克维尔:《论美国的民主(下卷)》,董果良译,北京,商务印书馆,1988。
赵旭东:《企业法律形态论》,北京,中国方正出版社,1996。
郑立、王益英:《企业法通论》,北京,中国人民大学出版社,1996。
[美]查尔斯·林德布洛姆:《政治与市场:世界的政治—经济制度》,王逸舟译,上海,上海人民出版社,1995。
刘清波:《商事法》,台北,商务印书馆,1995。
林辉雄、陈景明等:《信用合作社经营管理新理念之研究》,(台北)中央存保公司,1995。
郑玉波:《民法总则》,台北,三民书局,1995。
[美]查尔斯·沃尔夫:《市场或政府》,谢旭译,北京,中国发展出版社,1994。
张光博主编:《外国经济法(日本农业协同组合法)》,长春,吉林人民出版社、中国经济法制音像出版社,1994。
江平、赵旭东主编:《法人制度论》,北京,中国政法大学出版社,1994。
江山:《互助与自足》,北京,中国政法大学出版社,1994。
郑立、王益英:《企业法通论》,北京,中国人民大学出版社,1993。
吴炯:《维护公平竞争法》,北京,中国人事出版社,1991。
[英]苏珊·斯特兰奇:《国际政治经济学导论》,杨宇光等译,北京,经济科学出版社,1990。
[德]康德:《法的形而上学原理》,沈叔平译,北京,商务印书馆,1991。
[英]罗杰·科特威尔:《法律社会学导论》,潘大松译,北京,华夏出版社,1989。

[美]塞缪尔·P. 亨廷顿:《变化社会中的政治秩序》,王冠华等译,上海,三联书店,1989。
[苏]格里巴诺夫等:《苏联民法》(上),中国社会科学院法学研究所民法经济法研究室译,北京,法律出版社,1987。
《中日经济法律词典》,北京,中国展望出版社,1987。
全增嘏主编:《西方哲学史》(下册),上海,上海人民出版社,1985。
李春来:《日本信用合作社》,台北,幼狮文化事业公司,1985。
尹树生:《合作经济概论》,台北,三民书局,1984。
[英]亚当·斯密:《国民财富的性质和原因的研究》,郭大力、王亚南译,北京,商务印书馆,1983。
[德]路德维希·艾哈德:《来自竞争的繁荣》,祝世康、穆家骥译,北京,商务印书馆,1983。
李锡勋:《合作社法论》,台北,三民书局,1983。
《经济法》,上海社会科学院法学所编译,北京,北京知识出版社,1982。
[美]约翰·康芒斯:《制度经济学(上)》,于树生译,北京,商务印书馆,1962。
张则尧:《比较合作社法》,北京,中国合作文化协社,1943。
[法]查理·季特:《合作原理比较研究》,彭师勤译,北京,中华书局,1941。
童玉民:《合作运动纲要》,上海,上海新学会,1932。
孙锡麒:《合作主义》,北京,商务印书馆,1924。

(二)论文类

马俊驹、丁晓强:《农村集体土地所有权的分解与保留》,载《法律科学》,2017(3)。
刘恒科:《"三权分置"下集体土地所有权的功能转向与权能重构》,载《南京农业大学学报(社会科学版)》, 2017(2)。
张红宇:《关于深化农村改革的四个问题》,载《农业经济问题》,2016(7)。
高飞:《农村土地"三权分置"的法理阐释与制度意蕴》,载《法学研究》,2016(3)。
孙宪忠:《推进农村土地"三权分置"需要解决的法律认识问题》,载《行政管理改革》,2016(2)。
应强:《发达国家如何治理"空心村"》,载《瞭望》,2015(34)。
徐祖澜:《依法治国的微观求证与实践探索》,载《兰州学刊》,2015(10)。
蒋高明:《千疮百孔的中国农村》,载《环境教育》,2015(8)。
苑鹏、宫哲元:《关于〈农民专业合作社法〉修订若干问题研究的文献述评》,载《农业经济与管理》,2015(5)。
张新宝:《从隐私到个人信息:利益再衡量的理论与制度安排》,载《中国法学》,2015(3)。
丁文:《论土地承包权和土地承包经营权的分离》,载《中国法学》,2015(3)。
蔡立东、姜楠:《承包权与经营权分置的法构造》,载《法学研究》,2015(3)。
黄胜忠:《关于〈农民专业合作社法〉修订完善的几点思考》,载《中国农民合作社》,2015(3)。刘奇:《中国农业现代化进程中的十大困境》,载《行政管理改革》,2015(3)。
公丕祥:《法治中国进程中的区域法治发展》,载《法学》,2015(1)。
梁上上:《中国的法人概念无需重构》,载《现代法学》,2015(1)。

马彦丽：《北美农业合作社修法对我国的启示》，载《中国农业合作社》，2014(9)。
张德峰：《合作社集体社员权论》，载《政法论坛》，2014(5)。
公丕祥：《区域法治发展与文化传统》，载《法律科学》，2014(5)。
张文显：《法治与国家治理现代化》，载《中国法学》，2014(4)。
陈小君：《我国农村土地法律制度变革的思路与框架》，载《法学研究》，2014(4)。
徐勇、赵德建：《找回自治：对村民自治有效实现形式的探索》，载《华中师范大学学报（人文社会科学版）》，2014(4)。
孔祥智、周振：《分配理论与农民专业合作社盈余分配原则》，载《东岳论丛》，2014(4)。
陆剑：《“二轮”承包背景下土地承包经营权制度的异化及其回归》，载《法学》，2014(3)。
张永兵、温世扬：《农民专业合作社财产权法律属性研究》，载《当代法学》，2014(3)。
温世扬：《农地流转：困境与出路》，载《法商研究》，2014(2)。
张文显：《现代性与后现代性之间的中国司法》，载《法制与社会发展》，2014(1)。
徐勇：《中国家户制传统与农村发展道路》，载《中国社会科学》，2013(8)。
苑鹏：《“公司＋合作社＋农户”下的四种农业产业化经营模式探析》，载《中国合作经济》，2013(7)。
史际春：《论营利性》，载《法学家》，2013(3)。
马彦丽：《论中国农民专业合作社的识别和判定》，载《中国农村观察》，2013(3)。
雷兴虎、李长兵：《商法理念及其在商事立法和司法中的适用》，载《甘肃社会科学》，2013(2)。
吕丝：《农民专业合作社社员资格问题研究》，载《太原理工大学学报（社会科学版）》，2013(1)。
郑景元：《商事营利性理论的新发展》，载《比较法研究》，2013(1)。
李静瑕：《首例农村信用社破产样本：“消失的”农村信用社》，载《第一财经日报》，2012-07-23。
何雨欣、侯雪静：《民办非营利事业单位可享税收优惠》，载《证券时报》，2012-02-11。
戴威、陈小君：《论农村集体经济组织成员权利的实现》，载《人民论坛》，2012(1)。
肖海军：《论商主体的营业能力》，载《法学评论》，2011(5)。
张德峰：《农村信用合作社：民主困境与法律突围》，载《政法论坛》，2011(6)。
肖海军：《论商主体的营业能力》，载《法学评论》，2011(5)。
刘艳琳：《农村信用社产权模式的法律分析》，载《时代金融》，2011(5)。
顾功耘：《商主体营业资格应与主体资格相分离》，载《扬州大学学报（人文社会科学版）》，2011。
杨蕊瑜：《公司的利益相关者治理》，载《时代金融》，2010(5)。
社论：《须防合作社公司化“变种”》，载《南方农村报》，2010-4-10。
李继生：《论中国农民专业合作社的社员主体资格》，载《中南财经政法大学研究生学报》，2010(1)。
郑景元：《合作社法律目的二元论》，载《法学杂志》，2009(6)。
郑景元：《农村信用社法律属性》，载《武汉大学学报》（哲学社会科学版），2009(4)。
葛淑玮：《合作社研究综述》，载《商业经济》，2009(3)。
刘颖：《发达国家农村信用社产权形式考察及对我国的启示》，载《中国农村信用合作》，2009(1)。

唐笑炯:《农村信用社法人治理结构: 现状与改进》,载《金融经济》,2008(16)。
孟召宜等:《江苏省文化区的形成与划分研究》,载《南京社会科学》,2008(12)。
陈云良、陈婷:《垄断协议中协同行为的证明问题研究》,载《政治与法律》,2008(10)。
高建民:《中国"农民"的概念探析》,载《社会科学论坛》,2008(9)。
李萱:《法律主体资格的开放性》,载《政法论坛》,2008(5)。
朱慈蕴:《营业规制在商法中的地位》,载《清华法学》,2008(4)。
黄勇:《中国反垄断法中的豁免与适用除外》,载《华东政法大学学报》,2008(2)。
高鸿钧:《权利源于主体间商谈》,载《清华法学》,2008(2)。
马震宇:《农村合作金融立法若干理论问题研究》,载《农村经济》,2008(2)。
梁晖、任大鹏:《从反垄断法的角度看合作社法律制度》,载《农村经营管理》,2008(2)。
钟刚:《反垄断法豁免制度研究》,中国政法大学博士学位论文,2008。
齐虹丽:《例外与豁免: 中国〈反垄断法〉适用除外之观察》,载《法学杂志》,2008(1)。
朱启臻、陈倩玉:《农业特性的社会学思考》,载《中国农业大学学报(社会科学版)》,2008(1)。
王俊哲、贾庆森:《后合作社法时代农民合作的理论和实践方向》,载《安徽农业科学》,2007(19)。
李胜利:《合作社反垄断豁免制度研究》,载《财贸经济》,2007(12)。
李洁:《论农村信用合作社的法律地位》,载《学术论坛》,2007(7)。
陈晓军:《合作社若干法律问题探析》,载《学术论坛》,2007(6)。
张国平:《合作社的法人类型和经济属性》,载《江海学刊》,2007(5)。
李业兴、张学忠:《试论农村信用社垄断成因》,载《安徽农业科学》,2007(4)。
彭真明、江华:《论利益相关者理论与我国公司治理结构的完善》,载《甘肃政法学院学报》,2007(1)。
徐小平:《中国现代农业合作社法律制度研究》,西南政法大学博士学位论文,2007。
蒋辉宇:《论合作社被豁免适用反垄断法的法学理论基础》,载《安徽农学通报》,2007(1)。
王军伟:《我国农村信用社公司治理的缺陷及改进对策》,载《经济纵横》,2006(12)。
陈林:《关于合作社发展的理论反思和立法建议》,载《太平洋学报》,2006(10)。
樊涛:《我国商主体法律制度的评判与重构》,载《法治论丛》,2006(5)。
黄立君:《康芒斯的法经济学思想及其贡献》,载《中南财经政法大学学报》,2006(5)。
何黎清、邓声菊:《一些国家和地区关于合作社立法的异性规定》,载《农村经济》,2006(3)。
徐士英:《日本反垄断法的理论与实践研究》,中南大学博士学位论文,2006。
唐要家:《反垄断法豁免制度的比较分析》,载《中南财经政法大学学报》,2006(1)。
王静:《农民专业合作社的法律地位分析》,载《农村经济》,2005(9)。
刘大洪,李华振:《政府失灵语境下的第三部门研究》,载《法学评论》,2005(6)。
余伟平:《对合作制性质的再认识》,载《法学杂志》,2005(6)。
侯作前:《论非法人组织的税法地位》,载《当代法学》,2005(6)。
谭启平:《论合作社的法律地位》,载《现代法学》,2005(4)。
冯必扬:《江苏精神:江苏经济社会发展的内在动力》,载《唯实》,2005(4)。
李长健、冯果:《我国农民合作经济组织立法若干问题研究(上)》,载《法学评论》,2005(4)。

马长山:《NGO 的民间治理与转型期的法治秩序》,载《法学研究》,2005(4)。
尹田:《再论无财产即无人格》,载《法学》,2005(2)。
欧阳仁根:《论我国反垄断立法中的合作社豁免问题》,载《财贸研究》,2005(1)。
米新丽:《论农业合作社的法律性质》,载《法学论坛》,2005(1)。
雷兴虎,刘水林:《农业合作社的法律问题探讨》,载《中国法学》,2004(5)。
刘继峰:《企业社会责任内涵的扩展与协调》,载《法学评论》,2004(5)。
肖韩:《国外合作社立法综述》,载《中国合作经济》,2004(1)。
郑鹏程:《美国反垄断法适用除外制度发展趋势探析》,载《现代法学》,2004(1)。
王长寿:《中国农村非营利组织发展研究》,西北农林科技大学博士论文,2003。
齐红:《单位体制下的民办非营利法人》,中国政法大学博士学位论文,2003。
王新安:《农信社深化改革思考》,载《金融时报》,2002-12-23。
马俊驹、宋刚:《合作制与集体所有权》,载《法学研究》,2001(6)。
谢平:《中国农村信用合作社体制改革的争论》,载《金融研究》,2001(1)。
程文进:《美国公司法人地位及股东有限责任原则确立的历史考察》,载《济南大学学报》,2000(1)。
王诚:《分工性分配论理论发展和现实演变》,载《浙江学刊》,1999(3)。
徐学鹿:《论我国商法的现代化》,载《山东法学》,1999(2)。
[德]肯特·阿瑟沃弗·埃卡尔特、享尼森:《德国合作社制度的基本特征》,刘波译,载《农村经济》,1997(8)。
卢中原:《法人财产权不包括收益权》,载《工商行政管理》,1994(12)。
黄少安:《合作经济的一般规律与我国供销社改革》,载《中国农村经济》,1988(7)。

(三)外文类

Kyriakos Drivas; Konstantinos Giannakas: Journal of Agricultural Economics, Volume 61, Issue 2, 2010. p. 295-317.
Markelova, Helen; Mwangi, Esther: Review of Policy Research, Volume 27, Issue 5, 2010, p. 621-640.
Jiang, Yu-kai; He, Qin: Asian Agricultural Research, Volume 2, Issue 11, November 2010.
Fredrick Wanyama, Patrick Develtere and Ignace Pollet: Annals of Public and Cooperative Economics Volume 80, Issue 3, September 2009, p. 361 - 392.
Cremer, Jacques: Annual Meeting of the Allied-Social-Science-Associations JAN 03-05, 2009.
Piesse, Jenifer, et al: Journal of Comparative Economics 33. 1 (2005): 197-218.
Ortmann, Gerald F. , and Robert P. King: University of Minnesota, Department of Applied Economics, 2006.
Lazikova, Jarmila, Anna Bandlerova, and Pavol Schwarcz: Faculty of Economics and Social Sciences, 2008.

(四)主要法律、规定

《民法总则》
《农民专业合作社法》
《中小企业划型标准规定》
《中华人民共和国反垄断法》

台湾地区“合作社法”
《美国卡帕・沃尔斯太德法》
《美国联邦农作物保险法》
《德国合作社法》
《日本禁止垄断法》
《日本中小企业等合作社法》
《俄罗斯联邦民法典》
《意大利民法典》
《芬兰合作社法》
《瑞士民法典》

后　记

作为国家后期资助项目,《合作社商人法律制度研究》书稿几经修改,终于告一段落。掩卷沉思,不禁感慨系之。在著书过程中,笔者深切感受“学无止境”与“力有不逮”!更感激围绕这项事业所凝聚的诸多朋友的浓浓情谊!

特别感谢扬州大学法学院徐祖澜教授、南京财经大学法学院蔡养军博士,对拙著提出的真知灼见!比如合作社商人的同构关系何以成立、如何架构等。

非常感谢扬州大学法学院陈玉山博士的仗义担当与对本人学术的高度认同,力荐清华大学出版社出版!

十分感谢中国船级社高级经济师杨玉坤先生为本书所提出的另类思考与逻辑整理!

真诚感谢扬州大学法学院,我的研究生公佩勇、李棒、卢志萍为本书校稿、打印等所付出的艰辛努力!

本人不才,但这份感恩之心尚在。为此,在拙著写作中,我不停地提醒自己一定要紧紧围绕课题问题,以免信马由缰,游离主题于千里之外。再次向各位朋友致谢!

郑景元

2018年10月18日